KB054378

레전드
중국어
필수단어

랭귀지북스

NEW 레전드
중국어 필수단어

개정2판 1쇄 **발행** 2024년 2월 15일
개정2판 1쇄 **인쇄** 2024년 2월 5일

저자	더 콜링_김정희
감수	왕러(王乐)
기획	김은경
편집	이지영 · Margarine
디자인	IndigoBlue
삽화	서정임
성우	왕러(王乐) · 오은수

발행인	조경아		
총괄	강신갑		
발행처	랭귀지북스		
등록번호	101-90-85278	**등록일자**	2008년 7월 10일
주소	서울시 마포구 포은로2나길 31 벨라비스타 208호		
전화	02.406.0047	**팩스**	02.406.0042
이메일	languagebooks@hanmail.net		
MP3 다운로드	blog.naver.com/languagebook		

ISBN	979-11-5635-215-0 (13720)
값	18,000원

ⓒLanguagebooks, 2024

이 책은 저작권법에 따라 보호받는 저작물이므로 무단 전재와 무단 복제를 금지하며,
이 책 내용의 전부 또는 일부를 이용하려면 반드시 저작권자와 **랭귀지북스**의 서면 동의를 받아야 합니다.
잘못된 책은 구입처에서 바꿔 드립니다.

쉽고 재미있게 시작하는 **중국어** 필수 **단어**

중국어는 세계에서 가장 많은 인구수가 사용하는 언어로, 최근 가장 핫하게 떠오르는 외국어이기도 합니다. 중국의 세계적 지위가 급부상될 것으로 예견되는 만큼 많은 사람들이 중국어를 배우며, 중고등학교의 제2외국어로 가장 많이 선택합니다.

중국은 예로부터 우리나라와 가까운 관계를 갖고 있는 나라로, 우리가 흔히 사용하는 한자만으로도 중국어와 통하기 때문에 한국인이 가장 배우기 쉬운 외국어이기도 합니다. 물론 우리말이나 영어처럼 음으로 표기하는 표음문자가 아니라, 뜻으로 표기하는 표의문자라 어렵게 느낄 수도 있지만, 중국어의 발음을 표기하는 한어병음을 잘 익히고 사전 찾는 방법을 습득하면 더 이상 어렵지 않을 것입니다. 세계에서 가장 많은 사람들과 소통할 수 있는 언어인 중국어를 자신 있게 시작해 보세요!

이 책은 상황에 따라 적재적소에 쓸 수 있는 다양한 주제별 단어를 배우고, 예문을 살펴보며 내 실력으로 만들 수 있도록 구성되어 있습니다. 또한 유의어 등을 많이 정리하여, 격식을 차려야 하거나 편하게 이야기를 나눠야 하는 상황에 따라 어울리게 사용할 수 있도록 하였습니다.

不怕慢，只怕站。

Bú pà màn, zhǐ pà zhàn. 부 파 만, 즈 파 잔
느린 것을 두려워하지 말고, 멈추는 것만 두려워하라.

즉, 내 실력이 천천히 향상된다 해도 포기하지 말고 꾸준하게 노력하라는 뜻입니다.

오래전부터 좋은 중국어 선생님으로 여러 가지 일을 도와주시는 王乐, 늘 조언과 격려를 아끼지 않으시는 랭귀지북스의 김은경 실장님, 이 책이 출판될 수 있도록 힘써 주신 랭귀지북스에 감사의 마음을 전합니다.
그리고 언제나 내 삶의 이유 되시는 하나님께 모든 영광을 돌립니다.

저자 더 콜링_김정희

중국에서 가장 많이 쓰는 필수 어휘를 엄선하여 모았습니다. 일상생활에 꼭 필요한 어휘 학습을 통해, 다양한 회화 구사를 위한 기본 바탕을 다져 보세요.

1. 중국어 필수 어휘 약 3,600개!

왕초보부터 초·중급 수준의 중국어 학습자를 위한 필수 어휘집으로, 일상생활에서 꼭 필요한 대표적인 주제 24개를 선정하였고, 추가로 11개의 주제를 포함하여 약 3,600여 개의 어휘를 담았습니다.

24개 주제별 어휘 학습 후 '꼭 써먹는 실전 회화'의 짧고 재미있는 상황을 통해 회화에서 실제로 어떻게 응용되는지 확인해 보세요. 그리고 6개 챕터의 마지막에는 간단한 '연습 문제'가 있어 테스트도 할 수 있습니다.

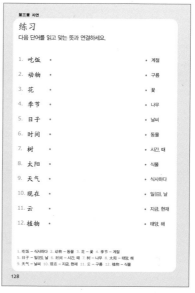

2. 눈에 쏙 들어오는 그림으로 기본 어휘 다지기!

1,000여 컷 이상의 일러스트와 함께 기본
어휘를 쉽게 익힐 수 있습니다. 재미있고
생생한 그림과 함께 학습하는 기본 어휘
는 기억이 오래 남습니다.

3. 바로 찾아 즉시 말할 수 있는 한글 발음 표기!

기초가 부족한 초보 학습자가 중국어를 읽을 수 있는 가장 쉬운 방법은 바로 한글로
발음을 표기하는 것입니다. 중국어 발음이 우리말과 일대일로 대응하지 않지만, 여러
분의 학습에 편의를 드리고자 중국에서 사용하는 표준 발음과 최대한 가깝게 한글
로 표기하였습니다. 초보자도 자신 있게 말할 수 있습니다.

4. 말하기 집중 훈련 MP3!

이 책에는 중국어 한어병음부터 기본 단어, 기타 추가 단어까지 원어민의 정확한 발
음으로 녹음한 파일이 들어 있습니다.

중국어만으로 구성된 '**중국어**' **C버전**과 중국어와 한국어를
이어 들을 수 있는 '**중국어＋한국어**' **K버전**, 두 가지 파일
을 제공합니다. 학습자 수준과 원하는 구성에 따라 파일
을 선택하여, 자주 듣고 큰 소리로 따라하며 학습 효과를
높여 보세요.

MP3

blog.naver.com/
languagebook

目录 차례

기초 다지기

· 중국어란?

중국에 관하여

✔ **국명**	중화인민공화국
✔ **위치**	아시아
✔ **수도**	베이징
✔ **언어**	한어(표준어 외에 소수민족의 언어 및 방언 존재)
✔ **인구**	약 14억 9백만 명(2024년 기준)
✔ **민족 구성**	한족(92.5%) 외 55개의 소수민족으로 이루어진 다민족 국가
✔ **면적**	약 960만 ㎢
✔ **국내총생산(GDP)**	$17조 9억(2024년 기준)
✔ **화폐**	인민폐(CNY)

출처: 중화인민공화국 중앙인민정부 www.gov.cn, tradingeconomics.com

중국어란?

중국의 다수 민족인 한족(汉族 Hànzú 한쭈)이 쓰는 언어로 한어(汉语 Hànyǔ 한위)라고 하며, 표준어라는 뜻의 푸퉁화(普通话 pǔtōnghuà 푸퉁후아)라고도 합니다. 중국어는 우리의 한자와 모양이 다른 '간화자'를 쓰며, '한어병음'으로 발음을 표기합니다.

tip. 대만, 홍콩 등에서는 우리와 같은 한자(번체자)를 사용합니다.

1. 중국어의 특징

① 표의문자로, 각 글자마다 독립된 의미를 가지고 있습니다.

② 격조사가 없으며, 격에 따른 변화도 없습니다.

③ 주어의 인칭이나 시제에 따른 동사 변화나 우리말처럼 어미 변화가 없습니다. 따라서 부사나 조사 등으로 간단하게 시제를 표현합니다.

④ 기본 어순은 '주어＋술어＋목적어'인 것이 우리말과의 가장 큰 차이입니다. 이 외에는 우리말 어순과 비슷합니다.

⑤ 우리말과 달리 띄어쓰기가 없습니다.

⑥ 존칭어가 발달되지 않아, 존칭의 표현이 간단합니다.

2. 간화자

간화자(简化字 jiǎnhuàzì 지엔후아쯔)는 간체자(简体字 jiǎntǐzi 지엔티쯔)라고도 합니다. 중국의 문자 개혁에 따라 한자를 간략한 모양으로 만들어 중국에서 사용하는 한자를 말합니다.

한자   國 나라 국   간화자   国 한어병음 ↓ guó

3. 한어병음

한어병음(汉语拼音 Hànyǔ pīnyīn 한위 핀인)은 중국어 음절의 소리를 로마자로 표기한 것입니다. 한어병음은 성모, 운모, 성조로 이루어져 있습니다.

① 성모

우리말의 자음과 비슷한 역할을 하며, 21개가 있습니다.

1. 윗입술과 아랫입술을 붙였다 떼면서 내는 소리

b 뽀   p 포   m 모

1-1 윗니와 아랫입술을 붙였다 떼는 소리

f 포

2. 혀끝을 윗잇몸 뒤에 대고 내는 소리

d 떠   t 터   n 너   l 러

3. 혀뿌리를 안쪽 입천장에 댔다가 떼면서 내는 소리

g 꺼   k 커   h 허

4. 혓바닥을 입천장에 댔다가 떼면서 내는 소리

j 지   q 치   x 시

5. 혀를 말아서 입천장에 대지 않고 내는 소리

zh 즈   ch 츠   sh 스   r 르

6. 혀끝으로 윗니 뒤를 밀면서 내는 소리

z 쯔   c 츠   s 쓰

② 운모

우리말의 모음과 비슷한 역할을 하며 단운모 6개 및 복운모, 비운모, 권설운모
가 있습니다.

1. 단운모

a 아   *o 오   **e 어   i 이   u 우   ***ü 위

* 우리말의 [오]와 [어]의 중간으로 발음합니다.
** 우리말의 [으]와 [어]의 중간으로 발음합니다.
*** 입술 모양은 [우]를 한 상태에서 [위]를 발음합니다.

2. 복운모

ai 아이   ao 아오   ou 어우   ei 에이
ia 이아   ie 이에   iao 야오   iou 여우
ua 우아   uo 우어   uai 와이   uei 웨이
üe 위에

3. 비운모

an 안   ang 앙   *ong 웅   en 언   eng 엉
ian 이엔   iang 이앙   in 인   ing 잉   **iong 이웅
uan 우안   uen 우언   uang 우앙   ueng 우엉
ün 윈   üan 위엔

* 우리말의 [옹]과 [웅]의 중간으로 발음합니다.
** 우리말의 [이옹]과 [이웅]의 중간으로 발음합니다.

4. 권설운모

*er 얼

* 혀끝이 입천장에 닿지 않도록 주의합니다.

③ 성조

소리의 높낮이를 나타내는 요소로, 중국어의 표준어에는 제1~4성과 경성이 있습니다.

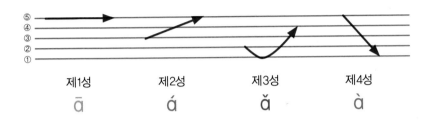

성조	발음	발음 방법	예시	뜻
제1성	ā	가장 높은 음⑤에서 시작하여 같은 높이⑤로 소리 냅니다.	妈 mā	엄마
제2성	á	중간음③에서 시작하여 가장 높은 음⑤까지 올리며 소리 냅니다.	麻 má	삼베
제3성	ǎ	약간 낮은 음②에서 시작하여 제일 낮은 음①까지 내렸다가 높은 음④까지 올리면서 소리 냅니다.	马 mǎ	말
제4성	à	가장 높은 음⑤에서 가장 낮은 음①까지 급하게 내려가면서 소리 냅니다.	骂 mà	꾸짖다
경성	a	본래의 성조가 변하여 짧고 가볍게 소리 내는데, 앞의 성조에 따라 높이가 다릅니다.(아래 참고)	吗 ma	의문조사

 경성

제1성 + 경성	제2성 + 경성	제3성 + 경성	제4성 + 경성
妈妈 māma 엄마	爷爷 yéye 할아버지	奶奶 nǎinai 할머니	爸爸 bàba 아빠

④ 성조의 변화

　1. 제3성의 변화

　　'제3성+제3성'은 발음할 때 '제2성+제3성'으로 변합니다.
　　단, 성조 표기는 변하지 않습니다.

　　nǐ hǎo [ní hǎo]

　2. 반3성

　　제1, 2, 4성과 경성 앞의 제3성은 내려가는 부분(②-①)만 소리 내는데, 이를
　　반3성이라고 합니다.

　3. 不의 성조 변화

　　'不 bù 뿌'는 원래 제4성이지만, 뒤에 제4성의 음절이 오면, 제2성 'bú 부'로 변
　　하며, 표기도 제2성으로 합니다.

　　bùshì ➤ búshì

　4. 一의 성조 변화

　　'一 yī 이'는 원래 제1성이지만, 뒤에 제4성의 음절이 오면 제2성 'yí 이'로,
　　제1, 2, 3성의 음절이 오면 제4성 'yì 이'로 변합니다.
　　단, 서수로 쓰일 때는 그대로 제1성입니다.

　　dì yī kè

　　yī cì ➤ yí cì

　　yī biān ➤ yì biān

⑤ 한어병음 표기법

1. 성조는 운모 위에 표기합니다. 운모가 여러 개일 때는 입이 크게 벌어지는
   운모(a > o > e > i, u, ü) 순으로 표기합니다.
   단, i, u는 뒤에 오는 운모에 성조를 표기합니다.

   ## hǎo   xiē   duì   jiǔ

2. i에 성조를 표기할 때는 i 위의 점을 빼고 표기합니다.

   ## jǐ   qī

3. i, u, ü가 성모 없이 운모 단독으로 쓸 때는 다음과 같이 표기합니다.

   i ➧ yi

   u ➧ wu

   ü ➧ yu (ü 위의 점 두 개를 빼는 것에 주의)

4. ü는 성모 j, q, x와 결합할 때는 ü 위의 점 두 개를 빼고 u로 표기합니다.

   j   ju
   q ⎱ + ü ➧ qu
   x   xu

품사 표기법
본 책에서 사용된 품사 표기법을 참고하세요.

명	명사	형	형용사	동	동사	부	부사
양	양사	성	성어	관	관용어	신	신조어

第一章

인사

소개 介绍 지에사오

□ **名字** míngzi 밍쯔
　명 이름

□ **名片** míngpiàn 밍피엔
　명 명함

□ **姓** xìng 싱
　명 성

□ **性别** xìngbié 싱비에
　명 성별

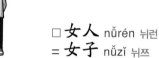

□ **男人** nánrén 난런
= **男子** nánzǐ 난쯔
　명 남자

□ **女人** nǚrén 뉘런
= **女子** nǚzǐ 뉘쯔
　명 여자

□ **男性** nánxìng 난싱
　명 남자, 남성
　형 남자의, 남성의

□ **女性** nǚxìng 뉘싱
　명 여자, 여성
　형 여자의, 여성의

□ **男子汉** nánzǐhàn 난쯔한
　명 사나이, 대장부

□ **女士** nǚshì 뉘스
　명 부인, 여사

□ **先生** xiānsheng 시엔성
　명 선생(호칭),
　　~씨(성인 남자에 대한 경칭)

□ **小姐** xiǎojiě 샤오지에
　명 아가씨,
　　미스(결혼하지 않은 여자를 높여 부르는 말)

□ **年纪** niánjì 니엔지
　명 나이

□ **生日** shēngrì 성르
　명 생일

□ **国家** guójiā 구어지아
　명 국가, 나라

□ **国籍** guójí 구어지
　명 국적

□ **语言** yǔyán 위이엔
　명 언어

□ **工作** gōngzuò 꿍쭈어
　명 일, 직업　동 일하다

□ **职业** zhíyè 즈이에　명 직업

□ **行业** hángyè 항이에　명 직업, 업무

□ **宗教** zōngjiào 쭝쟈오
　명 종교

□ **电话号码** diànhuà hàomǎ
　띠엔후아 하오마　명 전화번호

□ **地址** dìzhǐ 띠즈
　명 주소

□ **介绍** jièshào 지에사오
　명 소개　동 소개하다

□ 问好 wènhǎo 원하오
　ⓓ 안부를 전하다

□ 问候 wènhòu 원허우
　ⓓ 안부를 묻다

□ 打招呼 dǎ zhāohu 다 자오후
　ⓓ 인사하다

□ 你好! Nǐ hǎo! 니 하오!
　안녕하세요!

□ 见到你, 很高兴。
　Jiàndào nǐ, hěn gāoxìng.
　지엔따오 니, 헌 까오싱
　만나서 반갑습니다.

□ 认识你, 很高兴。
　Rènshi nǐ, hěn gāoxìng.
　런스 니, 헌 까오싱
　알게 되어 반갑습니다.

□ 初次见面。
　Chūcì jiànmiàn.
　추츠 지엔미엔
　처음 뵙겠습니다.

□ 早。Zǎo. 짜오
＝早上好。Zǎoshang hǎo. 짜오상 하오
＝早安。Zǎo'ān. 짜오안
　안녕하세요.(아침 인사)

□ 午安。Wǔ'ān. 우안
　안녕하세요.(점심 인사)

□ 晚上好。Wǎnshang hǎo. 완상 하오
　안녕하세요.(저녁 인사)

□ 晚安。Wǎn'ān. 완안
　안녕히 주무세요.

□ 你好吗? Nǐ hǎo ma? 니 하오 마?
= 你过得好吗?

Nǐ guò de hǎo ma? 니 꾸어 더 하오 마?
잘 지내요?

□ 好久不见。

Hǎojiǔ bú jiàn. 하오지우 부 지엔
= 好久没见。

Hǎojiǔ méi jiàn. 하오지우 메이 지엔
오랜만이에요.

□ 再见。 Zàijiàn. 짜이지엔
안녕히 가세요.

□ 一会儿见。

Yíhuìr jiàn. 이후얼 지엔
또 만나요.

□ 明天见。

Míngtiān jiàn. 밍티엔 지엔
내일 만나요.

□ 欢迎 huānyíng 후안잉
동 환영하다

□ 邀请 yāoqǐng 야오칭
= 招待 zhāodài 자오따이
동 초대하다

□ 客人 kèrén 커런
명 손님, 방문객

□ 朋友 péngyou 펑여우
명 친구

19

□ 名字 míngzi 밍쯔 명 이름

你叫什么名字?
Nǐ jiào shénme míngzi?
니 쟈오 선머 밍쯔?
이름이 뭐예요?

□ 姓 xìng 싱 명 성 동 성이 ~이다
　　□ 姓名 xìngmíng 싱밍 명 성
　　□ 贵姓 guìxìng 꾸이싱 명 성(높임말)

您贵姓?
Nín guìxìng?
닌 꾸이싱?
성함이 어떻게 되세요?

□ 外号 wàihào 와이하오 명 별명
　　= 绰号 chuòhào 추어하오

□ 名片 míngpiàn 밍피엔 명 명함

这是我的名片。
Zhè shì wǒ de míngpiàn.
저 스 워 더 밍피엔
이것은 제 명함입니다.

□ 性别 xìngbié 싱비에 명 성별

□ 男人 nánrén 난런 명 남자 ●———→ tip. 男人은 nánren이라고 하면 '남편'을 뜻합니다.
　　= 男子 nánzǐ 난쯔
　　□ 男性 nánxìng 난싱 명 남자, 남성 형 남자의, 남성의
　　□ 男子汉 nánzǐhàn 난쯔한 명 사나이, 대장부

我给你介绍一个好男人。
Wǒ gěi nǐ jièshào yí ge hǎo nánrén.
워 게이 니 지에사오 이 거 하오 난런
제가 좋은 남자 소개할게요.

□ **女人** nǚrén 뉘런 뗑 여자

= **女子** nǚzǐ 뉘쯔

□ **女性** nǚxìng 뉘싱 뗑 여자, 여성 뗑 여자의, 여성의

□ **先生** xiānsheng 시엔성 뗑 선생(호칭), ~씨(성인 남자에 대한 경칭)

王先生，您认识张小姐吗？
Wáng xiānsheng, nín rènshi Zhāng xiǎojiě ma?
왕 시엔성, 닌 런스 장 샤오지에 마?
왕 선생님, 미스 장 알고 계세요?

tip. 先生은 우리말로 보면 '선생님'과 같아서 자칫 잘못 쓸 수 있습니다. 이는 영어의 Mr.에 해당하는 호칭이라고 보면 됩니다. '선생님'은 '老师 lǎoshī 라오스'라고 합니다.

□ **女士** nǚshì 뉘스 뗑 부인, 여사

□ **小姐** xiǎojiě 샤오지에 뗑 아가씨, 미스(결혼하지 않은 여자를 높여 부르는 말)

□ **年纪** niánjì 니엔지 뗑 나이

您多大年纪？
Nín duōdà niánjì?
닌 뚜어따 니엔지?
나이(연세)가 어떻게 되세요?

tip. 나이를 묻는 표현은 상대방의 나이에 따라 달라집니다.
10세 미만의 어린 아이에게는 **你几岁？**Nǐ jǐ suì? 니 지 쑤이?,
10세 이상이면 **你多大？**Nǐ duōdà? 니 뚜어따?라고 합니다.
상대방이 나이가 많거나 예의를 갖춰야 할 때는 예문처럼 **您多大年纪？**라고 합니다.

□ **生日** shēngrì 성르 뗑 생일

今天就是我的生日。
Jīntiān jiùshì wǒ de shēngrì.
진티엔 지우스 워 더 성르
오늘은 바로 내 생일이다.

□ **国家** guójiā 구어지아 뗑 국가, 나라

□ **国籍** guójí 구어지 뗑 국적

请问您是哪国国籍？
Qǐngwèn nín shì nǎ guó guójí?
칭원 닌 스 나 구어 구어지?
실례지만 어느 나라 국적입니까?

□ 语言 yǔyán 위이엔 몡 언어

    □ 汉语 Hànyǔ 한위 몡 중국어

    □ 英语 Yīngyǔ 잉위 몡 영어

    □ 韩语 Hányǔ 한위 몡 한국어

    □ 日语 Rìyǔ 르위 몡 일본어

    □ 法语 Fǎyǔ 파위 몡 프랑스어

    □ 德语 Déyǔ 더위 몡 독일어

毕业时需要有两学分的英语成绩。
Bìyè shí xūyào yǒu liǎng xuéfēn de Yīngyǔ chéngjì.
삐에 스 쉬야오 여우 리앙 쉬에펀 더 잉위 청지
졸업할 때 2학점의 영어 성적이 필요합니다.

□ 工作 gōngzuò 꿍쭈어 몡 일, 직업 동 일하다

    □ 职业 zhíyè 즈이에 몡 직업

    □ 行业 hángyè 항이에 몡 직업, 업무

你做什么工作?
Nǐ zuò shénme gōngzuò?
니 쭈어 선머 꿍쭈어?
무슨 일 하세요?

□ 专业 zhuānyè 주안이에 몡 전공

    □ 辅修专业 fǔxiū zhuānyè 푸시우 주안이에 몡 부전공

□ 宗教 zōngjiào 쭝쟈오 몡 종교

    □ 佛教 Fójiào 포쟈오 몡 불교

    □ 基督教 Jīdūjiào 지뚜쟈오 몡 기독교

    □ 天主教 Tiānzhǔjiào 티엔주쟈오 몡 천주교

    □ 伊斯兰教 Yīsīlánjiào 이쓰란쟈오 몡 이슬람교

    □ 印度教 Yìndùjiào 인두쟈오 몡 힌두교

我信基督教。
Wǒ xìn Jīdūjiào.
워 신 지뚜쟈오
나는 기독교를 믿어요.

□ **电话号码** diànhuà hàomǎ 띠엔후아 하오마 명 전화번호

你再确认一下电话号码。
Nǐ zài quèrèn yíxià diànhuà hàomǎ.
니 짜이 취에런 이시아 띠엔후아 하오마
전화번호를 다시 확인해 주세요.

□ **地址** dìzhǐ 띠즈 명 주소

请告诉我地址。
Qǐng gàosu wǒ dìzhǐ.
칭 까오쑤 워 띠즈
주소 좀 알려 주세요.

□ **住** zhù 주 동 살다; 숙박하다, 묵다

你住在哪儿?
Nǐ zhù zài nǎr?
니 주 짜이 나알?
어디 살아요?

□ **介绍** jièshào 지에사오 명 소개 동 소개하다

我自我介绍一下。
Wǒ zìwǒ jièshào yíxià.
워 쯔워 지에사오 이시아
자기 소개하겠습니다.

□ **认识** rènshi 런스 동 알다, 인식하다

□ **熟人** shúrén 수런 명 아는 사람, 단골손님

□ **问好** wènhǎo 원하오 동 안부를 전하다

　　□ **问候** wènhòu 원허우 동 안부를 묻다

请替我向你父母问好。
Qǐng tì wǒ xiàng nǐ fùmǔ wènhǎo.
칭 티 워 시앙 니 푸무 원하오
부모님께 안부 전해 드리세요.

23

□ 打招呼 dǎ zhāohu 다 자오후 [동] 인사하다

你好!
Nǐ hǎo!
니 하오!
안녕하세요!

见到你, 很高兴。
Jiàndào nǐ, hěn gāoxìng.
지엔따오 니, 헌 까오싱
만나서 반갑습니다.

认识你, 很高兴。
Rènshi nǐ, hěn gāoxìng.
런스 니, 헌 까오싱
알게 되어 반갑습니다.

初次见面。
Chūcì jiànmiàn.
추츠 지엔미엔
처음 뵙겠습니다.

请多多指教。
Qǐng duōduō zhǐjiào.
칭 뚜어뚜어 즈쟈오
잘 부탁드립니다.

久仰久仰。
Jiǔyǎng jiǔyǎng.
지우양 지우양
말씀 많이 들었어요.

早。
Zǎo.
짜오
안녕하세요.(아침 인사)

= **早上好。**
Zǎoshang hǎo.
짜오상 하오

= **早安。**
Zǎo'ān.
짜오안

24

午安。
Wǔ'ān.
우안
안녕하세요.(점심 인사)

tip. 午安은 점심에 하는 인사이지만,
잘 쓰이지는 않습니다.

晚上好。
Wǎnshang hǎo.
완상 하오
안녕하세요.(저녁 인사)

tip. 晚上好는 저녁에 만날 때 하는 인사이고,
晚安은 잘 때 하는 인사입니다.

晚安。
Wǎn'ān.
완안
안녕히 주무세요.

你好吗?
Nǐ hǎo ma?
니 하오 마?
잘 지내요?

= 你过得好吗?
Nǐ guò de hǎo ma?
니 꾸어 더 하오 마?

tip. 你好!와 你好吗?는 의미와 쓰이는 상황에 차이가 있습니다.

你好!는 가장 기본적인 인사말로, 때와 장소, 대상을 가리지 않고
쓸 수 있으며, 알지 못하는 사이에서도 서로 주고받을 수 있는 인사말
입니다. 대답 역시 你好!로 합니다.

你好吗?는 서로 잘 알고 있는 사이에서 안부를 묻는 표현입니다.
그래서 대답은 자신의 상황에 맞게
'我很好。Wǒ hěn hǎo. 워 헌 하오(잘 지내.)',
'还行。Hái xíng. 하이 싱(그럭저럭.)',
'不太好。Bútài hǎo. 부타이 하오(별로 못 지내.)' 등
다양하게 할 수 있습니다.

你吃饭了吗?
Nǐ chīfàn le ma?
니 츠판 러 마?
식사하셨어요?

tip. 단순하게 식사했는지 여부를 알기 위한 것보다 안부를 묻는
표현으로 쓰입니다.

好久不见。
Hǎojiǔ bú jiàn.
하오지우 부 지엔
오랜만이에요.

= 好久没见。
Hǎojiǔ méi jiàn.
하오지우 메이 지엔

再见。
Zàijiàn.
짜이지엔
안녕히 가세요.

一会儿见。
Yíhuìr jiàn.
이후얼 지엔
또 만나요.

明天见。
Míngtiān jiàn.
밍티엔 지엔
내일 만나요.

慢走。
Màn zǒu.
만 쩌우
조심히 가세요.

tip. 慢走는 집주인이 손님에게 배웅할 때,
请留步는 손님이 집주인의 배웅에 대해 하는 인사말입니다.

请留步。
Qǐng liúbù.
칭 리우뿌
나오지 마세요.

请问。
Qǐngwèn.
칭원
실례합니다.

周末快乐!
Zhōumò kuàilè!
저우모 콰이러!
좋은 주말 되세요!

□ 欢迎 huānyíng 후안잉 图 환영하다

欢迎光临。
Huānyíng guānglín.
후안잉 꾸앙린
어서 오세요.

□ 邀请 yāoqǐng 야오칭 图 초대하다
= 招待 zhāodài 자오따이
□ 邀请书 yāoqǐngshū 야오칭수 초대장

26

□ **客人** kèrén 커런 [명] 손님, 방문객

□ **朋友** péngyou 펑여우 [명] 친구

　□ **好友** hǎoyǒu 하오여우 [명] 친한 친구

　□ **挚友** zhìyǒu 즈여우 [명] 진실한 친구, 막역한 친구

　□ **同伴** tóngbàn 퉁빤 [명] 벗, 동료, 동반자

　□ **搭档** dādàng 따땅 [명] 짝, 파트너, 콤비

꼭! 써먹는 **실전 회화**

01. 인사

张美林 Zhāng Měilín	**马克，你好吗？** Mǎkè, nǐ hǎo ma? 마커, 니 하오 마? **마크, 잘 지냈니?**
马克 Mǎkè	**我很好。你周末过得怎么样？** Wǒ hěn hǎo. Nǐ zhōumò guò de zěnmeyàng? 워 헌 하오. 니 저우모 꾸어 더 쩐머양? **난 잘 지냈어. 넌 주말 어떻게 보냈니?**
张美林 Zhāng Měilín	**我跟朋友们一起去了李秀英的家。** Wǒ gēn péngyoumen yìqǐ qù le Lǐ Xiùyīng de jiā. 워 껀 펑여우먼 이치 취 러 시우이잉 더 지아 **친구들과 수영이네 갔었어.**
马克 Mǎkè	**她过得怎么样？** Tā guò de zěnmeyàng? 타 꾸어 더 쩐머양? **걔는 어떻게 지내?**
张美林 Zhāng Měilín	**她也过得很好。** Tā yě guò de hěn hǎo. 타 이에 꾸어 더 헌 하오 **걔도 잘 지내.**

감사&사과 感谢和道歉 간시에 허 따오치엔

□ **感谢** gǎnxiè 간시에
  명 감사 동 감사하다

□ **谢谢** xièxie 시에시에
  감사합니다, 고맙습니다

□ **多谢** duōxiè 뚜어시에
  대단히 감사합니다

□ **客气** kèqi 커치
  형 예의바르다, 공손하다
  동 사양하다; 체면을 차리다

□ **热情** rèqíng 러칭
  명 열정 형 친절하다, 열정적이다

□ **亲切** qīnqiè 친치에
  명 친함, 친근감 형 친절하다

□ **关心** guānxīn 꾸안신
  명 관심 동 관심을 갖다

□ **关怀** guānhuái 꾸안화이
  명 관심, 배려, 친절
  동 관심을 보이다, 보살피다

□ **宽大** kuāndà 쿠안따
  형 관대하다, 너그럽다
  동 관대하게 대하다

□ 照顾 zhàogù 자오꾸
= 照料 zhàoliào 자오랴오
　동 돌보다, 보살피다
□ 关照 guānzhào 꾸안자오
　동 돌보다

□ 乐趣 lèqù 러취
　명 즐거움, 재미
□ 快乐 kuàilè 콰이러
　형 즐겁다, 유쾌하다

□ 等 děng 덩
= 等待 děngdài 덩따이
　동 기다리다

□ 了解 liǎojiě 랴오지에
= 懂 dǒng 둥
　동 이해하다, 알다
□ 理解 lǐjiě 리지에
　명 이해 동 이해하다

□ 恩人 ēnrén 언런
　명 은인

□ 恩惠 ēnhuì 언후이
= 恩情 ēnqíng 언칭
　명 은혜
□ 慈悲 cíbēi 츠뻬이
　명 자비 동 자비를 베풀다

□ 鼓励 gǔlì 구리
　동 격려하다

□ 劝告 quàngào 취엔까오
= 忠告 zhōnggào 중까오
　명 충고, 권고 동 충고하다, 권고하다

29

□ **称赞** chēngzàn 청짠
　图 칭찬 图 칭찬하다

□ **表扬** biǎoyáng 뱌오양
　图 칭찬하다, 표창하다

□ **对不起** duìbuqǐ 뚜이부치
미안합니다

□ **不好意思** bùhǎoyìsi 뿌하오이쓰
미안합니다

□ **道歉** dàoqiàn 따오치엔
　图 사과 图 사과하다

□ **抱歉** bàoqiàn 빠오치엔
　图 미안해하다

□ **关系** guānxi 꾸안시
　图 관계

□ **原谅** yuánliàng 위엔리앙
　图 용서하다, 양해하다

□ **弄错** nòngcuò 눙추어
= **犯错误** fàn cuòwù 판 추어우
　图 잘못하다, 실수하다

□ **错误** cuòwù 추어우
　图 잘못, 실수 图 잘못되다, 틀리다

□ **打扰** dǎrǎo 다라오
= **搅扰** jiǎorǎo 쟈오라오
　图 방해하다, 폐를 끼치다

□ 困难 kùnnan 쿤난
　명 곤란, 어려움 형 곤란하다, 어렵다

□ 接受 jiēshòu 지에서우
　동 받아들이다, 수락하다

□ 指责 zhǐzé 즈쩌
　명 비난, 지적 동 비난하다, 지적하다

□ 迟到 chídào 츠따오
　동 지각하다

□ 损失 sǔnshī 쑨스
　명 손실, 손해 동 손실하다, 손해를 보다

□ 损伤 sǔnshāng 쑨상
　명 손상, 손해 동 손해를 보다; 상처를 입다

□ 忘 wàng 왕
　동 잊다

□ 忘记 wàngjì 왕지
= 忘掉 wàngdiào 왕땨오
　동 잊어버리다

□ 想法 xiǎngfǎ 시앙파
= 主意 zhǔyì 주이
　명 생각, 의견

□ 创意 chuàngyì 추앙이
　명 새로운 의견, 아이디어
　동 새로운 경지를 펼치다

☐ **感谢** gǎnxiè 간시에 명 감사 동 감사하다

非常感谢。
Fēicháng gǎnxiè.
페이창 간시에
매우 감사합니다.

☐ **谢谢** xièxie 시에시에 감사합니다, 고맙습니다

　　☐ **多谢** duōxiè 뚜어시에 대단히 감사합니다

　　☐ **谢意** xièyì 시에이 명 감사의 뜻

　　☐ **不胜感激** búshènggǎnjī 부성간지 감사해 마지 않습니다

　　☐ **感恩戴德** gǎn'ēndàidé 간언따이더 성 감지덕지하다

不管怎么样多谢了。
Bùguǎn zěnmeyàng duōxiè le.
뿌구안 쩐머양 뚜어시에 러
어찌됐든 대단히 감사합니다.

请转达我的谢意。
Qǐng zhuǎndá wǒ de xièyì.
칭 주안다 워 더 시에이
감사의 뜻을 전합니다.

☐ **客气** kèqi 커치 형 예의바르다, 공손하다 동 사양하다; 체면을 차리다

不客气。
Bú kèqi.
부 커치
천만에요.

tip. 不客气는 감사에 대한 대답입니다.

☐ **热情** rèqíng 러칭 명 열정 형 친절하다, 열정적이다

　　☐ **亲切** qīnqiè 친치에 명 친함, 친근감 형 친절하다

谢谢您的热情款待。
Xièxie nín de rèqíng kuǎndài.
시에시에 닌 더 러칭 쿠안따이
친절하게 대접해 주셔서 감사합니다.

□ **周到** zhōudào 저우따오 [형] 꼼꼼하다, 세심하다

□ **关心** guānxīn 꾸안신 [명] 관심 [동] 관심을 갖다

　　□ **关怀** guānhuái 꾸안화이

　　　[명] 관심, 배려, 친절 [동] 관심을 보이다, 보살피다

谢谢您的关心。
Xièxie nín de guānxīn.
시에시에 닌 더 꾸안신
당신의 관심에 감사합니다.

tip. 关怀는 주로 윗사람이 아랫사람에게 보이는 관심을 말하며, 아랫사람이 윗사람에게 사용할 경우는 존경의 뜻을 가집니다.

□ **宽大** kuāndà 쿠안따 [형] 관대하다, 너그럽다 [동] 관대하게 대하다

　　□ **宽宏大量** kuānhóng dàliàng 쿠안훙 따리앙

　　　[성] 대범하다, 도량이 넓고 크다

tip. 宽大는 '면적이 크거나 넓다'라는 의미도 됩니다.

□ **看** kān 칸 [동] ~을 돌보다

tip. 看이 '보다'라는 뜻일 때는 kàn이라고 합니다.

我正在找看孩子的人。
Wǒ zhèngzài zhǎo kān háizi de rén.
워 정짜이 자오 칸 하이쯔 더 런
나는 아이 돌볼 사람을 구하고 있다.

□ **照顾** zhàogù 자오꾸 [동] 돌보다, 보살피다

　　= **照料** zhàoliào 자오랴오

　　□ **关照** guānzhào 꾸안자오 [동] 돌보다

□ **奋不顾身** fènbúgùshēn 펀부꾸션 [성] 헌신적으로 분투하다

□ **乐趣** lèqù 러취 [명] 즐거움, 재미

　　□ **快乐** kuàilè 콰이러 [형] 즐겁다, 유쾌하다

祝你生日快乐!
Zhù nǐ shēngrì kuàilè!
주 니 성르 콰이러!
생일 축하합니다!

□ **助人为乐** zhùrénwéilè 주런웨이러 [성] 남을 돕는 것을 기쁘게 생각하다

□ 机会 jīhuì 지후이 몡 기회

　　□ 给~机会 gěi ~ jīhuì 게이 ~ 지후이 ~에게 기회를 주다

谢谢您给我机会。
Xièxie nín gěi wǒ jīhuì.
시에시에 닌 게이 워 지후이
제게 기회를 주셔서 감사합니다.

□ 等 děng 덩 동 기다리다

　　= 等待 děngdài 덩따이

谢谢你等我。
Xièxie nǐ děng wǒ.
시에시에 니 덩 워
기다려 주셔서 감사합니다.

□ 了解 liǎojiě 랴오지에 동 이해하다, 알다

　　= 懂 dǒng 둥

　　□ 理解 lǐjiě 리지에 몡 이해 동 이해하다

我不太理解您的话。
Wǒ bútài lǐjiě nín de huà.
워 부타이 리지에 닌 더 후아
당신의 말을 잘 이해할 수 없어요.

□ 恩人 ēnrén 언런 몡 은인

你是我生命中的恩人。
Nǐ shì wǒ shēngmìng zhōng de ēnrén.
니 스 워 성밍 중 더 언런
당신은 제 생명의 은인이에요.

□ 恩惠 ēnhuì 언후이 몡 은혜

　　= 恩情 ēnqíng 언칭

　　□ 慈悲 cíbēi 츠뻬이 몡 자비 동 자비를 베풀다

我一辈子不会忘记您对我的恩情。
Wǒ yíbèizi búhuì wàngjì nín duì wǒ de ēnqíng.
워 이뻬이쯔 부후이 왕지 닌 뚜이 워 더 언칭
제 평생 당신의 은혜를 잊지 못할 거예요.

□ **鼓励** gǔlì 구리 동 격려하다

□ **劝告** quàngào 취엔까오 명 충고, 권고 동 충고하다, 권고하다
　　　 = **忠告** zhōnggào 중까오
　　　 □ **劝说** quànshuō 취엔수어 동 충고하다, 타이르다

□ **称赞** chēngzàn 청짠 명 칭찬 동 칭찬하다
　　　 □ **表扬** biǎoyáng 뱌오양 동 칭찬하다, 표창하다

□ **对不起** duìbuqǐ 뚜이부치 미안합니다
　　　 □ **不好意思** bùhǎoyìsi 뿌하오이쓰 미안합니다
　　　 □ **道歉** dàoqiàn 따오치엔 명 사과 동 사과하다
　　　 □ **抱歉** bàoqiàn 빠오치엔 동 미안해하다

真对不起你。
Zhēn duìbuqǐ nǐ.
전 뚜이부치 니
정말 미안합니다.

tip. 道歉은 남에게 잘못을 인정하고 사과하는 동작과 행위를 주로
나타냅니다. 抱歉은 미안한 심리 상태를 나타내기 때문에,
感到나 觉得 등 심리를 나타내는 동사의 목적어로도 쓰입니다.

真不好意思，我不能参加你的婚礼。
Zhēn bùhǎoyìsi, wǒ bùnéng cānjiā nǐ de hūnlǐ.
전 뿌하오이쓰, 워 뿌넝 찬지아 니 더 훈리
정말 미안해, 네 결혼식에 갈 수 없어.

对这件事我觉得十分抱歉。
Duì zhè jiàn shì wǒ juéde shífēn bàoqiàn.
뚜이 저 지엔 스 워 쥐에더 스펀 빠오치엔
이 일에 대해 매우 죄송하다고 생각합니다.

□ **关系** guānxi 꾸안시 명 관계

tip. 우리가 흔히 '꽌시'라고 말하는 关系는 중국인이 가장 중요
하게 생각하는 부분입니다. 일단 중국인과 关系를 확실하게 맺었
다면 그와 관련된 일에 대한 도움은 보장된 것을 의미합니다.

没关系。
Méi guānxi.
메이 꾸안시
괜찮아요.

tip. 没关系는 사과에 대한 대답입니다.

□ **原谅** yuánliàng 위엔리앙 동 용서하다, 양해하다

□ 错 cuò 추어 몡 틀림, 착오, 잘못 휑 틀리다, 맞지 않다

你的推断错了。
Nǐ de tuīduàn cuò le.
니 더 투이뚜안 추어 러
네 판단이 틀렸어.

tip. 没错 méi cuò 메이 추어는 '틀리지 않다, 맞다'라는 뜻이고, 不错 búcuò 부추어는 '괜찮다'라는 뜻입니다. 의미를 헷갈리지 않도록 주의합니다.

tip. 问题는 해답이나 해석을 요구하는 '문제, 질문'이라는 뜻도 있습니다.

□ 问题 wèntí 원티 몡 문제; 고장

□ 错误 cuòwù 추어우 몡 잘못, 실수 휑 잘못되다, 틀리다

　　□ 弄错 nòngcuò 눙추어 둉 잘못하다, 실수하다

　　= 犯错误 fàn cuòwù 판 추어우

　　□ 改正错误 gǎizhèng cuòwù 가이정 추어우 잘못을 바로 잡다

对不起，这都是我的错误。
Duìbuqǐ, zhè dōushì wǒ de cuòwù.
뚜이부치, 저 떠우스 워 더 추어우
죄송합니다, 이것은 모두 제 실수예요.

□ 打扰 dǎrǎo 다라오 둉 방해하다, 폐를 끼치다

　　= 搅扰 jiǎorǎo 쟈오라오

　　□ 捣乱 dǎoluàn 다오루안 둉 소란을 피우다, 성가시게 굴다

□ 打岔 dǎchà 다차 둉 (남의 말이나 말을) 방해하다, 막다

对不起，我打个岔。
Duìbuqǐ, wǒ dǎ ge chà.
뚜이부치, 워 다 거 차
죄송합니다, 제가 끼어들었네요.

□ 受到 shòudào 서우따오 둉 ~을 받다

　　□ 收到 shōudào 서우따오 둉 받다, 얻다

□ 接受 jiēshòu 지에서우 둉 받아들이다, 수락하다

我接受你的道歉。
Wǒ jiēshòu nǐ de dàoqiàn.
워 지에서우 니 더 따오치엔
당신의 사과를 받아들일게요.

□ 困难 kùnnan 쿤난 图 곤란, 어려움 图 곤란하다, 어렵다

    □ 艰难 jiānnán 지엔난 图 곤란하다, 힘들다

    □ 难处 nánchu 난추 图 곤란, 고충

tip. 难处를 nànchu라고 발음하면 '재난', nánchǔ라고 발음하면 '함께하기 어렵다, 사귀기 어렵다'
라는 뜻이 됩니다.

□ 发生 fāshēng 파성 图 발생하다, 생기다

以后不会再发生这种事了。
Yǐhòu búhuì zài fāshēng zhè zhǒng shì le.
이허우 부후이 짜이 파성 저 중 스 러
다음에 다시는 이런 일이 일어나지 않을 것입니다.

□ 怪 guài 꽈이 图 책망하다, 원망하다

□ 指责 zhǐzé 즈쩌 图 비난, 지적 图 비난하다, 지적하다

□ 故意 gùyì 꾸이 图 고의로, 일부러

对不起，我不是故意的。
Duìbuqǐ, wǒ búi gùyì de.
뚜이부치, 워 부스 꾸이 더
미안해요. 고의가 아니었어요.

□ 借口 jièkǒu 지에커우 图 구실, 핑계 图 구실로 삼다, 핑계를 대다

    □ 找借口 zhǎo jièkǒu 자오 지에커우 **구실로 삼다, 핑계를 대다**

□ 辩解 biànjiě 삐엔지에 图 해명하다, 변명하다

□ 迟到 chídào 츠따오 图 지각하다

起来吧，要不就迟到了。
Qǐlái ba, yàobù jiù chídào le.
치라이 바, 야오뿌 지우 츠따오 러
일어나, 그렇지 않으면 늦을 거야.

□ 吃亏 chīkuī 츠쿠이 图 손해를 보다

□ 损害 sǔnhài 쑨하이 图 손해를 주다, 손상시키다

□ 损失 sǔnshī 쑨스 몡 손실, 손해 동 손실하다, 손해를 보다

  □ 损伤 sǔnshāng 쑨상 몡 손상, 손해 동 손해를 보다; 상처를 입다

□ 忘 wàng 왕 동 잊다

    □ 忘记 wàngjì 왕지 동 잊어버리다

    = 忘掉 wàngdiào 왕따오

tip. 忘记나 忘掉는 목적어가 꼭 필요한 동사입니다. 忘记는 문어체에 많이 쓰입니다.

对不起，我忘了。
Duìbuqǐ, wǒ wàng le.
뚜이부치, 워 왕 러
미안해요, 잊었어요.

你忘了他的生日吗?
Nǐ wàng le tā de shēngrì ma?
니 왕 러 타 더 성르 마?
넌 그의 생일을 잊었니?

□ 想法 xiǎngfǎ 시앙파 몡 생각, 의견

    = 主意 zhǔyì 주이

tip. 主意에는 '취지'라는 뜻도 있습니다.

对这个问题，你有什么想法?
Duì zhè ge wèntí, nǐ yǒu shénme xiǎngfǎ?
뚜이 저 거 원티, 니 여우 선머 시앙파?
이 문제에 대해, 넌 어떤 생각이니?

□ 意图 yìtú 이투 몡 의도

□ 意见 yìjiàn 이지엔 몡 의견

我不支持你的意见。
Wǒ bù zhīchí nǐ de yìjiàn.
워 뿌 즈츠 니 더 이지엔
당신의 의견을 지지하지 않아요.

□ 创意 chuàngyì 추앙이 몡 새로운 의견, 아이디어 동 새로운 경지를 펼치다

38

□ 反复 fǎnfù 판푸 图 반복하다

　□ 重复 chóngfù 충푸 图 중복, 반복 图 중복하다, 반복하다

报纸天天重复一样的消息。
Bàozhǐ tiāntiān chóngfù yíyàngde xiāoxi.

빠오즈 티엔티엔 충푸 이양더 샤오시

신문에서는 날마다 같은 소식을 반복한다.

02. 감사 인사

꼭! 써먹는 **실전 회화**

金先生
Jīn xiānsheng

今天我对您的访问表示感谢。
Jīntiān wǒ duì nín de fǎngwèn biǎoshì gǎnxiè.

진티엔 워 뚜이 닌 더 팡원 뱌오스 간시에

오늘 방문해 주셔서 감사합니다.

宋先生
Sōng xiānsheng

哪里哪里。
Nǎli nǎli.

나리 나리

천만에요.

金先生
Jīn xiānsheng

对不起，我有事，该走了。
Duìbuqǐ, wǒ yǒu shì, gāi zǒu le.

뚜이부치, 워 여우 스, 까이 쩌우 러

죄송합니다만, 일이 있어서 가야겠어요.

宋先生
Sōng xiānsheng

好的，慢走。
Hǎode, màn zǒu.

하오더, 만 쩌우

네, 조심해서 가세요.

练习

다음 단어를 읽고 맞는 뜻과 연결하세요.

1. 称赞 •		• 감사, 감사하다
2. 打招呼 •		• 국가, 나라
3. 道歉 •		• 나이
4. 地址 •		• 사과, 사과하다
5. 感谢 •		• 소개, 소개하다
6. 工作 •		• 용서하다, 양해하다
7. 国家 •		• 이름
8. 介绍 •		• 인사하다
9. 名字 •		• 일, 직업
10. 年纪 •		• 주소
11. 朋友 •		• 친구
12. 原谅 •		• 칭찬, 칭찬하다

1. 称赞 – 칭찬, 칭찬하다 2. 打招呼 – 인사하다 3. 道歉 – 사과, 사과하다 4. 地址 – 주소
5. 感谢 – 감사, 감사하다 6. 工作 – 일, 직업 7. 国家 – 국가, 나라 8. 介绍 – 소개, 소개하다
9. 名字 – 이름 10. 年纪 – 나이 11. 朋友 – 친구 12. 原谅 – 용서하다, 양해하다

第二章

사람

신체 身体 선티

□ 身体 shēntǐ 선티
　명 몸, 신체; 건강

□ 头 tóu 터우
　명 머리

□ 脖子 bózi 보쯔
　명 목

□ 肩膀
　jiānbǎng 지엔방
　명 어깨

□ 背 bèi 뻬이
　명 등

□ 胸 xiōng 시옹
= 胸膛
　xiōngtáng 시옹탕
　명 가슴

□ 肚子 dùzi 뚜쯔
　명 배

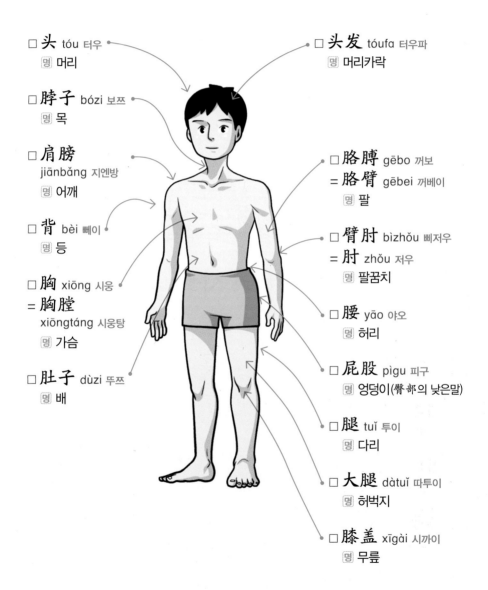

□ 头发 tóufa 터우파
　명 머리카락

□ 胳膊 gēbo 꺼보
= 胳臂 gēbei 꺼베이
　명 팔

□ 臂肘 bìzhǒu 삐저우
= 肘 zhǒu 저우
　명 팔꿈치

□ 腰 yāo 야오
　명 허리

□ 屁股 pìgu 피구
　명 엉덩이(臀部의 낮은말)

□ 腿 tuǐ 투이
　명 다리

□ 大腿 dàtuǐ 따투이
　명 허벅지

□ 膝盖 xīgài 시까이
　명 무릎

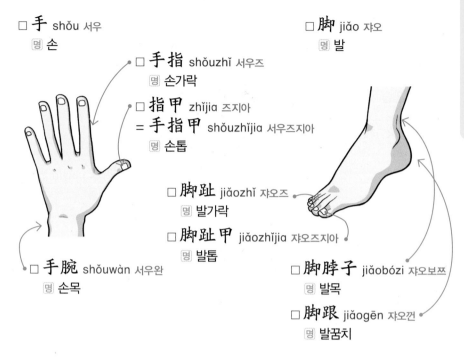

□ 手 shǒu 서우
명 손

□ 手指 shǒuzhǐ 서우즈
명 손가락

□ 指甲 zhǐjia 즈지아
= 手指甲 shǒuzhǐjia 서우즈지아
명 손톱

□ 手腕 shǒuwàn 서우완
명 손목

□ 脚 jiǎo 쟈오
명 발

□ 脚趾 jiǎozhǐ 쟈오즈
명 발가락

□ 脚趾甲 jiǎozhǐjia 쟈오즈지아
명 발톱

□ 脚脖子 jiǎobózi 쟈오보쯔
명 발목

□ 脚跟 jiǎogēn 쟈오껀
명 발꿈치

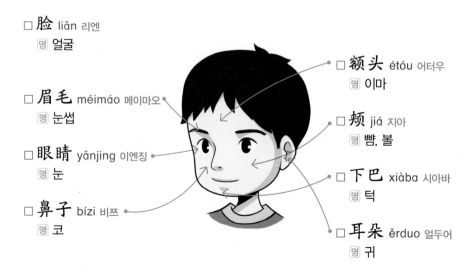

□ 脸 liǎn 리엔
명 얼굴

□ 眉毛 méimáo 메이마오
명 눈썹

□ 眼睛 yǎnjing 이엔징
명 눈

□ 鼻子 bízi 비쯔
명 코

□ 额头 étóu 어터우
명 이마

□ 颊 jiá 지아
명 뺨, 볼

□ 下巴 xiàba 시아바
명 턱

□ 耳朵 ěrduo 얼두어
명 귀

43

□ 嘴 zuǐ 쭈이
= 嘴巴 zuǐba 쭈이바
　명 입

□ 嘴唇 zuǐchún 쭈이춘
　명 입술

□ 舌头 shétou 서터우
　명 혀

□ 牙 yá 야
= 牙齿 yáchǐ 야츠
　(牙의 낮은말)
　명 이, 치아

□ 牙龈 yáyín 야인
= 齿龈 chǐyín 츠인
　명 잇몸

□ 个子 gèzi 꺼쯔
　명 키

□ 高 gāo 까오
　형 키가 크다

□ 矮 ǎi 아이
　형 키가 작다

□ 体重 tǐzhòng 티중
　명 몸무게

□ 胖 pàng 팡
　형 뚱뚱하다

□ 肥胖 féipàng 페이팡
　형 뚱뚱하다, 비만하다

□ 苗条 miáotiáo 먀오탸오
　형 날씬하다

□ 瘦 shòu 서우
　형 마르다, 여위다

□ 皮肤 pífū 피푸
　명 피부

□ 酒窝 jiǔwō 지우워
　명 보조개

□ 皱纹 zhòuwén 저우원
　명 주름

□ 粉刺 fěncì 펀츠
= 青春痘
　qīngchūndòu 칭춘떠우
　명 여드름, 뽀루지

□ 雀斑 quèbān 취에빤
　명 주근깨

□ 毛孔 máokǒng 마오쿵
　명 모공

□ 上胡 shànghú 상후
　명 콧수염

□ 下胡 xiàhú 시아후
　명 턱수염

□ 刮胡子
　guā húzi 꾸아 후쯔
　동 면도하다

□ 外貌 wàimào 와이마오
= 外表 wàibiǎo 와이뱌오
　명 외모, 용모

□ 漂亮 piàoliang 퍄오리앙
= 美丽 měilì 메이리
　형 예쁘다, 아름답다

□ 帅 shuài 솨이
　형 잘생기다

□ 优雅 yōuyǎ 여우야
　형 우아하다, 고상하다

□ 可爱 kě'ài 커아이
　형 귀엽다, 사랑스럽다

□ 难看 nánkàn 난칸
　형 못생기다, 보기 싫다

45

□ **身体** shēntǐ 선티 몡 몸, 신체; 건강
　　　　□ **锻炼身体** duànliàn shēntǐ 뚜안리엔 선티 신체를 단련하다
　　　　□ **身材** shēncái 선차이 몡 몸매
　　　　□ **人体** réntǐ 런티 몡 인체
　　　　□ **体型** tǐxíng 티싱 몡 체형

　　他是标准体型。
　　Tā shì biāozhǔn tǐxíng.
　　타 스 빠오준 티싱
　　그는 표준 체형이야.

□ **头** tóu 터우 몡 머리
　　　　□ **头部** tóubù 터우뿌 몡 머리 부위, 두부

□ **脖子** bózi 보쯔 몡 목
　　　　□ **嗓子** sǎngzi 쌍쯔 몡 목청, 목구멍
　　　　□ **喉咙** hóulong 허우룽 몡 목구멍

□ **肩膀** jiānbǎng 지엔방 몡 어깨

　　他的肩膀很宽。
　　Tā de jiānbǎng hěn kuān.
　　타 더 지엔방 헌 쿠안
　　그의 어깨는 넓다.

□ **背** bèi 뻬이 몡 등 ●———→ **tip.** 背는 신체의 '등' 외에도 사물의 '뒷면'을 의미하기도 하고, '외우다, 암기하다'라는 의미도 있습니다.

□ **胸** xiōng 시옹 몡 가슴
　　　　= **胸膛** xiōngtáng 시옹탕
　　　　□ **胸部** xiōngbù 시옹뿌 몡 가슴, 젖가슴
　　　　□ **胸怀** xiōnghuái 시옹화이 몡 가슴; 포부

□ **肚子** dùzi 뚜쯔 몡 배

□ **腰** yāo 야오 몡 허리
　　　　□ **腰身** yāoshēn 야오선 몡 허리, 몸매

46

□ 屁股 pìgu 피구 `명` 엉덩이 (臀部의 낮은말) ← **tip.** '낮은말'이란 비어, 비격식으로 쓰이며, 정식 단어보다 교양이 없어 보일 수 있으니 주의하세요.

    □ 臀部 túnbù 툰뿌 `명` 엉덩이, 둔부

□ 胳膊 gēbo 꺼보 `명` 팔

    = 胳臂 gēbei 꺼베이

□ 臂肘 bìzhǒu 삐저우 `명` 팔꿈치

    = 肘 zhǒu 저우

□ 腿 tuǐ 투이 `명` 다리

    □ 大腿 dàtuǐ 따투이 `명` 허벅지

    □ 小腿 xiǎotuǐ 샤오투이 `명` 종아리

你的腿很修长。
Nǐ de tuǐ hěn xiūcháng.
니 더 투이 헌 시우창
네 다리는 가늘고 길다.

□ 膝盖 xīgài 시까이 `명` 무릎

□ 手 shǒu 서우 `명` 손

    □ 手腕 shǒuwàn 서우완 `명` 손목 → **tip.** 手腕은 '잔재주, 수단'이라는 뜻도 있습니다.

    □ 右手 yòushǒu 여우서우 `명` 오른손

    □ 右撇子 yòupiězi 여우피에쯔 `명` 오른손잡이

    □ 左手 zuǒshǒu 쭈어서우 `명` 왼손

    □ 左撇子 zuǒpiězi 쭈어피에쯔 `명` 왼손잡이

我是左撇子。
Wǒ shì zuǒpiězi.
워 스 쭈어피에쯔
나는 왼손잡이다.

□ 手指 shǒuzhǐ 서우즈 `명` 손가락

    □ 指甲 zhǐjia 즈지아 `명` 손톱

    = 手指甲 shǒuzhǐjia 서우즈지아

□ 脚 jiǎo 쟈오 명 발
　　□ 脚脖子 jiǎobózi 쟈오보쯔 명 발목
　　□ 脚跟 jiǎogēn 쟈오껀 명 발꿈치

□ 脚趾 jiǎozhǐ 쟈오즈 명 발가락
　　□ 脚趾甲 jiǎozhǐjia 쟈오즈지아 명 발톱

□ 脸 liǎn 리엔 명 얼굴
　　□ 脸色 liǎnsè 리엔써 명 안색, 낯빛
　　= 气色 qìsè 치써
　　□ 脸型 liǎnxíng 리엔싱 얼굴형

□ 额头 étóu 어터우 명 이마

□ 颊 jiá 지아 명 뺨, 볼
　　= 脸颊 liǎnjiá 리엔지아
　　□ 腮帮子 sāibāngzi 싸이빵쯔 명 뺨(광대 아랫쪽 부분)

□ 下巴 xiàba 시아바 명 턱

□ 眼睛 yǎnjing 이엔징 명 눈
　　□ 眸子 móuzi 머우쯔 명 눈동자
　　□ 眉毛 méimáo 메이마오 명 눈썹
　　□ 睫毛 jiémáo 지에마오 명 속눈썹
　　□ 双眼皮 shuāngyǎnpí 수앙이엔피 명 쌍꺼풀

我有双眼皮。
Wǒ yǒu shuāngyǎnpí.
워 여우 수앙이엔피
나는 쌍꺼풀이 있다.

□ 鼻子 bízi 비쯔 명 코
　　□ 高鼻子 gāobízi 까오비쯔 높은 코
　　□ 扒鼻子 pábízi 파비쯔 납작코

□ 嘴 zuǐ 쭈이 명 입

= 嘴巴 zuǐba 쭈이바

他嘴很大。
Tā zuǐ hěn dà.
타 쭈이 헌 따
그는 입이 크다.

□ 嘴唇 zuǐchún 쭈이춘 명 입술

□ 上唇 shàngchún 상춘 명 윗입술
□ 下唇 xiàchún 시아춘 명 아랫입술

他的嘴唇很厚。
Tā de zuǐchún hěn hòu.
타 더 쭈이춘 헌 허우
그의 입술은 두껍다.

□ 舌头 shétou 서터우 명 혀

□ 牙 yá 야 명 이, 치아

= 牙齿 yáchǐ 야츠 (牙의 낮은말)

□ 牙龈 yáyín 야인 명 잇몸

= 齿龈 chǐyín 츠인

□ 耳朵 ěrduo 얼두어 명 귀

□ 耳垂 ěrchuí 얼추이 명 귓불, 귓방울

我不敢相信自己的耳朵。
Wǒ bùgǎn xiāngxìn zìjǐ de ěrduo.
워 뿌간 시앙신 쯔지 더 얼두어
나는 감히 내 귀를 믿을 수 없다.

□ 个子 gèzi 꺼쯔 명 키

你个子比较高啊。
Nǐ gèzi bǐjiào gāo a.
니 꺼쯔 비쟈오 까오 아
네 키는 비교적 크구나.

□ 高 gāo 까오 [형] 키가 크다 ⟶ **tip.** 高는 '(높이가) 높다'라는 뜻도 됩니다. 이때 반대말은 '低 dī 띠 (높이가) 낮다'입니다.

□ 矮 ǎi 아이 [형] 키가 작다

□ 体重 tǐzhòng 티중 [명] 몸무게

　　　□ 体重秤 tǐzhòngchèng 티중청 [명] 체중계

最近体重增加了。
Zuìjìn tǐzhòng zēngjiā le.
쭈이진 티중 쩡지아 러
요즘 체중이 늘었어.

□ 胖 pàng 팡 [형] 뚱뚱하다

　　　□ 肥胖 féipàng 페이팡 [형] 뚱뚱하다, 비만하다
　　　□ 胖乎乎 pànghūhū 팡후후 [형] 포동포동하다, 뚱뚱하다
　　　□ 白胖胖 báipàngpàng 바이팡팡 [형] 희고 통통하다

□ 苗条 miáotiáo 먀오탸오 [형] 날씬하다

　tip. 苗条는 여성의 몸매가 아름답고 날씬한 것을 말합니다.

我想苗条点，正在减肥。
Wǒ xiǎng miáotiáo diǎn, zhèngzài jiǎnféi.
워 시앙 먀오탸오 디엔, 정짜이 지엔페이
난 좀 날씬해지고 싶어서, 다이어트 중이야.

□ 瘦 shòu 서우 [형] 마르다, 여위다

她太瘦了。
Tā tài shòu le.
타 타이 서우 러
그녀는 너무 말랐다.

□ 皮肤 pífū 피푸 [명] 피부

她的皮肤很白。
Tā de pífū hěn bái.
타 더 피푸 헌 바이
그녀의 피부는 하얗다.

□ 酒窝 jiǔwō 지우워 閔 보조개

□ 皱纹 zhòuwén 저우원 閔 주름

□ 粉刺 fěncì 펀츠 閔 여드름, 뽀루지
= 青春痘 qīngchūndòu 칭춘떠우

□ 雀斑 quèbān 취에빤 閔 주근깨

□ 毛孔 máokǒng 마오쿵 閔 모공

□ 胡 hú 후 閔 수염
= 胡子 húzi 후쯔
= 须 xū 쉬
□ 上胡 shànghú 상후 閔 콧수염
□ 下胡 xiàhú 시아후 閔 턱수염
□ 刮胡子 guā húzi 꾸아 후쯔 動 면도하다

□ 头发 tóufa 터우파 閔 머리카락
□ 发型 fàxíng 파싱 閔 헤어스타일
□ 梳头发 shū tóufa 수 터우파 動 머리를 빗다
□ 剪头发 jiǎn tóufa 지엔 터우파 動 머리카락을 깎다
□ 卷发 juǎnfà 쥐엔파 形 머리칼이 곱슬곱슬하다
□ 直发 zhífà 즈파 閔 생머리
□ 披肩发 pījiānfà 피지엔파 閔 어깨까지 늘어뜨린 머리
□ 长发 chángfà 창파 閔 긴 머리
□ 长发姑娘 chángfà gūniang 창파 꾸니앙 라푼젤
□ 短发 duǎnfà 두안파 閔 짧은 머리

我是短发。
Wǒ shì duǎnfà.
워 스 두안파
나는 짧은 머리예요.

51

□ **头屑** tóuxiè 터우시에 _명 비듬
　　　= **头皮屑** tóupíxiè 터우피시에

□ **外貌** wàimào 와이마오 _명 외모, 용모
　　　= **外表** wàibiǎo 와이뱌오

别被他的外表骗了。
Bié bèi tā de wàibiǎo piàn le.
비에 뻬이 타 더 와이뱌오 피엔 러
그의 외모에 속으면 안 돼.

□ **漂亮** piàoliang 퍄오리앙 _형 예쁘다, 아름답다
　　　= **美丽** měilì 메이리

□ **好看** hǎokàn 하오칸 _형 근사하다, 보기 좋다 ●━━━▶ **tip.** 好看은 '(내용이) 재미있다, 흥미진진하다'는 뜻도 있습니다.

□ **帅** shuài 솨이 _형 잘생기다
　　　□ **帅哥** shuàigē 솨이꺼 잘생긴 청년
　　　□ **英俊** yīngjùn 잉쮠 _형 잘생기다, 말쑥하다

他长得很帅。
Tā zhǎng de hěn shuài.
타 장 더 헌 솨이
그는 잘생겼다.

□ **标致** biāozhì 뺘오즈 _형 참하다, 아름답다 ●━━━▶ **tip.** 标致는 주로 여자의 용모나 자태에 대해 말하는 단어입니다.

□ **优雅** yōuyǎ 여우야 _형 우아하다, 고상하다

□ **艳丽** yànlì 이엔리 _형 아름답고 곱다
　　　□ **艳丽夺目** yànlì duómù 이엔리 두어무 눈부시게 아름답다

□ **可爱** kě'ài 커아이 _형 귀엽다, 사랑스럽다

□ **魅力** mèilì 메이리 _명 매력
　　　□ **有魅力** yǒu mèilì 여우 메이리 매력이 있다

52

□ **性感** xìnggǎn 싱간 (형) 섹시하다, 야하다

□ **难看** nánkàn 난칸 (형) 못생기다, 보기 싫다

　　　□ **丑** chǒu 처우 (형) 추하다, 못생기다

　　　□ **丑陋** chǒulòu 처우러우 (형) (모양이나 용모가) 추하다, 꼴불견이다

他长得太难看了。
Tā zhǎng de tài nánkàn le.
타 장 더 타이 난칸 러
그는 너무 못생겼다.

꼭! 써먹는 **실전 회화**

03. 외모

张美林　　　**秀英长得跟她妈妈很像。**
Zhāng Měilín
　　　　　　Xiùyīng zhǎng de gēn tā māma hěn xiàng.
　　　　　　시우잉 장 더 껀 타 마마 시앙
　　　　　　수영이는 어머니를 많이 닮았어.

王力　　　　**是的，她的头发是跟她妈妈一样黑色的。**
Wáng Lì
　　　　　　Shìde, tā de tóufa shì gēn tā māma yíyàng hēisè de.
　　　　　　스더, 타 더 터우파 스 껀 타 마마 이양 헤이써 더
　　　　　　그래, 걘 머리가 자기 어머니처럼 검은색이잖아.

张美林　　　**可是几天前，她把头发染黄色了。**
Zhāng Měilín
　　　　　　Kěshì jǐ tiān qián, tā bǎ tóufa rǎn huángsè le.
　　　　　　커스 지 티엔 치엔, 타 바 터우파 란 후앙써 러
　　　　　　하지만 며칠 전에, 머리를 노란색으로 염색했더라고.

王力　　　　**真的吗？我从上个月就没见过她了。**
Wáng Lì
　　　　　　Zhēnde ma? Wǒ cóng shàng ge yuè jiù méi jiànguo tā le.
　　　　　　전더 마? 워 충 상 거 위에 지우 메이 지엔구어 타 러
　　　　　　정말? 난 그 애를 지난달 이후로 만난 적 없어.

감정＆성격 感情和性格 간칭 허 싱거

□ **感情** gǎnqíng 간칭
　　명 감정

□ **高兴** gāoxìng 까오싱
= **开心** kāixīn 카이신
= **喜悦** xǐyuè 시위에
　　형 기쁘다, 즐겁다

□ **快乐** kuàilè 콰이러
　　형 즐겁다, 유쾌하다
□ **幸福** xìngfú 싱푸
　　명 행복 형 행복하다

□ **满足** mǎnzú 만쭈
　　동 만족하다
□ **满意** mǎnyì 만이
　　형 만족하다

□ **兴奋** xīngfèn 싱펀
　　명 흥분 형 흥분하다

□ **有意思** yǒu yìsi 여우 이쓰
　　형 재미있다
□ **没意思** méi yìsi 메이 이쓰
　　형 재미없다

□ **笑** xiào 샤오
　　동 웃다

□ **微笑** wēixiào 웨이샤오
　　명 미소 동 미소를 짓다

□ 相信 xiāngxìn 시앙신
⑧ 믿다, 신뢰하다

□ 从容 cóngróng 충룽
⑧ 침착하다, 허둥대지 않다

□ 平静 píngjìng 핑징
⑧ 조용하다, 차분하다, 평온하다

□ 放心 fàngxīn 팡신
⑧ 안심하다, 안도하다

□ 难过 nánguò 난꾸어
⑧ 슬프다, 괴롭다

□ 悲伤 bēishāng 뻬이상
⑧ 마음이 아프다, 몹시 슬퍼하다

□ 痛苦 tòngkǔ 퉁쿠
⑲ 고통, 아픔 ⑧ 고통스럽다, 괴롭다

□ 悲惨 bēicǎn 뻬이찬
⑧ 비참하다

□ 失望 shīwàng 스왕
⑧ 실망하다, 낙담하다

□ 紧张 jǐnzhāng 진장
⑧ 긴장해 있다, 불안하다

□ 焦虑 jiāolǜ 쟈오뤼
⑧ 초조하다, 불안해 하다

□ **担心** dānxīn 딴신
⑧ 염려하다, 걱정하다

□ **害羞** hàixiū 하이시우
⑧ 부끄러워하다, 수줍어하다

□ **生气** shēngqì 성치
⑲ 화가 나다

□ **恼火** nǎohuǒ 나오후어
⑧ 화내다, 노하다

□ **害怕** hàipà 하이파
⑲ 겁내다, 두려워하다

□ **恐怖** kǒngbù 쿵뿌
⑲ 공포, 무서움

□ **敏感** mǐngǎn 민간
⑲ 민감하다, 예민하다

□ **麻烦** máfan 마판
⑲ 귀찮음, 성가심 ⑲ 귀찮다, 성가시다
⑧ 귀찮게 하다

□ **外向** wàixiàng 와이시앙
⑲ (성격이) 외향적이다

□ **积极** jījí 지지
⑲ 적극적이다; 긍정적이다

□ **主动** zhǔdòng 주둥
⑲ 주동적이다, 능동적이다

□ **乐观** lèguān 러꾸안
⑲ 낙관적이다

□ **内向** nèixiàng 네이시앙
⑲ (성격이) 내성적이다

□ **消极** xiāojí 샤오지
⑲ 소극적이다; 부정적이다

□ **被动** bèidòng 뻬이뚱
⑲ 피동적이다, 수동적이다

□ **悲观** bēiguān 뻬이꾸안
⑲ 비관하다, 비관적이다

□ 善良 shànliáng 산리앙
　형 착하다

□ 诚实 chéngshí 청스
= 老实 lǎoshi 라오스
　형 성실하다

□ 坦率 tǎnshuài 탄솨이
　형 솔직하다

□ 活泼 huópo 후어포
　형 활발하다, 생동감이 있다

□ 愁闷 chóumèn 처우먼
　명 우울함, 번민 형 우울하다

□ 坏 huài 화이
　형 나쁘다, 불량하다

□ 自私 zìsī 쯔쓰
　형 이기적이다

□ 懒惰 lǎnduò 란뚜어
　형 게으르다, 나태하다

□ 贪婪 tānlán 탄란
　형 탐욕스럽다
□ 贪心 tānxīn 탄신
　명 탐욕 형 탐욕스럽다

□ 骄傲 jiāo'ào 쟈오아오
　명 자랑, 긍지 형 거만하다; 자랑스럽다
□ 傲慢 àomàn 아오만
　형 교만하다, 건방지다

□ 感情 gǎnqíng 간칭 몡 감정

□ 高兴 gāoxìng 까오싱 혱 기쁘다, 즐겁다
　　　= 开心 kāixīn 카이신
　　　= 喜悦 xǐyuè 시위에

　　我高兴极了!
　　Wǒ gāoxìng jíle!
　　워 까오싱 지러!
　　나는 아주 기뻐요!

□ 愉快 yúkuài 위콰이 혱 기쁘다, 유쾌하다

　　度过了愉快的时间!
　　Dùguò le yúkuài de shíjiān!
　　뚜꾸어 러 위콰이 더 스지엔!
　　즐거운 시간을 보냈어!

□ 欢乐 huānlè 후안러 혱 즐겁다, 유쾌하다
　　　□ 尽情欢乐 jìnqíng huānlè 진칭 후안러 마음껏 즐기다
　　　□ 欢乐无穷 huānlè wúqióng 후안러 우치웅 기쁘기 한이 없다

□ 快乐 kuàilè 콰이러 혱 즐겁다, 유쾌하다

　　跟你在一起我很快乐。
　　Gēn nǐ zài yìqǐ wǒ hěn kuàilè.
　　껀 니 짜이 이치 워 헌 콰이러
　　당신과 함께 있어 즐거워요.

□ 幸福 xìngfú 싱푸 몡 행복 혱 행복하다

　　我很幸福!
　　Wǒ hěn xìngfú!
　　워 헌 싱푸!
　　나는 행복해요!

□ 满足 mǎnzú 만쭈 동 만족하다
　　　□ 满意 mǎnyì 만이 혱 만족하다
　　　□ 足够 zúgòu 쭈꺼우 혱 만족하다, 충분하다

□ **充分** chōngfèn 충펀 [형] 충분하다
□ **够** gòu 꺼우 [형] (필요한 기준을) 만족시키다

□ **兴奋** xīngfèn 싱펀 [명] 흥분 [형] 흥분하다

□ **有意思** yǒu yìsi 여우 이쓰 [형] 재미있다
□ **没意思** méi yìsi 메이 이쓰 [형] 재미없다

非常有意思!
Fēicháng yǒu yìsi!
페이창 여우 이쓰!
아주 재미있어!

□ **兴趣** xìngqù 싱취 [명] 흥미, 취미, 관심
□ **感兴趣** gǎn xìngqù 간 싱취 관심이 있다, 흥미가 있다

□ **笑** xiào 샤오 [동] 웃다
□ **微笑** wēixiào 웨이샤오 [명] 미소 [동] 미소를 짓다
□ **嘲笑** cháoxiào 차오샤오 [동] 비웃다, 조롱하다

□ **讨人喜欢** tǎorén xǐhuan 타오런 시후안 곱살스럽게 굴다, 환심을 사다

□ **相信** xiāngxìn 시앙신 [동] 믿다, 신뢰하다

□ **可靠** kěkào 커카오 [형] 확실하다, 믿을 만하다

□ **信赖** xìnlài 신라이 [동] 신뢰하다
= **信任** xìnrèn 신런
□ **信任感** xìnrèngǎn 신런간 [명] 신뢰감

□ **从容** cóngróng 충룽 [형] 침착하다, 허둥대지 않다
□ **沉着** chénzhuó 천주어 [형] 침착하다
□ **镇定** zhèndìng 전띵 [형] 침착하다, 차분하다

□ **平静** píngjìng 핑징 [형] 조용하다, 차분하다, 평온하다

□ 放心 fàngxīn 팡신 [형] 안심하다, 안도하다

放心吧!
Fàngxīn ba!
팡신 바!
안심해라!

□ 哭 kū 쿠 [동] (소리내어) 울다

□ 难过 nánguò 난꾸어 [형] 슬프다, 괴롭다
　　　□ 伤心 shāngxīn 상신 [형] 슬프다

□ 悲伤 bēishāng 뻬이상 [형] 마음이 아프다, 몹시 슬퍼하다
　　　□ 悲痛 bēitòng 뻬이퉁 [형] 비통해하다
　　　□ 悲哀 bēi'āi 뻬이아이 [명] 슬픔, 비애 [형] 슬프고 애통하다

□ 痛苦 tòngkǔ 퉁쿠 [명] 고통, 아픔 [형] 고통스럽다, 괴롭다
　　　□ 疼痛 téngtòng 텅퉁 [형] 아프다

我太痛苦了。
Wǒ tài tòngkǔ le.
워 타이 퉁쿠 러
나는 너무 괴로워요.

□ 悲惨 bēicǎn 뻬이찬 [형] 비참하다

□ 讨厌 tǎoyàn 타오이엔 [형] 밉살스럽다, 혐오스럽다

那是我最讨厌的。
Nà shì wǒ zuì tǎoyàn de.
나 스 워 쭈이 타오이엔 더
그것은 내가 가장 싫어하는 것이다.

□ 失望 shīwàng 스왕 [형] 실망하다, 낙담하다

真让人失望!
Zhēn ràng rén shīwàng!
전 랑 런 스왕!
진짜 실망스러워!

□ **紧张** jǐnzhāng 진장 [형] 긴장해 있다, 불안하다

    □ **焦虑** jiāolǜ 쟈오뤼 [형] 초조하다, 불안해 하다

我有点紧张。
Wǒ yǒudiǎn jǐnzhāng.
워 여우디엔 진장
나는 좀 긴장된다.

□ **担心** dānxīn 딴신 [동] 염려하다, 걱정하다

真让人担心。
Zhēn ràng rén dānxīn.
전 랑 런 딴신
정말 걱정되는데.

□ **丢脸** diūliǎn 띠우리엔 [동] 체면을 잃다, 창피하다

□ **害羞** hàixiū 하이시우 [동] 부끄러워하다, 수줍어하다

□ **生气** shēngqì 성치 [형] 화가 나다

    □ **恼火** nǎohuǒ 나오후어 [동] 화내다, 노하다

    = **发脾气** fā píqì 파 피치

□ **害怕** hàipà 하이파 [형] 겁내다, 두려워하다

    □ **可怕** kěpà 커파 [형] 두렵다, 무섭다

    □ **恐怖** kǒngbù 쿵뿌 [명] 공포, 무서움

想起来就害怕。
Xiǎngqǐlai jiù hàipà.
시앙치라이 지우 하이파
생각하면 무서워.

□ **敏感** mǐngǎn 민간 [형] 민감하다, 예민하다

孕妇极度敏感。
Yùnfù jídù mǐngǎn.
윈푸 지뚜 민간
임신부는 극도로 민감하다.

61

□ **麻烦** máfan 마판 몡 귀찮음, 성가심 톙 귀찮다, 성가시다 됨 귀찮게 하다

　　□ **烦** fán 판 톙 귀찮다, 성가시다 됨 귀찮게 하다

　　□ **心烦** xīnfán 신판 톙 귀찮다, 착잡하다

你真麻烦。
Nǐ zhēn máfan.
니 전 마판
넌 정말 귀찮아.

□ **性格** xìnggé 싱거 몡 성격

□ **外向** wàixiàng 와이시앙 톙 (성격이) 외향적이다

他性格外向。
Tā xìnggé wàixiàng.
타 싱거 와이시앙
그의 성격은 외향적이다.

□ **内向** nèixiàng 네이시앙 톙 (성격이) 내성적이다

□ **积极** jījí 지지 톙 적극적이다; 긍정적이다

□ **消极** xiāojí 샤오지 톙 소극적이다; 부정적이다

我比较消极。
Wǒ bǐjiào xiāojí.
워 비쟈오 샤오지
나는 소극적인 편이다.

□ **善良** shànliáng 산리앙 톙 착하다

他很善良。
Tā hěn shànliáng.
타 헌 산리앙
그는 착하다.

□ **审慎** shěnshèn 선선 톙 면밀하고 신중하다

　　□ **谨慎** jǐnshèn 진선 톙 신중하다

　　= **慎重** shènzhòng 선중

□ **诚实** chéngshí 청스 [형] 성실하다
= **老实** lǎoshi 라오스

□ **谦卑** qiānbēi 치엔뻬이 [형] 겸손하다
= **虚心** xūxīn 쉬신

□ **坦率** tǎnshuài 탄솨이 [형] 솔직하다

□ **天真** tiānzhēn 티엔전 [형] 순진하다

你怎么会那么天真呢?
Nǐ zěnme huì nàme tiānzhēn ne?
니 쩐머 후이 나머 티엔전 너?
너는 어떻게 그렇게 순진할 수 있니?

□ **纯真** chúnzhēn 춘전 [형] 순수하다

□ **温柔** wēnróu 원러우 [형] 온유하다, 상냥하다

□ **体贴** tǐtiē 티티에 [동] 자상하게 돌보다

□ **细心** xìxīn 시신 [형] 세심하다
= **周到** zhōudào 저우따오

□ **活泼** huópo 후어포 [형] 활발하다, 생동감이 있다
□ **活跃** huóyuè 후어위에 [형] 활동적이다, 활기차다 [동] 활기를 띠게 하다
□ **有活力** yǒu huólì 여우 후어리 활기차다

□ **开朗** kāilǎng 카이랑 [형] 명랑하다, 쾌활하다
= **明朗** mínglǎng 밍랑

□ **友好** yǒuhǎo 여우하오 [형] 우호적이다

□ **主动** zhǔdòng 주둥 [형] 주동적이다, 능동적이다

□ **被动** bèidòng 뻬이뚱 [형] 피동적이다, 수동적이다

□ **大胆** dàdǎn 따단 [형] 대담하다

□ **胆小** dǎnxiǎo 단샤오 [형] 소심하다, 배짱이 없다
　　　□ **胆小怕事** dǎnxiǎopàshì 단샤오파스
　　　　[성] 겁이 많아서 일에 부닥치면 책임지는 것을 두려워하다

□ **沉默** chénmò 천모 [형] 과묵하다 [동] 침묵하다

□ **乐观** lèguān 러꾸안 [형] 낙관적이다

　　他有乐观的人生哲学。
　　Tā yǒu lèguān de rénshēng zhéxué.
　　타 여우 러꾸안 더 런성 저쉬에
　　그는 낙천적인 인생철학을 가지고 있다.

□ **悲观** bēiguān 뻬이꾸안 [형] 비관하다, 비관적이다

□ **愁闷** chóumèn 처우먼 [명] 우울함, 번민 [형] 우울하다

□ **沮丧** jǔsàng 쥐쌍 [형] 낙담하다 [동] 낙담하게 하다

□ **坏** huài 화이 [형] 나쁘다, 불량하다

□ **骄傲** jiāo'ào 쟈오아오 [명] 자랑, 긍지 [형] 거만하다; 자랑스럽다
　　　□ **傲慢** àomàn 아오만 [형] 교만하다, 건방지다

□ **粗心** cūxīn 추신 [형] 세심하지 못하다, 부주의하다
　　　□ **粗鲁** cūlǔ 추루 [형] 거칠고 우악스럽다, 교양이 없다
　　　□ **粗糙** cūcāo 추차오 [형] (일하는 데) 어설프다, 서투르다

□ **自私** zìsī 쯔쓰 [형] 이기적이다

　　他太自私了。
　　Tā tài zìsī le.
　　타 타이 쯔쓰 러
　　그는 너무 이기적이다.

□ **懒惰** lǎnduò 란뚜어 [형] 게으르다, 나태하다

64

□ 否定 fǒudìng 포우띵 ⟨형⟩ 부정적이다 ⟨동⟩ 부정하다

□ 贪婪 tānlán 탄란 ⟨형⟩ 탐욕스럽다

　　□ 贪心 tānxīn 탄신 ⟨명⟩ 탐욕 ⟨형⟩ 탐욕스럽다

□ 生硬 shēngyìng 성잉 ⟨형⟩ (태도가) 무뚝뚝하다

04. 교통체증

꼭! 써먹는 **실전 회화**

张美林
Zhāng Měilín
我不喜欢上海。
Wǒ bù xǐhuan Shànghǎi.
워 뿌 시후안 상하이
난 상하이가 싫어.

王力
Wáng Lì
为什么?
你昨天说过上海是一个很棒的城市。
Wèishénme?
Nǐ zuótiān shuōguo Shànghǎi shì yí ge hěn bàng de chéngshì.
웨이선머? 니 쭈어티엔 수어구어 상하이 스 이 거 헌 빵 더 청스
왜? 어제는 상하이가 멋진 도시라고 했잖아.

张美林
Zhāng Měilín
是的。但是今天车堵得很厉害, 我迟到了。
Shìde. Dànshì jīntiān chē dǔ de hěn lìhài, wǒ chídào le.
스더. 딴스 진티엔 처 두 더 헌 리하이, 워 츠따오 러
그래. 하지만 오늘 차가 너무 막혀서, 지각했거든.

王力
Wáng Lì
原来如此。别那么生气!
Yuánlái rúcǐ. Bié nàme shēngqì!
위엔라이 루츠. 비에 나머 성치!
그랬구나. 그렇게 화내지 마!

사랑 爱情 아이칭

□ **见面** jiànmiàn 지엔미엔
　동 만나다

□ **约会** yuēhuì 위에후이
　명 약속, 데이트　동 만날 약속을 하다

□ **约** yuē 위에
　명 약속　동 약속하다

□ **关系** guānxi 꾸안시
　명 관계

□ **爱** ài 아이
　동 사랑하다
□ **爱情** àiqíng 아이칭
　명 사랑, 애정

□ **情人** qíngrén 칭런
= **恋人** liànrén 리엔런
　명 애인, 연인
□ **情侣** qínglǚ 칭뤼
　명 연인, 커플

□ **男朋友** nánpéngyou 난펑여우
= **男友** nányǒu 난여우
　명 (사귀는) 남자 친구

□ **女朋友** nǚpéngyou 뉘펑여우
= **女友** nǚyǒu 뉘여우
　명 (사귀는) 여자 친구

□ 理想型 lǐxiǎngxíng 리시앙싱
　명 이상형

□ 魅力 mèilì 메이리
= 吸引力 xīyǐnlì 시인리
　명 매력

□ 诱惑 yòuhuò 여우후어
　동 꾀다, 유혹하다

□ 喜欢 xǐhuan 시후안
　동 좋아하다, 호감을 가지다

□ 亲吻 qīnwěn 친원
= 接吻 jiēwěn 지에원
= 吻 wěn 원
　동 키스하다, 입맞추다

□ 抱 bào 빠오
= 拥抱 yōngbào 융빠오
　동 안다, 포옹하다

□ 坠入爱河
　zhuìrù àihé 쭈이루 아이허
　사랑에 빠지다

□ 看上 kànshàng 칸샹
　동 마음에 들다, 반하다

□ 想念 xiǎngniàn 시앙니엔
= 想 xiǎng 시앙
= 怀念 huáiniàn 화이니엔
= 思念 sīniàn 쓰니엔
　동 그리워하다

67

□ 嫉妒 jídù 지뚜
图 질투하다, 시기하다

□ 说谎 shuōhuǎng 수어후앙
图 (의도적으로) 거짓말하다

□ 撒谎 sāhuǎng 싸후앙
图 거짓말을 하다, 허튼 소리를 하다

□ 欺骗 qīpiàn 치피엔
图 속이다, 사기치다

□ 作弊 zuòbì 쭈어삐
图 속임수를 쓰다, 부정행위를 하다

□ 背叛 bèipàn 뻬이판
图 배신하다

□ 甩 shuǎi 솨이
图 (애인을) 차다

□ 分手 fēnshǒu 펀서우
图 헤어지다

□ 离别 líbié 리비에
图 이별하다, 헤어지다

□ 忘记 wàngjì 왕지
= 忘掉 wàngdiào 왕땨오
图 잊어버리다

□ 订婚 dìnghūn 띵훈
图 약혼하다

□ 求婚 qiúhūn 치우훈
图 청혼하다

□ **结婚** jiéhūn 지에훈 동 결혼하다
□ **婚姻** hūnyīn 훈인 명 결혼

□ **婚礼** hūnlǐ 훈리
　명 결혼식; 결혼 축하 예물

□ **新郎** xīnláng 신랑
　명 신랑

□ **新娘** xīnniáng 신니앙
　명 신부

□ **喜帖** xǐtiě 시티에
　명 청첩장

□ **结婚戒指** jiéhūn jièzhǐ 지에훈 지에즈
= **婚戒** hūnjiè 훈지에
　명 결혼반지

□ **结婚礼服** jiéhūn lǐfú 지에훈 리푸
= **婚礼礼服** hūnlǐ lǐfú 훈리 리푸
　명 웨딩드레스

□ **婚宴** hūnyàn 훈이엔
　명 결혼 피로연

□ **丈夫** zhàngfu 장푸
= **先生** xiānsheng 시엔성
= **老公** lǎogōng 라오꽁
　명 남편

□ **妻子** qīzi 치쯔
= **夫人** fūrén 푸런
　명 아내

69

□ **见面** jiànmiàn 지엔미엔 동 만나다

　　初次见面。
　　Chūcì jiànmiàn.
　　추츠 지엔미엔
　　처음 뵙겠습니다.

□ **相亲** xiāngqīn 시앙친 동 맞선을 보다

□ **约会** yuēhuì 위에후이 명 약속, 데이트 동 만날 약속을 하다
　　　　□ **约** yuē 위에 명 약속 동 약속하다

□ **交朋友** jiāo péngyou 쟈오 펑여우 친구를 사귀다

□ **关系** guānxi 꾸안시 명 관계

□ **爱** ài 아이 동 사랑하다
　　　　□ **爱情** àiqíng 아이칭 명 사랑, 애정

□ **情人** qíngrén 칭런 명 애인, 연인 ⟶ **tip.** 爱人은 남편이나 아내를 가리키는 말입니다.
　　　= **恋人** liànrén 리엔런

□ **情侣** qínglǚ 칭뤼 명 연인, 커플

□ **亲爱的** qīn'àide 친아이더 달링, 자기야

□ **男朋友** nánpéngyou 난펑여우 명 (사귀는) 남자 친구
　　　= **男友** nányǒu 난여우
　　　□ **男的朋友** nánde péngyou 난더 펑여우 명 남자 친구

tip. 男朋友는 사귀는 사이의 남자 친구를, 男的朋友는 그냥 친구인데 성별이 남자인 친구를 말합니다. 女朋友와 女的朋友도 같은 맥락입니다.

□ **女朋友** nǚpéngyou 뉘펑여우 명 (사귀는) 여자 친구
　　　= **女友** nǚyǒu 뉘여우
　　　□ **女的朋友** nǚde péngyou 뉘더 펑여우 명 여자 친구

□ **理想型** lǐxiǎngxíng 리시앙싱 명 이상형
　　　□ **梦中情人** mèngzhōngqíngrén 멍중칭런 명 이상형, 꿈 속의 연인

□ **魅力** mèilì 메이리 명 매력
　　= **吸引力** xīyǐnlì 시인리

□ **迷** mí 미 동 매혹되다
　　□ **迷人** mírén 미런 동 매력적이다, 마음을 끌다

□ **诱惑** yòuhuò 여우후어 동 꾀다, 유혹하다
　　□ **勾引** gōuyǐn 꺼우인 동 (나쁜 길로) 꾀다, 유혹하다
　　□ **泡妞儿** pāoniūr 파오니울 여자를 꼬시다

□ **喜欢** xǐhuan 시후안 동 좋아하다, 호감을 가지다

□ **疼** téng 텅 동 몹시 귀여워하다, 끔찍이 아끼다　　**tip.** 疼은 '아프다'라는 뜻도 있습니다.
　　□ **疼爱** téng'ài 텅아이 동 매우 귀여워하다, 사랑하다
　　□ **心疼** xīnténg 신텅 동 몹시 아끼다, 사랑하다

□ **亲吻** qīnwěn 친원 동 키스하다, 입맞추다
　　= **接吻** jiēwěn 지에원
　　= **吻** wěn 원
　　□ **法式接吻** fǎshì jiēwěn 파스 지에원 프렌치 키스

□ **抱** bào 빠오 동 안다, 포옹하다
　　= **拥抱** yōngbào 융빠오

□ **身体接触** shēntǐ jiēchù 선티 지에추 스킨십

□ **使眼色** shǐ yǎnsè 스 이엔써 동 눈짓하다, 윙크하다
　　= **眨眼示意** zhǎyǎnshìyì 자이엔스이

□ **暗送秋波** ànsòngqiūbō 안쑹치우뽀 성 (유혹하기 위해) 추파를 던지다

□ **坠入爱河** zhuìrù àihé 쭈이루 아이허 사랑에 빠지다

□ **谈恋爱** tán liàn'ài 탄 리엔아이 동 연애하다

□ **热恋** rèliàn 러리엔 동 열렬히 연애하다

□ **看上** kànshàng 칸상 동 마음에 들다, 반하다

□ **一见钟情** yíjiànzhōngqíng 이지엔중칭 성 첫눈에 반하다

□ **想念** xiǎngniàn 시앙니엔 동 그리워하다
      = **想** xiǎng 시앙
      = **怀念** huáiniàn 화이니엔
      = **思念** sīniàn 쓰니엔

□ **单相思** dānxiāngsī 딴시앙쓰 명 상사병
      = **相思病** xiāngsībìng 시앙쓰삥

□ **嫉妒** jídù 지뚜 동 질투하다, 시기하다

□ **说谎** shuōhuǎng 수어후앙 동 (의도적으로) 거짓말하다
    □ **撒谎** sāhuǎng 싸후앙 동 거짓말을 하다, 허튼 소리를 하다

□ **欺骗** qīpiàn 치피엔 동 속이다, 사기치다
    □ **作弊** zuòbì 쭈어삐 동 속임수를 쓰다, 부정행위(커닝)를 하다

□ **吃野食** chī yěshí 츠 이에스 신 남녀가 몰래 정을 통하다

□ **背叛** bèipàn 뻬이판 동 배신하다

□ **甩** shuǎi 솨이 동 (애인을) 차다

□ **离别** líbié 리비에 동 이별하다, 헤어지다

□ **忘记** wàngjì 왕지 동 잊어버리다
      = **忘掉** wàngdiào 왕땨오

□ **前男友** qiánnányǒu 치엔난여우 전 남자 친구

□ **前女友** qiánnǚyǒu 치엔뉘여우 전 여자 친구

□ **单身** dānshēn 딴션 명 독신, 싱글
　　= **独身** dúshēn 두션
　　　□ **单身汉** dānshēnhàn 딴션한 명 독신남
　　tip. 单身汉은 요즘 '기러기 아빠'를 가리키는 말로도 쓰입니다.

□ **订婚** dìnghūn 띵훈 동 약혼하다
　　　□ **未婚夫** wèihūnfū 웨이훈푸 명 약혼자(남자)
　　　□ **未婚妻** wèihūnqī 웨이훈치 명 약혼녀

□ **订婚戒指** dìnghūn jièzhǐ 띵훈 지에즈 명 약혼반지

□ **退婚** tuìhūn 투이훈 동 파혼하다, 혼사를 물리다
　　= **退亲** tuìqīn 투이친

□ **求婚** qiúhūn 치우훈 동 청혼하다

□ **结婚** jiéhūn 지에훈 동 결혼하다
　　　□ **婚姻** hūnyīn 훈인 명 결혼
　　　□ **婚礼** hūnlǐ 훈리 명 결혼식; 결혼 축하 예물

□ **新郎** xīnláng 신랑 명 신랑

□ **新娘** xīnniáng 신니앙 명 신부

□ **伴郎** bànláng 빤랑 명 신랑 들러리

□ **伴娘** bànniáng 빤니앙 명 신부 들러리

□ **喜帖** xǐtiě 시티에 명 청첩장

□ **结婚戒指** jiéhūn jièzhǐ 지에훈 지에즈 명 결혼반지
　　= **婚戒** hūnjiè 훈지에

□ **结婚礼服** jiéhūn lǐfú 지에훈 리푸 명 웨딩드레스
　　= **婚礼礼服** hūnlǐ lǐfú 훈리 리푸

□ 面纱 miànshā 미엔사 [명] 베일, 면사포

□ 新娘捧花 xīnniáng pěnghuā 신니앙 펑후아 [명] 부케
　　= 新娘花束 xīnniáng huāshù 신니앙 후아수

□ 婚宴 hūnyàn 훈이엔 [명] 결혼 피로연

□ 庆贺 qìnghè 칭허 [동] 축하하다
　　= 祝贺 zhùhè 주허

□ 周年 zhōunián 저우니엔 [명] 주년

□ 纪念日 jìniànrì 지니엔르 [명] 기념일

□ 蜜月旅行 mìyuè lǚxíng 미위에 뤼싱 [명] 신혼여행
　　= 蜜月度假 mìyuè dùjià 미위에 뚜지아
　　□ 度蜜月 dù mìyuè 뚜 미위에 신혼여행을 가다

□ 夫妇 fūfù 푸푸 [명] 부부
　　= 夫妻 fūqī 푸치

□ 丈夫 zhàngfu 장푸 [명] 남편
　　= 先生 xiānsheng 시엔성 → tip. 先生은 다른 사람의 남편 또는 자신의 남편에 대한 호칭으로 앞에 인칭대명사가 옵니다.
　　= 老公 lǎogōng 라오꿍 → tip. 老公은 방언에서 온 말로, 丈夫의 속어입니다.

□ 妻子 qīzi 치쯔 [명] 아내
　　= 夫人 fūrén 푸런 [명] 부인(아내에 대한 존칭)
　　= 老婆 lǎopó 라오포 [명] 아내, 처(구어)
　　□ 太太 tàitai 타이타이 [명] 아내, 처, 부인 → tip. 太太는 앞에 남편의 성을 붙여 쓰기도 합니다.

□ 伴侣 bànlǚ 빤뤼 [명] 배우자, 반려자
　　= 配偶 pèi'ǒu 페이어우 → tip. 配偶는 문어체에 씁니다.

□ 公公 gōnggong 꿍궁 [명] 시아버지
　　= 爹爹 diēdie 띠에디에

□ 岳父 yuèfù 위에푸 명 장인

□ 婆婆 pópo 포포 명 시어머니; 외할머니(방언)

□ 岳母 yuèmǔ 위에무 명 장모
  = 丈母娘 zhàngmǔniáng 장무니앙

꼭! 써먹는 **실전 회화**

05. 이상형

李秀英
Lǐ Xiùyīng

昨天我在路上见到了有一个帅哥, 他就是我的梦中情人。
Zuótiān wǒ zài lùshang jiàndào le yǒu yí ge shuàigē, tā jiùshì wǒ de mèngzhōngqíngrén.
쭈어티엔 워 짜이 루상 지엔따오 러 여우 이 거 쇠이꺼, 타 지우스 워 더 멍중칭런
어제 길에서 한 잘생긴 남자를 봤는데, 바로 내 이상형이었어.

张美林
Zhāng Měilín

你跟他说过话了没有?
Nǐ gēn tā shuōguo le méiyǒu?
니 껀 타 수어구어 러 메이여우?
그 사람이랑 말해 봤어?

李秀英
Lǐ Xiùyīng

还没。我该怎么办才好呢?
Hái méi. Wǒ gāi zěnmebàn cái hǎo ne?
하이 메이. 워 까이 쩐머빤 차이 하오 너?
아니 아직. 내가 어떻게 해야 좋을까?

张美林
Zhāng Měilín

你先买新衣服、化妆, 然后再去找他!
Nǐ xiān mǎi xīn yīfu, huàzhuāng, ránhòu zài qù zhǎo tā!
니 시엔 마이 신 이푸, 후아주앙, 란허우 짜이 취 자오 타!
우선 새 옷을 사고, 화장을 한 다음, 다시 그를 찾아가 봐!

가족 家人 지아런

☐ **家人** jiārén 지아런
명 가족

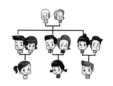

☐ **亲戚** qīnqi 친치
명 친척

☐ **祖父母** zǔfùmǔ 쭈푸무
명 조부모

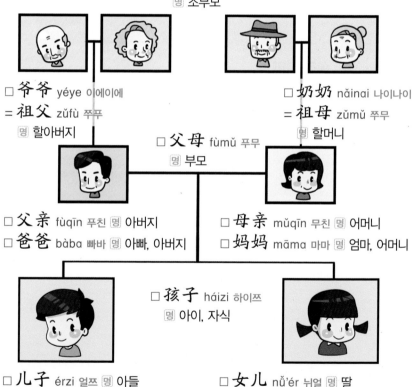

☐ **爷爷** yéye 이에이에
= **祖父** zǔfù 쭈푸
　명 할아버지

☐ **奶奶** nǎinai 나이나이
= **祖母** zǔmǔ 쭈무
　명 할머니

☐ **父母** fùmǔ 푸무
명 부모

☐ **父亲** fùqīn 푸친 명 아버지
☐ **爸爸** bàba 빠바 명 아빠, 아버지

☐ **母亲** mǔqīn 무친 명 어머니
☐ **妈妈** māma 마마 명 엄마, 어머니

☐ **孩子** háizi 하이쯔
명 아이, 자식

☐ **儿子** érzi 얼쯔 명 아들
☐ **哥哥** gēge 꺼거 명 형, 오빠
☐ **弟弟** dìdi 띠디 명 남동생
☐ **兄弟** xiōngdì 시웅띠 명 형제

☐ **女儿** nǚ'ér 뉘얼 명 딸
☐ **姐姐** jiějie 지에지에 명 누나, 언니
☐ **妹妹** mèimei 메이메이 명 여동생
☐ **姐妹** jiěmèi 지에메이 명 자매

□ 丈夫 zhàngfu 장푸
명 남편

□ 妻子 qīzi 치쯔
명 아내

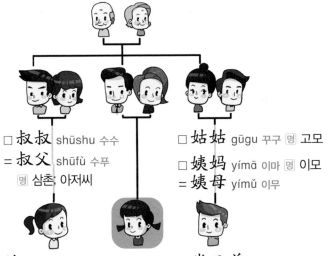

□ 叔叔 shūshu 수수
= 叔父 shūfù 수푸
　　명 삼촌; 아저씨

□ 姑姑 gūgu 꾸구 명 고모

□ 姨妈 yímā 이마 명 이모
= 姨母 yímǔ 이무

□ 堂姐妹 tángjiěmèi 탕지에메이
명 사촌 (자매)

□ 堂兄弟 tángxiōngdì 탕시웅띠
명 사촌 (형제)

□ 孙女 sūnnǚ 쑨늬
명 손녀

□ 孙子 sūnzi 쑨쯔
명 손주

□ 侄子 zhízi 즈쯔
명 조카

□ **大人** dàrén 따런
　 명 어른, 성인

□ **老** lǎo 라오
　 형 늙다

□ **青年** qīngnián 칭니엔
　 명 청년, 젊은이

□ **年轻** niánqīng 니엔칭
　 형 젊다

□ **小孩儿** xiǎoháir 샤오하알
　 명 어린이

□ **小** xiǎo 샤오
　 형 어리다

□ **婴儿** yīng'ér 잉얼
　 명 아기

□ **怀孕** huáiyùn 화이윈
= **有喜** yǒuxǐ 여우시
　 동 임신하다

□ **喂奶** wèinǎi 웨이나이 동 수유하다
□ **母乳** mǔrǔ 무루 명 모유

□ **奶粉** nǎifěn 나이펀 명 분유
□ **奶瓶** nǎipíng 나이핑 명 젖병

□ **戒子** jièzi 지에쯔
= **尿不湿** niàobushī 냐오부스
　 명 1회용 기저귀

78

□ **养育** yǎngyù 양위
   [동] 기르다, 양육하다

□ **照顾** zhàogù 자오꾸
   [동] 돌보다, 보살피다

□ **保姆** bǎomǔ 바오무
   [명] 보모

□ **奶妈** nǎimā 나이마
   [명] 유모

□ **小推车** xiǎotuīchē 샤오투이처
= **婴儿车** yīng'érchē 잉얼처
= **婴儿推车** yīng'értuīchē 잉얼투이처
= **童车** tóngchē 퉁처
   [명] 유모차

□ **婴儿床** yīng'érchuáng 잉얼추앙
= **摇篮** yáolán 야오란
   [명] 아기 침대

□ **和睦** hémù 허무
= **和谐** héxié 허시에
   [형] 화목하다

□ **不和** bùhé 뿌허
   [명] 불화

□ **分居** fēnjū 펀쥐
   [동] 별거하다, 분가해 살다

☐ **家人** jiārén 지아런 명 가족

　你家人都好吗?
　Nǐ jiārén dōu hǎo ma?
　니 지아런 떠우 하오 마?
　가족들은 모두 잘 지내요?

☐ **亲戚** qīnqi 친치 명 친척

☐ **父母** fùmǔ 푸무 명 부모

　　☐ **父亲** fùqīn 푸친 명 아버지

　　☐ **爸爸** bàba 빠바 명 아빠, 아버지

　　☐ **母亲** mǔqīn 무친 명 어머니

　　☐ **妈妈** māma 마마 명 엄마, 어머니

☐ **祖父母** zǔfùmǔ 쭈푸무 명 조부모

　　☐ **爷爷** yéye 이에이에 명 할아버지

　　= **祖父** zǔfù 쭈푸

　　☐ **奶奶** nǎinai 나이나이 명 할머니

　　= **祖母** zǔmǔ 쭈무

　　☐ **姥爷** lǎoyé 라오이에 명 외할아버지

　　☐ **姥姥** lǎolao 라오라오 명 외할머니

　我长得像我姥姥。
　Wǒ zhǎng de xiàng wǒ lǎolao.
　워 장 더 시앙 워 라오라오
　나는 외할머니를 닮았다.

☐ **兄弟姐妹** xiōngdì jiěmèi 시웅띠 지에메이 명 형제자매

☐ **兄弟** xiōngdì 시웅띠 명 형제

　　☐ **哥哥** gēge 꺼거 명 형, 오빠

　　☐ **大哥** dàgē 따꺼 명 큰 형, 맏형, 큰 오빠

　　☐ **二哥** èrgē 얼꺼 명 둘째 형, 둘째 오빠

　　☐ **弟弟** dìdi 띠디 명 남동생

□ **姐妹** jiěmèi 지에메이 명 자매

    □ **姐姐** jiějie 지에지에 명 누나, 언니

    □ **妹妹** mèimei 메이메이 명 여동생

tip. 자매도 형제와 마찬가지로 **大姐** dàjiě 따지에(큰 누나), **二姐** èrjiě 얼지에(둘째 누나) 등으로 표현합니다.

妹妹的眼睛很像爸爸。
Mèimei de yǎnjing hěn xiàng bàba.
메이메이 더 이엔징 헌 시앙 빠바
여동생은 눈이 아빠를 닮았다.

□ **孩子** háizi 하이쯔 명 아이, 자식

□ **儿子** érzi 얼쯔 명 아들

    □ **独生子** dúshēngzǐ 두성쯔 명 외동아들

    □ **小皇帝** xiǎohuángdì 샤오후앙띠 명 소황제

□ **女儿** nǚ'ér 뉘얼 명 딸

    □ **独生女** dúshēngnǚ 두성뉘 명 외동딸

    □ **小公主** xiǎogōngzhǔ 샤오꿍주 명 소공주

tip. 小皇帝, 小公主는 중국의 인구억제정책 실시로 '한 가정 한 자녀' 정책이 실시된 이후 태어난 외동 자녀들이 과잉 보호를 받고 자라는 것을 비유하여 생겨난 말입니다. 참고로 '한 가정 한 자녀 정책'은 2015년 10월, 35년 만에 저출산과 인구의 고령화로 인해 현재 폐지된 상태입니다.

□ **双胞胎** shuāngbāotāi 수앙빠오타이 명 쌍둥이

□ **丈夫** zhàngfu 장푸 명 남편

□ **妻子** qīzi 치쯔 명 아내

我的妻子怀孕了。
Wǒ de qīzi huáiyùn le.
워 더 치쯔 화이윈 러
내 아내가 임신했다.

□ **女婿** nǚxù 뉘쉬 명 사위

□ **媳妇** xífù 시푸 명 며느리

□ 堂兄弟 tángxiōngdì 탕시웅띠 몡 사촌 형제
　　　□ 堂兄 tángxiōng 탕시웅 몡 사촌 형, 사촌 오빠
　　　□ 堂弟 tángdì 탕띠 몡 사촌 남동생

□ 堂姐妹 tángjiěmèi 탕지에메이 몡 사촌 자매
　　　□ 堂姐 tángjiě 탕지에 몡 사촌 누나, 사촌 언니
　　　□ 堂妹 tángmèi 탕메이 몡 사촌 여동생

□ 表兄弟 biǎoxiōngdì 뱌오시웅띠 몡 외사촌 형제
　　　□ 表哥 biǎogē 뱌오꺼 몡 외사촌 형, 외사촌 오빠
　　　□ 表弟 biǎodì 뱌오띠 몡 외사촌 남동생

□ 表姐妹 biǎojiěmèi 뱌오지에메이 몡 외사촌 자매
　　　□ 表姐 biǎojiě 뱌오지에 몡 외사촌 누나, 외사촌 언니
　　　□ 表妹 biǎomèi 뱌오메이 몡 외사촌 여동생

□ 孙子 sūnzi 쑨쯔 몡 손주

□ 孙女 sūnnǚ 쑨늬 몡 손녀

□ 侄子 zhízi 즈쯔 몡 조카
　　　□ 侄男 zhínán 즈난 몡 조카(남자 형제의 아들)
　　　□ 侄女 zhínǚ 즈뉘 몡 조카(남자 형제의 딸)
　　　□ 外甥 wàishēng 와이성 몡 조카(여자 형제의 아들)
　　　□ 外甥女 wàishēngnǚ 와이성뉘 몡 조카(여자 형제의 딸)

□ 叔叔 shūshu 수수 몡 삼촌; 아저씨
　　　= 叔父 shūfù 수푸

□ 伯伯 bóbo 보보 몡 큰아버지
　　　= 伯父 bófù 보푸

□ 姑姑 gūgu 꾸구 몡 고모

□ **舅舅** jiùjiu 지우지우 [명] 외삼촌
　　= **舅父** jiùfù 지우푸

□ **姨妈** yímā 이마 [명] 이모
　　= **姨母** yímǔ 이무
　　□ **阿姨** āyí 아이 [명] 이모; 아주머니

□ **舅子** jiùzi 지우쯔 [명] 처남　━→ **tip.** 손윗처남은 大舅子, 손아랫처남은 小舅子라고 합니다.
　　□ **大姨子** dàyízi 따이쯔 [명] 처형
　　□ **小姨子** xiǎoyízi 샤오이쯔 [명] 처제

□ **小叔子** xiǎoshūzi 샤오수쯔 [명] 시동생(구어)
　tip. '시아주버니'는 大伯子 dàbǎizi 따바이쯔라고 합니다.

　　□ **姑子** gūzi 꾸쯔 [명] 시누이　•━→ **tip.** 손윗시누이는 大姑子, 손아랫시누이는 小姑子라고 합니다.

□ **姐夫** jiěfu 지에푸 [명] 매형, 형부
　　□ **妹夫** mèifu 메이푸 [명] 매부
　　□ **嫂子** sǎozi 싸오쯔 [명] 올케, 형수
　　□ **妯娌** zhóulǐ 저우리 [명] (여자) 동서
　　□ **连襟** liánjīn 리엔진 [명] (남자) 동서

□ **大人** dàrén 따런 [명] 어른, 성인

□ **青年** qīngnián 칭니엔 [명] 청년, 젊은이

□ **小孩儿** xiǎoháir 샤오하알 [명] 어린이

□ **婴儿** yīng'ér 잉얼 [명] 아기

□ **老** lǎo 라오 [형] 늙다

□ **年轻** niánqīng 니엔칭 [형] 젊다

□ **小** xiǎo 샤오 [형] 어리다

□ 怀孕 huáiyùn 화이윈 图 임신하다
　　= 有喜 yǒuxǐ 여우시
　　□ 孕妇 yùnfù 윈푸 图 임신부, 임부(임신한 여자)
　　□ 产妇 chǎnfù 찬푸 图 산모, 산부(갓 출산한 여자)
　　□ 孕吐 yùntù 윈투 图 입덧

□ 生孩子 shēng háizi 성 하이쯔 출산하다
　　□ 预产期 yùchǎnqī 위찬치 출산예정일

□ 喂奶 wèinǎi 웨이나이 图 수유하다
　　□ 母乳 mǔrǔ 무루 图 모유

□ 奶粉 nǎifěn 나이펀 图 분유
　　□ 奶瓶 nǎipíng 나이핑 图 젖병

□ 戒子 jièzi 지에쯔 图 1회용 기저귀
　　= 尿不湿 niàobushī 냐오부스

□ 养育 yǎngyù 양위 图 기르다, 양육하다
　　□ 照顾 zhàogù 자오꾸 图 돌보다, 보살피다
　　□ 保姆 bǎomǔ 바오무 图 보모
　　□ 奶妈 nǎimā 나이마 图 유모

□ 小推车 xiǎotuīchē 샤오투이처 图 유모차
　　= 婴儿车 yīng'érchē 잉얼처
　　= 婴儿推车 yīng'értuīchē 잉얼투이처
　　= 童车 tóngchē 퉁처

□ 婴儿床 yīng'érchuáng 잉얼추앙 图 아기 침대
　　= 摇篮 yáolán 야오란

□ 收养 shōuyǎng 서우양 图 입양하다
　　□ 领养儿 lǐngyǎng'ér 링양얼 图 입양아

84

□ **和睦** hémù 허무 [형] 화목하다
　　　= **和谐** héxié 허시에

□ **不和** bùhé 뿌허 [명] 불화
　　　□ **分居** fēnjū 펀쥐 [동] 별거하다, 분가해 살다

□ **离婚** líhūn 리훈 [명] 이혼

□ **再婚** zàihūn 짜이훈 [동] 재혼하다
　　　= **复婚** fùhūn 푸훈
　　　□ **改嫁** gǎijià 가이지아 [동] 개가하다
　　　= **再嫁** zàijià 짜이지아

06. 가족 소개

꼭! 써먹는 **실전 회화**

张美林
Zhāng Měilín

马克, 你有兄弟姐妹吗?
Mǎkè, nǐ yǒu xiōngdì jiěmèi ma?
마커, 니 여우 시옹띠 지에메이 마?
마크, 넌 형제자매가 있니?

马克
Mǎkè

我有一个弟弟。他比我小八岁。
Wǒ yǒu yí ge dìdi. Tā bǐ wǒ xiǎo bā suì.
워 여우 이 거 띠디. 타 비 워 샤오 빠 쑤이
남동생이 하나 있어. 그 앤 나보다 여덟 살 더 어려.

张美林
Zhāng Měilín

你喜欢弟弟吗?
Nǐ xǐhuan dìdi ma?
니 시후안 띠디 마?
넌 동생 좋아하니?

马克
Mǎkè

喜欢是喜欢, 但是他是个调皮鬼。
Xǐhuan shì xǐhuan, dànshì tā shì ge tiáopíguǐ.
시후안 스 시후안, 딴스 타 스 거 타오피구이
좋아하긴 좋아하는데, 걘 장난꾸러기야.

练习

다음 단어를 읽고 맞는 뜻과 연결하세요.

1. 爱情 •

2. 儿子 •

3. 感情 •

4. 婚姻 •

5. 家人 •

6. 老 •

7. 脸 •

8. 年轻 •

9. 女儿 •

10. 身体 •

11. 小 •

12. 性格 •

• 가족

• 감정

• 결혼

• 늙다

• 딸

• 몸, 신체; 건강

• 사랑, 애정

• 성격

• 아들

• 어리다

• 얼굴

• 젊다

1. 爱情 – 사랑, 애정 2. 儿子 – 아들 3. 感情 – 감정 4. 婚姻 – 결혼
5. 家人 – 가족 6. 老 – 늙다 7. 脸 – 얼굴 8. 年轻 – 젊다
9. 女儿 – 딸 10. 身体 – 몸, 신체; 건강 11. 小 – 어리다 12. 性格 – 성격

第三章

자연

시간&날짜 时间和日子 스지엔 허 르쯔

□ **时间** shíjiān 스지엔
　뗑 시간, 때

□ **点** diǎn 디엔
　양 시(시간); 점

□ **分** fēn 펀 양 분(시간)
□ **分钟** fēnzhōng 펀중 뗑 분

□ **秒** miǎo 먀오
　양 초(시간)

□ **半** bàn 빤
　수 30분; 반(半), $\frac{1}{2}$

□ **刻** kè 커
　양 15분

□ **钟表** zhōngbiǎo 중뱌오
　뗑 시계

□ **早** zǎo 짜오
　뗑 아침 혱 (시간이) 이르다
□ **早上** zǎoshang 짜오상
　뗑 아침
□ **上午** shàngwǔ 상우
　뗑 오전

□ **醒** xǐng 싱
　동 (잠자리에서) 일어나다
□ **起床** qǐchuáng 치추앙
　동 일어나다

□ **洗** xǐ 시 동 씻다
□ **洗脸** xǐliǎn 시리엔
　동 세수하다

□ **洗头发** xǐ tóufa 시 터우파
머리를 감다
□ **洗澡** xǐzǎo 시짜오
　동 목욕하다

□ **刷牙** shuāyá 수아야
　동 이를 닦다

□ **早餐** zǎocān 짜오찬
= **早饭** zǎofàn 짜오판
　뗑 아침 식사

□ **中午** zhōngwǔ 중우 [명] 정오
□ **白天** báitiān 바이티엔 [명] 대낮
□ **下午** xiàwǔ 시아우 [명] 오후

□ **午餐** wǔcān 우찬
= **午饭** wǔfàn 우판
　[명] 점심 식사

□ **点心** diǎnxin 디엔신 [명] 간식

□ **晚** wǎn 완 [명] 저녁, 밤 [형] (시간이) 늦다
□ **晚上** wǎnshang 완상 [명] 저녁, 밤
□ **傍晚** bàngwǎn 빵완 [명] 저녁 무렵

□ **晚餐** wǎncān 완찬
= **晚饭** wǎnfàn 완판
　[명] 저녁 식사

□ **半夜** bànyè 빤이에 [명] 심야, 한밤중
□ **零时** língshí 링스 [명] 밤 12시, 0시

□ **睡** shuì 수이
= **睡觉** shuìjiào 수이쟈오
　[동] (잠을) 자다

□ **午睡** wǔshuì 우수이
　[명] 낮잠 [동] 낮잠을 자다

□ **打瞌睡**
　dǎkēshuì 다커수이
= **打盹儿** dǎdǔnr 다두울
　[동] 졸다

□ **做梦** zuòmèng 쭈어멍
　[동] 꿈을 꾸다

□ **梦** mèng 멍
　[명] 꿈 [동] 꿈을 꾸다

□ **失眠症**
　shīmiánzhèng 스미엔정
　[명] 불면증

89

□ 日子 rìzi 르쯔 명 일(日), 날

□ 天 tiān 티엔 명 하루, 날

□ 号 hào 하오 명 일(날짜를 가리킴)

□ 日期 rìqī 르치 명 (특정한) 날짜, 기간

□ 日历 rìlì 르리 명 달력

□ 星期 xīngqī 싱치
= 礼拜 lǐbài 리빠이
= 周 zhōu 저우
　명 주(週); 요일

□ 周末 zhōumò 저우모 명 주말

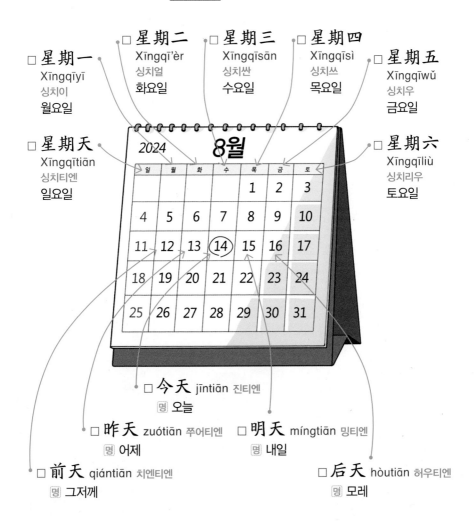

□ 星期一
　Xīngqīyī
　싱치이
　월요일

□ 星期二
　Xīngqī'èr
　싱치얼
　화요일

□ 星期三
　Xīngqīsān
　싱치싼
　수요일

□ 星期四
　Xīngqīsì
　싱치쓰
　목요일

□ 星期五
　Xīngqīwǔ
　싱치우
　금요일

□ 星期天
　Xīngqītiān
　싱치티엔
　일요일

□ 星期六
　Xīngqīliù
　싱치리우
　토요일

□ 今天 jīntiān 진티엔
　명 오늘

□ 昨天 zuótiān 쭈어티엔
　명 어제

□ 明天 míngtiān 밍티엔
　명 내일

□ 前天 qiántiān 치엔티엔
　명 그저께

□ 后天 hòutiān 허우티엔
　명 모레

□ 月 yuè 위에 명 월(月), 달

□ 一月 Yīyuè 이위에 명 1월
□ 二月 Èryuè 얼위에 명 2월
□ 三月 Sānyuè 싼위에 명 3월
□ 四月 Sìyuè 쓰위에 명 4월
□ 五月 Wǔyuè 우위에 명 5월
□ 六月 Liùyuè 리우위에 명 6월

□ 七月 Qīyuè 치위에 명 7월
□ 八月 Bāyuè 빠위에 명 8월
□ 九月 Jiǔyuè 지우위에 명 9월
□ 十月 Shíyuè 스위에 명 10월
□ 十一月 Shíyīyuè 스이위에 명 11월
□ 十二月 Shí'èryuè 스얼위에 명 12월

□ 年 nián 니엔 명 년(年) 양 년, 해
□ 年度 niándù 니엔뚜 명 연도

□ 生日 shēngrì 성르
　 명 생일
□ 周年纪念日
　 zhōunián jìniànrì 저우니엔 지니엔르
　 명 기념일

□ 假日 jiàrì 지아르
　 명 공휴일, 축제일, 명절

□ 春节 Chūnjié 춘지에
　 명 설날
□ 中秋节 Zhōngqiūjié 중치우지에
　 명 추석
□ 国庆节 Guóqìngjié 구어칭지에
　 명 국경절

□ 过去 guòqù 꾸어취　□ 现在 xiànzài 시엔짜이　□ 未来 wèilái 웨이라이
　 명 과거　　　　　　　 명 지금, 현재　　　　　　 명 미래

□ 将来 jiānglái 지앙라이
　 명 장래, 미래

□ **时间** shíjiān 스지엔 몡 시간, 때

　　□ **小时** xiǎoshí 샤오스 몡 시간(시간 단위)

最近很忙, 没时间看书。
Zuìjìn hěn máng, méi shíjiān kàn shū.
쭈이진 헌 망, 메이 스지엔 칸 수
요즘 바빠서, 책 읽을 시간이 없어요.

□ **点** diǎn 디엔 양 시(시간); 점

□ **分** fēn 펀 양 분(시간)

　　□ **分钟** fēnzhōng 펀중 몡 분

□ **秒** miǎo 먀오 양 초(시간)

□ **半** bàn 빤 수 30분; 반(半), $\frac{1}{2}$

□ **刻** kè 커 양 15분

　tip. 刻는 우리말에 없는 단위로, 보통 '~시 15분'은 '~点一刻', '~시 45분'은 '~点三刻'로 표현합니다.

□ **钟表** zhōngbiǎo 중뱌오 몡 시계 ●──────────→

　　□ **闹钟** nàozhōng 나오중 몡 알람시계, 자명종
　　□ **时钟** shízhōng 스중 몡 괘종시계
　　□ **手表** shǒubiǎo 서우뱌오 몡 손목시계

tip. 중국인들은 '시계'의 钟 zhōng과 '끝나다'의 终 zhōng 발음이 같아서, 관계를 끝내자라는 의미로 받아들일 수 있기 때문에 시계를 선물하지 않습니다.

□ **凌晨** língchén 링천 몡 새벽(자정부터 동트기 전)

□ **早** zǎo 짜오 몡 아침 혱 (시간이) 이르다

　　□ **早上** zǎoshang 짜오상 몡 아침

□ **上午** shàngwǔ 상우 몡 오전

□ **中午** zhōngwǔ 중우 몡 정오

　　□ **白天** báitiān 바이티엔 몡 대낮

□ **下午** xiàwǔ 시아우 몡 오후

□ 晚 wǎn 완 명 저녁, 밤 형 (시간이) 늦다
　　□ 晚上 wǎnshang 완상 명 저녁, 밤
　　□ 傍晚 bàngwǎn 빵완 명 저녁 무렵
　　□ 半夜 bànyè 빤이에 명 심야, 한밤중
　　□ 零时 língshí 링스 명 밤 12시, 0시

□ 醒 xǐng 싱 동 (잠자리에서) 일어나다
　　□ 叫醒电话 jiàoxǐng diànhuà 쟈오싱 띠엔후아 모닝콜

□ 起床 qǐchuáng 치추앙 동 일어나다

□ 睡过头 shuìguòtóu 수이꾸어터우 동 늦게 일어나다, 늦잠을 자다

□ 洗 xǐ 시 동 씻다
　　□ 洗脸 xǐliǎn 시리엔 동 세수하다
　　□ 洗头发 xǐ tóufa 시 터우파 머리를 감다
　　□ 洗澡 xǐzǎo 시짜오 동 목욕하다

□ 刷牙 shuāyá 수아야 동 이를 닦다

□ 吃饭 chīfàn 츠판 동 식사하다

　　我们吃饭吧!
　　Wǒmen chīfàn ba!
　　워먼 츠판 바!
　　식사하자!

□ 早餐 zǎocān 짜오찬 명 아침 식사
　　= 早饭 zǎofàn 짜오판

□ 午餐 wǔcān 우찬 명 점심 식사
　　= 午饭 wǔfàn 우판

□ 零食 língshí 링스 명 군것질, 주전부리
　　□ 点心 diǎnxin 디엔신 명 간식

tip. 点心이 '딤섬'을 뜻하기도 하는데,
이것은 광동어에서 온 발음입니다.

□ **晚餐** wǎncān 완찬 명 저녁 식사

    = **晚饭** wǎnfàn 완판

□ **睡** shuì 수이 동 (잠을) 자다

    = **睡觉** shuìjiào 수이쟈오

    □ **午睡** wǔshuì 우수이 명 낮잠 동 낮잠을 자다

    □ **小睡** xiǎoshuì 샤오수이 동 잠깐 자다, 선잠 자다

    □ **打瞌睡** dǎkēshuì 다커수이 동 졸다

    = **打盹儿** dǎdǔnr 다두울

我得去睡了。
Wǒ děi qù shuì le.
워 데이 취 수이 러
자러 가야겠어.

□ **打呼噜** dǎhūlu 다후루 동 코를 골다

    = **打鼾** dǎhān 다한

□ **失眠** shīmián 스미엔 동 잠을 이루지 못하다

    □ **失眠症** shīmiánzhèng 스미엔정 명 불면증

□ **做梦** zuòmèng 쭈어멍 동 꿈을 꾸다

    □ **梦** mèng 멍 명 꿈 동 꿈을 꾸다

    □ **噩梦** èmèng 어멍 명 악몽

    = **恶梦** èmèng 어멍

昨天做了一个奇怪的梦。
Zuótiān zuò le yí ge qíguài de mèng.
쭈어티엔 쭈어 러 이 거 치꽈이 더 멍
어제 이상한 꿈을 꿨다.

□ **白日做梦** báirì zuòmèng 바이르 쭈어멍

    성 백일몽을 꾸다(실현 불가능한 헛된 공상을 하다)

□ **日子** rìzi 르쯔 명 일(日), 날

□ 天 tiān 티엔 명 하루, 날

□ 号 hào 하오 명 일(날짜를 가리킴)

tip. '~월 ~일'이라고 할 때,
회화에서는 '~月~号'이라고 하고,
문어체는 '~月~日 ri'라고 합니다.

□ 日期 rìqī 르치 명 (특정한) 날짜, 기간

□ 星期 xīngqī 싱치 명 주(週); 요일
    = 礼拜 lǐbài 리빠이
    = 周 zhōu 저우

□ 月 yuè 위에 명 월(月), 달

□ 年 nián 니엔 명 년(年) 양 년, 해

tip. 보통 日历라고 하면, '양력'을 말합니다.

□ 日历 rìlì 르리 명 달력

□ 农历 nónglì 눙리 명 음력

tip. 음력 1월 1일로, 우리나라처럼 며칠 간 연
휴로 쉬면서 가족들이 모여 饺子 jiaozi 쟈오쯔(
만두, 교자)를 먹습니다.

tip. 음력 8월 15일로, 둥근 보름달을
보며 月饼 yuebing 위에빙(월병)을 먹
는 풍습이 있습니다.

□ 假日 jiàrì 지아르 명 공휴일, 축제일, 명절

□ 春节 Chūnjié 춘지에 명 설날

□ 中秋节 Zhōngqiūjié 중치우지에 명 추석

□ 端午节 Duānwǔjié 뚜안우지에 명 단오

tip. 전국시대의 정치가이자 시인이
었던 굴원(屈原)을 기리는 날로, 대
나무잎으로 찹쌀밥을 싼
粽子 zōngzi 쭝쯔(종자(찰밥쌈))를
먹는 풍습이 있습니다.

□ 圣诞节 Shèngdànjié 성딴지에 명 성탄절

□ 复活节 Fùhuójié 푸후어지에 명 부활절

□ 感恩节 Gǎn'ēnjié 간언지에 명 추수감사절

□ 万圣节 Wànshèngjié 완성지에 명 핼러윈데이

□ 情人节 Qíngrénjié 칭런지에 명 밸런타인데이

□ 劳动节 Láodòngjié 라오뚱지에 명 노동절

tip. 우리의 근로자의 날에
해당하며, 5월 1일입니다.

□ 国庆节 Guóqìngjié 구어칭지에 명 국경절

tip. 중국 공산당 창립 기념일로
10월 1일입니다.

□ 妇女节 Fùnǚjié 푸뉘지에 명 부녀자의 날

韩国人春节时吃年糕汤。
Hánguórén Chūnjié shí chī niángāotāng.
한구어런 춘지에 스 츠 니엔까오탕
한국인은 설날에 떡국을 먹습니다.

tip. 3월 8일로, 여자들만 반나절
일하고 퇴근합니다.

□ 生日 shēngrì 성르 명 생일

祝你生日快乐!
Zhù nǐ shēngrì kuàilè!
주 니 성르 콰이러!
생일 축하합니다!

□ 周年纪念日 zhōunián jìniànrì 저우니엔 지니엔르 명 기념일

□ 今天 jīntiān 진티엔 명 오늘

□ 昨天 zuótiān 쭈어티엔 명 어제

□ 前天 qiántiān 치엔티엔 명 그저께

□ 明天 míngtiān 밍티엔 명 내일

明天他会来吗?
Míngtiān tā huì lái ma?
밍티엔 타 후이 라이 마?
내일 그가 올까?

□ 后天 hòutiān 허우티엔 명 모레

□ 周末 zhōumò 저우모 명 주말

周末你过得怎么样?
Zhōumò nǐ guò de zěnmeyàng?
저우모 니 꾸어 더 쩐머양?
주말 어떻게 보냈어요?

□ 星期一 Xīngqīyī 싱치이 월요일
= 礼拜一 Lǐbàiyī 리빠이이
= 周一 Zhōuyī 저우이

□ 星期二 Xīngqī'èr 싱치얼 화요일
= 礼拜二 Lǐbài'èr 리빠이얼
= 周二 Zhōu'èr 저우얼

□ 星期三 Xīngqīsān 싱치싼 수요일
  = 礼拜三 Lǐbàisān 리빠이싼
  = 周三 Zhōusān 저우싼

□ 星期四 Xīngqīsì 싱치쓰 목요일
  = 礼拜四 Lǐbàisì 리빠이쓰
  = 周四 Zhōusì 저우쓰

□ 星期五 Xīngqīwǔ 싱치우 금요일
  = 礼拜五 Lǐbàiwǔ 리빠이우
  = 周五 Zhōuwǔ 저우우

□ 星期六 Xīngqīliù 싱치리우 토요일
  = 礼拜六 Lǐbàiliù 리빠이리우
  = 周六 Zhōuliù 저우리우

□ 星期天 Xīngqītiān 싱치티엔 일요일 ●────→ **tip.** 일요일은 星期日 Xīngqīrì 싱치르,
  = 礼拜天 Lǐbàitiān 리빠이티엔   礼拜日 Lǐbàirì 리빠이르라고도 합니다.
  = 周日 Zhōurì 저우르

□ 一月 Yīyuè 이위에 圆 1월

□ 二月 Èryuè 얼위에 圆 2월

□ 三月 Sānyuè 싼위에 圆 3월

□ 四月 Sìyuè 쓰위에 圆 4월

□ 五月 Wǔyuè 우위에 圆 5월

□ 六月 Liùyuè 리우위에 圆 6월

□ 七月 Qīyuè 치위에 圆 7월

□ 八月 Bāyuè 빠위에 圆 8월

□ 九月 Jiǔyuè 지우위에 명 9월

□ 十月 Shíyuè 스위에 명 10월

□ 十一月 Shíyīyuè 스이위에 명 11월

□ 十二月 Shí'èryuè 스얼위에 명 12월

□ 年度 niándù 니엔뚜 명 연도

□ 今年 jīnnián 진니엔 명 올해

□ 去年 qùnián 취니엔 명 작년

□ 前年 qiánnián 치엔니엔 명 재작년

□ 明年 míngnián 밍니엔 명 내년

□ 后年 hòunián 허우니엔 명 후년

□ 世纪 shìjì 스지 명 세기(世紀), 100년

□ 时代 shídài 스따이 명 (역사상의) 시대, 시기

□ 时期 shíqī 스치 명 (특정한) 시기

　　　　□ 时光 shíguāng 스꾸앙 명 시절, 세월

□ 过去 guòqù 꾸어취 명 과거

□ 现在 xiànzài 시엔짜이 명 지금, 현재

现在雨停了吗?
Xiànzài yǔ tíng le ma?
시엔짜이 위 팅 러 마?
지금 비가 그쳤어요?

□ 未来 wèilái 웨이라이 명 미래

　　　　□ 将来 jiānglái 지앙라이 명 장래, 미래

□ 最近 zuìjìn 쭈이진 명 최근

最近迷上了打网球。
Zuìjìn míshàng le dǎ wǎngqiú.
쭈이진 미상 러 다 왕치우
최근 테니스에 빠졌어요.

□ 近来 jìnlái 진라이 명 근래, 요즘

□ 如今 rújīn 루진 명 (비교적 먼 과거에 대하여) 지금, 이제

□ 这些天 zhèxiētiān 저시에티엔 요 며칠

□ 以后 yǐhòu 이허우 명 이후, 나중

꼭! 써먹는 **실전 회화**

07. 크리스마스

王力
Wáng Lì
这个圣诞节你要做什么?
Zhè ge Shèngdànjié nǐ yào zuò shénme?
저 거 성딴지에 니 야오 쭈어 선머?
크리스마스에 뭐 하니?

张美林
Zhāng Měilín
我去教堂做礼拜。你呢?
Wǒ qù jiàotáng zuò lǐbài. Nǐ ne?
워 취 쟈오탕 쭈어 리빠이. 니 너?
나는 교회에 예배 드리러 가려고. 너는?

王力
Wáng Lì
我跟朋友们一起去看电影。你也要去吗?
Wǒ gēn péngyoumen yìqǐ qù kàn diànyǐng. Nǐ yě yào qù ma?
워 껀 펑여우먼 이치 취 칸 띠엔잉. 니 이에 야오 취 마?
난 친구들이랑 같이 영화 보러 갈 거야. 너도 갈래?

张美林
Zhāng Měilín
我也想去,可是我有别的约会。
Wǒ yě xiǎng qù, kěshì wǒ yǒu biéde yuēhuì.
워 이에 시앙 취, 커스 워 여우 비에더 위에후이
나도 가고 싶지만, 다른 약속이 있어.

날씨 & 계절 天气和季节 티엔치 허 지지에

□ 天气 tiānqì 티엔치
　명 날씨

□ 气候 qìhòu 치허우
　명 기후

□ 晴 qíng 칭 형 (하늘이) 맑다
□ 晴天 qíngtiān 칭티엔 명 맑은 날씨

□ 阴 yīn 인 형 흐리다
□ 阴天 yīntiān 인티엔 명 흐린 날씨

□ 暖和 nuǎnhuo 누안후어
　형 따뜻하다

□ 热 rè 러
　형 덥다, 뜨겁다

□ 炎热 yánrè 이옌러 형 (날씨가) 무덥다
□ 闷热 mēnrè 먼러 형 무덥다, 후덥지근하다

□ 凉快 liángkuai 리앙콰이
= 凉爽 liángshuǎng 리앙수앙
　형 시원하다, 서늘하다

□ 冷 lěng 렁 형 춥다, 차다
□ 寒冷 hánlěng 한렁 형 춥고 차다

□ 太阳 tàiyáng 타이양 명 태양, 해
□ 阳光 yángguāng 양꾸앙 명 햇빛

□ 云 yún 윈 명 구름

□ 多云 duōyún 뚜어윈 명 구름이 많음

□ 雾 wù 우
　명 안개

□ 阵雨 zhènyǔ 전위 명 소나기

□ 梅雨 méiyǔ 메이위 명 장마

□ 雨伞 yǔsǎn 위싼
　명 우산

□ 雷 léi 레이 명 천둥

□ 打雷 dǎléi 다레이 동 천둥치다

□ 闪电 shǎndiàn 산띠엔
　명 번개 동 번개가 번쩍이다

□ 风 fēng 펑 명 바람

□ 刮风 guāfēng 꾸아펑 동 바람이 불다

□ 雨 yǔ 위 명 비

□ 下雨 xiàyǔ 시아위
　동 비가 오다, 비가 내리다

□ 洪水 hóngshuǐ 훙수이
　명 홍수

□ 台风 táifēng 타이펑
　명 태풍

□ 冰 bīng 삥 명 얼음

□ 结冰 jiébīng 지에삥 동 얼음이 얼다

□ 冻结 dòngjié 뚱지에 동 얼다, 얼리다

□ 干 gān 깐 [형] 건조하다

□ 干旱 gānhàn 깐한
　[명] 가뭄

□ 潮湿 cháoshī 차오스
　[형] 습하다, 축축하다

□ 季节 jìjié 지지에
　[명] 계절

□ 春天 chūntiān 춘티엔
　[명] 봄

□ 夏天 xiàtiān 시아티엔
　[명] 여름

□ 秋天 qiūtiān 치우티엔
　[명] 가을

□ 冬天 dōngtiān 뚱티엔
　[명] 겨울

□ 彩虹 cǎihóng 차이홍
　[명] 무지개

□ 萌芽 méngyá 멍야
　[명] 새싹
　[동] (식물이) 싹트다, 움트다

□ 花蕾 huālěi 후아레이
　[명] 꽃봉오리, 꽃망울

□ 中暑 zhòngshǔ 중수
　[동] 더위먹다

□ 热带夜
　rèdàiyè 러따이이에
　[명] 열대야

□ 沙尘暴
　shāchénbào 사천빠오
　[명] 황사

□ 落叶 luòyè 루어이에
　명 낙엽　동 잎이 떨어지다

□ 红叶 hóngyè 홍이에
　명 단풍

□ 枫树 fēngshù 펑수
　명 단풍나무

□ 收获 shōuhuò 서우후어
　명 수확, 소득
　동 수확하다, 추수하다

□ 雪 xuě 쉬에
　명 눈

□ 下雪 xiàxuě 시아쉬에
　동 눈이 오다, 눈이 내리다

□ 大雪 dàxuě 따쉬에
　명 큰눈

□ 雪人 xuěrén 쉬에런
　명 눈사람

□ 温度 wēndù 원뚜
　명 온도

□ 温度计 wēndùjì 원뚜지
　명 온도계

□ 天气预报 tiānqì yùbào 티엔치 위빠오
　명 일기예보

□ 气候演变 qìhòu yǎnbiàn 치허우 이엔삐엔
　명 기후 변화

□ **天气** tiānqì 티엔치 명 날씨
    □ **气候** qìhòu 치허우 명 기후
    □ **好天气** hǎo tiānqì 하오 티엔치 좋은 날씨
    □ **天气预报** tiānqì yùbào 티엔치 위빠오 명 일기예보

今天天气怎么样?
Jīntiān tiānqì zěnmeyàng?
진티엔 티엔치 쩐머양?
오늘 날씨 어때요?

今天天气预报怎么说?
Jīntiān tiānqì yùbào zěnme shuō?
진티엔 티엔치 위빠오 쩐머 수어?
오늘 일기예보에서 뭐래요?

□ **晴** qíng 칭 형 (하늘이) 맑다
    □ **晴天** qíngtiān 칭티엔 명 맑은 날씨
    □ **晴朗** qínglǎng 칭랑 형 쾌청하다

天很晴。
Tiān hěn qíng.
티엔 헌 칭
날씨가 맑아요.

□ **阴** yīn 인 형 흐리다
    □ **阴天** yīntiān 인티엔 명 흐린 날씨
    □ **阴沉沉** yīnchénchén 인천천 형 어둡다, 흐리다

天阴了。
Tiān yīn le.
티엔 인 러
날씨가 흐려요.

□ **暖和** nuǎnhuo 누안후어 형 따뜻하다

天暖和了。
Tiān nuǎnhuo le.
티엔 누안후어 러
날씨가 따뜻해졌어요.

□ 热 rè 러 [형] 덥다, 뜨겁다
    □ 炎热 yánrè 이엔러 [형] (날씨가) 무덥다
    □ 闷热 mēnrè 먼러 [형] 무덥다, 후덥지근하다
    □ 酷热 kùrè 쿠러 [형] 몹시 무덥다

渐渐热起来了。
Jiànjiàn rèqǐlai le.
지엔지엔 러치라이 러
점점 더워져요.

□ 凉快 liángkuai 리앙콰이 [형] 시원하다, 서늘하다
    = 凉爽 liángshuǎng 리앙수앙

□ 冷 lěng 렁 [형] 춥다, 차다
    □ 寒冷 hánlěng 한렁 [형] 춥고 차다

冷得瑟瑟发抖。
Lěng de sèsè fādǒu.
렁 더 써써 파더우
추워서 덜덜 떨려요.

□ 太阳 tàiyáng 타이양 [명] 태양, 해
    □ 阳光 yángguāng 양꾸앙 [명] 햇빛

□ 云 yún 윈 [명] 구름
    □ 多云 duōyún 뚜어윈 [명] 구름이 많음

□ 风 fēng 펑 [명] 바람
    □ 刮风 guāfēng 꾸아펑 [동] 바람이 불다
    □ 微风 wēifēng 웨이펑 [명] 산들바람
    □ 微风习习 wēifēng xíxí 웨이펑 시시 바람이 슬슬 분다

风渐渐大了起来。
Fēng jiànjiàn dà le qǐlai.
펑 지엔지엔 따 러 치라이
바람이 점점 세져요.

□ 雾 wù 우 명 안개

□ 雨 yǔ 위 명 비

　　□ 下雨 xiàyǔ 시아위 동 비가 오다, 비가 내리다
　　□ 雨天 yǔtiān 위티엔 명 비가 오는 날씨

好像要下雨了。
Hǎoxiàng yào xiàyǔ le.
하오시앙 야오 시아위 러
곧 비가 올 것 같아요.

□ 阵雨 zhènyǔ 전위 명 소나기

　　□ 小雨 xiǎoyǔ 샤오위 명 가랑비
　　□ 毛毛雨 máomáoyǔ 마오마오위 명 보슬비
　　□ 大雨 dàyǔ 따위 명 큰비, 호우
　　□ 暴雨 bàoyǔ 빠오위 명 폭우

□ 雨季 yǔjì 위지 명 우기

　　□ 降雨量 jiàngyǔliàng 지앙위리앙 명 강우량
　　□ 梅雨 méiyǔ 메이위 명 장마
　　□ 洪水 hóngshuǐ 홍수이 명 홍수

进入雨季了。
Jìnrù yǔjì le.
진루 위지 러
장마철에 들어섰어요.

□ 雨伞 yǔsǎn 위싼 명 우산

　　□ 收雨伞 shōu yǔsǎn 서우 위싼 우산을 접다
　　□ 撑雨伞 chēng yǔsǎn 청 위싼 우산을 쓰다

雨季来临时必须随身携带雨伞。
Yǔjì láilín shí bìxū suíshēn xiédài yǔsǎn.
위지 라이린 스 삐쉬 쑤이션 시에따이 위싼
장마철이 오면 우산을 꼭 가지고 다녀야 해요.

冰雹 bīngbáo 삥바오 명 우박

□ 台风 táifēng 타이펑 명 태풍 ⟶ **tip.** '허리케인'은 飓风 jùfēng 쥐펑이라고 합니다.

　　□ 暴风 bàofēng 빠오펑 명 폭풍

　　□ 龙卷风 lóngjuǎnfēng 룽쥐엔펑 명 토네이도, 회오리바람

台风正在逼近。
Táifēng zhèngzài bījìn.
타이펑 정짜이 삐진
태풍이 접근하고 있어요.

□ 雷 léi 레이 명 천둥

　　□ 打雷 dǎléi 다레이 동 천둥치다

　　□ 轰隆隆打雷 hōnglōnglōng dǎléi 훙룽룽 다레이
　　　천둥이 우르르 치다

　　□ 光打雷，不下雨 guāng dǎléi, bú xiàyǔ 꾸앙 다레이, 부 시아위 성
　　　천둥만 치고 비는 오지 않다(큰소리만 치고 행동에 옮기지 않는다)

打雷打得很厉害。
Dǎléi dǎ de hěn lìhai.
다레이 다 더 헌 리하이
천둥이 심하게 쳐요.

□ 闪电 shǎndiàn 산띠엔 명 번개 동 번개가 번쩍이다

　　□ 急如闪电 jírúshǎndiàn 지루산띠엔
　　　성 번개처럼 급하다(아주 급박하다)

□ 冰 bīng 삥 명 얼음

　　□ 结冰 jiébīng 지에삥 동 얼음이 얼다

　　□ 冻结 dòngjié 뚱지에 동 얼다, 얼리다　**tip.** 비유적 표현으로 자금이나 인원을 '동결하다'라는 의미로도 쓰입니다.

□ 冻伤 dòngshāng 뚱상 명 동상 동 동상에 걸리다

我的脚趾被冻伤了。
Wǒ de jiǎozhǐ bèi dòngshāng le.
워 더 쟈오즈 뻬이 뚱상 러
발가락이 동상에 걸렸어요.

第八章元 날씨&계절

107

□ 霜 shuāng 수앙 阌 서리 → **tip.** 霜은 '백색'을 비유하는 표현이 있어,
冷霜 lěngshuāng이라고 하면 '콜드크림'을 말합니다.

　　□ 下霜 xiàshuāng 시아수앙 阍 서리가 내리다

　　□ 雪上加霜 xuěshàng jiāshuāng 쉬에상 지아수앙

　　　阇 설상가상이다(엎친 데 덮친 격이다)

□ 空气 kōngqì 쿵치 阌 공기

□ 干 gān 깐 阐 건조하다

　　　□ 干燥 gānzào 깐짜오 阐 건조하다, 건조시키다

　　　□ 干旱 gānhàn 깐한 阌 가뭄

　　　□ 旱季 hànjì 한지 阌 건기

□ 潮湿 cháoshī 차오스 阐 습하다, 축축하다

□ 季节 jìjié 지지에 阌 계절

□ 春天 chūntiān 춘티엔 阌 봄

□ 彩虹 cǎihóng 차이훙 阌 무지개

□ 种 zhòng 중 阍 심다

　　zhǒng 중 阌 씨, 씨앗; 종류, 가지

　　　□ 种子 zhǒngzi 중쯔 阌 씨, 씨앗

□ 萌芽 méngyá 멍야 阌 새싹 阍 (식물이) 싹트다, 움트다

□ 花蕾 huālěi 후아레이 阌 꽃봉오리, 꽃망울

□ 花朵 huāduǒ 후아두어 阌 꽃잎 → **tip.** 花朵는 어린아이를 비유하기도 합니다.

□ 沙尘暴 shāchénbào 사천빠오 阌 황사

沙尘暴每年春季都会来。
Shāchénbào měinián chūnjì dōu huì lái.
사천빠오 메이니엔 춘지 떠우 후이 라이
황사는 매년 봄철에 와요.

□ 夏天 xiàtiān 시아티엔 몡 여름

今天是这个夏天最热的一天。
Jīntiān shì zhè ge xiàtiān zuì rè de yìtiān.
진티엔 스 저 거 시아티엔 쭈이 러 더 이티엔
오늘은 이번 여름 중 가장 더운 날이에요.

□ 热带夜 rèdàiyè 러따이이에 몡 열대야

□ 中暑 zhòngshǔ 중수 동 더위먹다

□ 秋天 qiūtiān 치우티엔 몡 가을

秋天是旅游的好季节。
Qiūtiān shì lǚyóu de hǎo jìjié.
치우티엔 스 뤼여우 더 하오 지지에
가을은 여행하기 좋은 계절이에요.

□ 落叶 luòyè 루어이에 몡 낙엽 동 잎이 떨어지다

□ 红叶 hóngyè 훙이에 몡 단풍

□ 枫树 fēngshù 펑수 몡 단풍나무

□ 银杏树 yínxìngshù 인싱수 몡 은행나무

□ 收获 shōuhuò 서우후어 몡 수확, 소득 동 수확하다, 추수하다

□ 冬天 dōngtiān 뚱티엔 몡 겨울

冬天快到了。
Dōngtiān kuài dào le.
뚱티엔 콰이 따오 러
곧 겨울이 와요.

□ 雪 xuě 쉬에 몡 눈

　　□ 下雪 xiàxuě 시아쉬에 동 눈이 오다, 눈이 내리다

有暴风雪。
Yǒu bàofēngxuě.
여우 빠오펑쉬에
눈보라가 쳐요.

□ **大雪** dàxuě 따쒸에 명 큰눈

　　□ **霰** xiàn 시엔 명 싸라기눈

　　□ **鹅毛雪** émáoxuě 어마오쉬에 명 함박눈

　　□ **大雪纷飞** dàxuě fēnfēi 따쒸에 펀페이 많은 눈이 흩날린다

鹅毛大雪。
Émáo dàxuě.
어마오 따쒸에
함박눈이 펑펑 내려요.

□ **雪花** xuěhuā 쒸에후아 명 눈송이

□ **雪人** xuěrén 쒸에런 명 눈사람

　　□ **堆雪人** duī xuěrén 뚜이 쒸에런 눈사람을 만들다

□ **雪仗** xuězhàng 쒸에장 명 눈싸움

　　□ **打雪仗** dǎ xuězhàng 다 쒸에장 동 눈싸움하다

□ **温度** wēndù 원뚜 명 온도

　　□ **温度计** wēndùjì 원뚜지 명 온도계

□ **气温** qìwēn 치원 명 기온

　　□ **最高气温** zuìgāo qìwēn 쭈이까오 치원 최고 기온

　　□ **最低气温** zuìdī qìwēn 쭈이띠 치원 최저 기온

□ **量气温** liáng qìwēn 리앙 치원 기온을 재다

tip. 'ºF(화씨)＝9/5℃(섭씨)＋32'입니다.
예를 들어 섭씨 0°는 화씨 32°,
섭씨 100°는 화씨 212°에 해당됩니다.

□ **摄氏温度** shèshì wēndù 서스 원뚜 명 섭씨 온도

　　□ **摄氏度** shèshìdù 서스뚜 양 섭씨

□ **华氏温度** huáshì wēndù 후아스 원뚜 명 화씨 온도

　　□ **华氏度** huáshìdù 후아스뚜 양 화씨

□ **气候演变** qìhòu yǎnbiàn 치허우 이엔삐엔 명 기후 변화

□ **全球变暖** quánqiú biànnuǎn 취엔치우 삐엔누안 명 지구온난화

□ 紫外线 zǐwàixiàn 쯔와이시엔 몡 자외선
　　= 紫外光 zǐwàiguāng 쯔와이꾸앙

□ 红外线 hóngwàixiàn 홍와이시엔 몡 적외선
　　= 红外光 hóngwàiguāng 홍와이꾸앙

08. 열대야

꼭! 써먹는 **실전 회화**

马克
Mǎkè

我昨晚一点儿也没睡，昨天很闷热。
Wǒ zuówǎn yìdiǎnr yě méi shuì, zuótiān hěn mènrè.
워 쭈어완 이디알 이에 메이 수이, 쭈어티엔 헌 먼러
지난밤에 한숨도 잘 수 없었어, 어제 후덥지근했어.

王力
Wáng Lì

我也是。我也热死了。
Wǒ yě shì. Wǒ yě rè sǐle.
워 이에 스. 워 이에 러 쓰러
나도 그래. 더워서 죽을 것 같아.

马克
Mǎkè

这个夏天到底什么时候结束了呢?
Zhè ge xiàtiān dàodǐ shénme shíhou jiéshù le ne?
저 거 시아티엔 따오디 선머 스허우 지에수 러 너?
이번 여름은 도대체 언제 끝날까?

王力
Wáng Lì

我也很想知道!
Wǒ yě hěn xiǎng zhīdào!
워 이에 헌 시앙 즈따오!
나도 알고 싶어!

동물＆식물 动物和植物 뚱우 허 즈우

□ **动物** dòngwù 뚱우
명 동물

□ **宠物** chǒngwù 충우
명 반려동물

□ **养** yǎng 양
= **喂养** wèiyǎng 웨이양
동 사육하다, 기르다

□ **尾巴** wěiba 웨이바
명 꼬리

□ **抓** zhuā 주아
동 할퀴다, 긁다

□ **咬** yǎo 야오
동 물다

□ **狗** gǒu 거우
= **犬** quǎn 취엔
명 개

□ **猫** māo 마오
명 고양이

□ **虎** hǔ 후
= **老虎** lǎohǔ 라오후
명 호랑이

□ **熊** xióng 시웅
명 곰

□ **熊猫** xióngmāo 시웅마오
명 판다

□ **狐狸** húli 후리
명 여우

□ **狼** láng 랑
명 이리

□ **猴子** hóuzi 허우쯔
= **猴儿** hóur 허울
명 원숭이

□ **牛** niú 니우
명 소

□ 犀牛 xīniú 시니우
명 코뿔소

□ 猪 zhū 주
명 돼지

□ 羊 yáng 양
명 양

□ 马 mǎ 마
명 말

□ 斑马 bānmǎ 빤마
명 얼룩말

□ 狮子 shīzi 스쯔
명 사자

□ 大象 dàxiàng 따시양
명 코끼리

□ 长颈鹿
chángjǐnglù 창징루
명 기린

□ 鹿 lù 루
명 사슴

□ 兔子 tùzi 투쯔
명 토끼

□ 鼠 shǔ 수
명 쥐

□ 松鼠 sōngshǔ 쑹수
명 다람쥐

□ 鼹鼠 yǎnshǔ 이엔수
명 두더지

□ 蝙蝠 biānfú 삐엔푸
명 박쥐

□ 鲸 jīng 징
명 고래

□ 鸟 niǎo 냐오
명 새

□ 翅膀 chìbǎng 츠방
명 날개

□ 鸟嘴 niǎozuǐ 냐오쭈이
명 새의 부리

□ 鸡 jī 지 명 닭
□ 小鸡 xiǎojī 샤오지
명 병아리

□ 鸭 yā 야
= 鸭子 yāzi 야쯔
명 오리

□ 凤凰
fènghuáng 펑후앙
명 봉황

□ 麻雀 máquè 마취에
명 참새

□ 鸽 gē 꺼
= 鸽子 gēzi 꺼쯔
명 비둘기

□ 燕 yàn 이엔
= 燕子 yànzi 이엔쯔
명 제비

□ 乌鸦 wūyā 우야
명 까마귀

□ 鹊 què 취에
= 喜鹊 xǐquè 시취에
명 까치

□ 鹰 yīng 잉
명 매

□ 雕 diāo 땨오
명 독수리

□ 孔雀 kǒngquè 쿵취에
명 공작

□ 猫头鹰
māotóuyīng 마오터우잉
명 부엉이

□ 鱼 yú 위
명 물고기; 생선

□ 鳃 sāi 싸이
명 아가미

□ 鳍 qí 치
명 지느러미

□ 鱼缸 yúgāng 위깡
명 어항

□ 热带鱼 rèdàiyú 러따이위
명 열대어

□ 金鱼 jīnyú 진위
명 금붕어

□ 鲨鱼 shāyú 사위
명 상어

□ 章鱼 zhāngyú 장위
명 문어; 낙지

□ 鱿鱼 yóuyú 여우위
명 오징어

□ 鳐 yáo 야오
명 가오리

□ 乌龟 wūguī 우꾸이
명 거북, 남생이

□ 鳄 è 어
명 악어

□ 龙 lóng 룽
명 용

□ 蛇 shé 서
명 뱀

□ 蛙 wā 와
명 개구리

□ 昆虫 kūnchóng 쿤충
명 곤충, 벌레

□ 蜜蜂 mìfēng 미펑
명 벌, 꿀벌

□ 蝴蝶 húdié 후디에
명 나비

□ 蜻蜓 qīngtíng 칭팅
명 잠자리

□ 蚂蚁 mǎyǐ 마이
명 개미

□ 蚱蜢 zhàměng 자멍
명 메뚜기, 베짱이

□ 甲虫 jiǎchóng 지아충
명 딱정벌레

□ 苍蝇 cāngyíng 창잉
명 파리

□ 蚊子 wénzi 원쯔
명 모기

□ 蟑螂 zhāngláng 장랑
명 바퀴벌레

□ 蜘蛛 zhīzhū 즈주
명 거미

□ 植物 zhíwù 즈우
명 식물

□ 种 zhòng 중 동 심다
zhǒng 중
명 씨, 씨앗; 종류, 가지

□ 水果 shuǐguǒ 수이구어
명 과일, 과실

116

□ 树 shù 수
= 树木 shùmù 수무
명 나무

□ 树林 shùlín 수린
명 숲

□ 浇水 jiāoshuǐ 쟈오수이
동 물을 뿌리다

□ 树枝 shùzhī 수즈
= 枝子 zhīzi 즈쯔
명 나뭇가지

□ 叶 yè 이에
= 叶子 yèzi 이에쯔
명 잎, 잎사귀

□ 根 gēn 껀
= 根子 gēnzi 껀쯔
명 뿌리

□ 草 cǎo 차오
명 풀

□ 花 huā 후아
명 꽃

□ 松树 sōngshù 쑹수
명 소나무

□ 竹子 zhúzi 주쯔
명 대나무

□ 梅花 méihuā 메이후아
명 매화

□ 兰花 lánhuā 란후아
명 난(초)

□ 玫瑰 méigui 메이구이
명 장미

□ 百合 bǎihé 바이허
명 백합

□ 向日葵
xiàngrìkuí 시앙르쿠이
명 해바라기

□ **动物** dòngwù 뚱우 몡 동물

　　　□ **宠物** chǒngwù 충우 몡 반려동물

我喜欢养宠物。
Wǒ xǐhuan yǎng chǒngwù.
워 시후안 양 충우
나는 반려동물 기르기를 좋아해요.

□ **养** yǎng 양 동 사육하다, 기르다

　　　= **喂养** wèiyǎng 웨이양

你想养什么宠物?
Nǐ xiǎng yǎng shénme chǒngwù?
니 시앙 양 선머 충우?
어떤 반려동물 기르고 싶니?

□ **毛** máo 마오 몡 (동식물의) 털

□ **尾巴** wěiba 웨이바 몡 꼬리 •————→ **tip.** 尾巴는 물건의 끝부분을 가리키기도 합니다.

□ **爪** zhǎo 자오 몡 (짐승의) 발톱

□ **抓** zhuā 주아 동 할퀴다, 긁다 •————→ **tip.** 抓는 붙잡다, 체포하다라는 뜻도 있습니다.

□ **咬** yǎo 야오 동 물다

□ **狗** gǒu 거우 몡 개 •————→ **tip.** 狗와 犬은 의미상 차이는 없으나, 狗는 일반적으로,
　　　　　　　　　　　　　　　　　　犬은 생물학적인 전문용어로 주로 쓰입니다.
　　　= **犬** quǎn 취엔

　　　□ **小狗** xiǎogǒu 샤오거우 몡 강아지

我在喂小狗。
Wǒ zài wèi xiǎogǒu.
워 짜이 웨이 샤오거우
나는 강아지에게 먹이를 주고 있어요.

□ **吠叫** fèijiào 페이쟈오 동 (개가) 짖다

　　　□ **咆哮** páoxiào 파오샤오 동 (개나 짐승 등이) 으르렁거리다

□ **汪汪** wāngwāng 왕왕 의성 멍멍(개 짖는 소리)

□ 猫 māo 마오 명 고양이

别玩猫尾巴。
Bié wán māo wěiba.
비에 완 마오 웨이바
고양이 꼬리를 갖고 장난치지 마라.

□ 喵 miāo 먀오 의성 야옹(고양이가 우는 소리)
= 咪咪 mīmī 미미

□ 虎 hǔ 후 명 호랑이
= 老虎 lǎohǔ 라오후

□ 熊 xióng 시웅 명 곰

□ 熊猫 xióngmāo 시웅마오 명 판다

竹子是熊猫最喜欢的食物。
Zhúzi shì xióngmāo zuì xǐhuan de shíwù.
주쯔 스 시웅마오 쭈이 시후안 더 스우
대나무는 판다가 제일 좋아하는 음식이에요.

□ 狐狸 húli 후리 명 여우

　　□ 狐狸尾巴 húli wěiba 후리 웨이바

　　　명 나쁜 짓을 한 후 남은 흔적이나 증거(여우 꼬리)

tip. 여우가 사람으로 변해도 그 꼬리는 감추지 못한다는
옛이야기에서 유래된 말입니다.

□ 狼 láng 랑 명 이리

　　□ 狼吞虎咽 lángtūnhǔyàn 랑툰후이엔

　　　성 게걸스럽게 먹다(이리나 호랑이처럼 맹렬하고 급하게 먹다)

□ 猴子 hóuzi 허우쯔 명 원숭이
= 猴儿 hóur 허울

□ 猩猩 xīngxīng 싱싱 명 오랑우탄

□ 黑猩猩 hēixīngxīng 헤이싱싱 명 침팬지

□ 大猩猩 dàxīngxīng 따싱싱 명 고릴라

□ 牛 niú 니우 몡 소
　　□ 公牛 gōngniú 꿍니우 몡 황소
　　□ 奶牛 nǎiniú 나이니우 몡 젖소
　　= 乳牛 rǔniú 루니우

□ 犀牛 xīniú 시니우 몡 코뿔소

□ 猪 zhū 주 몡 돼지

□ 羊 yáng 양 몡 양
　　□ 羔羊 gāoyáng 까오양 몡 새끼양

□ 马 mǎ 마 몡 말
　　□ 鬃毛 zōngmáo 쭝마오 몡 갈기

□ 矮种马 ǎizhǒngmǎ 아이중마 몡 조랑말

□ 斑马 bānmǎ 빤마 몡 얼룩말

□ 狮子 shīzi 스쯔 몡 사자

□ 大象 dàxiàng 따시앙 몡 코끼리
　　□ 象牙 xiàngyá 시앙야 몡 상아

□ 长颈鹿 chángjǐnglù 창징루 몡 기린

□ 河马 hémǎ 허마 몡 하마

□ 鹿 lù 루 몡 사슴
　　□ 鹿角 lùjiǎo 루쟈오 몡 사슴뿔

□ 梅花鹿 méihuālù 메이후아루 몡 꽃사슴

□ 驯鹿 xùnlù 쉰루 몡 순록

□ 兔子 tùzi 투쯔 몡 토끼

□ 貉 hé/háo 허/하오 몡 너구리 → **tip.** 보통 hé라고 읽고, '貉绒 háoróng 하오룽 너구리 모피', '貉子 háozi 하오쯔 너구리(낮은말)'일 때는 háo라고 읽습니다.

□ 浣熊 huànxióng 후안시웅 몡 아메리칸너구리, 라쿤

□ 鼠 shǔ 수 몡 쥐
= 老鼠 lǎoshǔ 라오수 (鼠의 낮은말)

□ 松鼠 sōngshǔ 쑹수 몡 다람쥐

□ 仓鼠 cāngshǔ 창수 몡 햄스터

□ 鼹鼠 yǎnshǔ 이엔수 몡 두더지
□ 鼹鼠生活 yǎnshǔ shēnghuó 이엔수 성후어 **두더지 생활**

tip. 인터넷에 빠지거나 인터넷을 이용하여 집에서 사무를 하는 등 두더지처럼 밖에 나가지 않고 생활하는 것을 비유하는 표현입니다.

□ 蝙蝠 biānfú 삐엔푸 몡 박쥐

□ 鲸 jīng 징 몡 고래
= 鲸鱼 jīngyú 징위 (鲸의 낮은말)

□ 海豚 hǎitún 하이툰 몡 돌고래

□ 鸟 niǎo 냐오 몡 새
□ 翅膀 chìbǎng 츠방 몡 날개
□ 羽毛 yǔmáo 위마오 몡 깃털
□ 鸟嘴 niǎozuǐ 냐오쭈이 몡 새의 부리
□ 巢 cháo 차오 몡 새집, 둥지

□ 蛋 dàn 딴 몡 알
□ 卵翼 luǎnyì 루안이 툉 알을 품다
□ 孵化 fūhuà 푸후아 툉 부화하다

□ 鸡 jī 지 몡 닭
□ 公鸡 gōngjī 꿍지 몡 수탉
□ 母鸡 mǔjī 무지 몡 암탉
□ 小鸡 xiǎojī 샤오지 몡 병아리

□ 鸭 yā 야 명 오리

    = 鸭子 yāzi 야쯔

□ 火鸡 huǒjī 후어지 명 칠면조

□ 凤凰 fènghuáng 펑후앙 명 봉황

tip. 봉황은 전설 속 새 중의 왕으로,
수컷은 봉, 암컷은 황이라고 하며 상서로움을 상징합니다.

凤凰是古代传说中的百鸟之王，羽毛很美丽。
Fènghuáng shì gǔdài chuánshuō zhōng de bǎiniǎo zhī wáng, yǔmáo hěn měilì.
펑후앙 스 구따이 추안수어 중 더 바이냐오 즈 왕, 위마오 헌 메이리
봉황은 옛날 전설 속의 새 중의 왕으로, 깃털이 아름답다.

□ 杜鹃 dùjuān 뚜쮜엔 명 두견새

□ 大杜鹃 dàdùjuān 따뚜쮜엔 명 뻐꾸기

□ 黄鹂 huánglí 후앙리 명 꾀꼬리

    = 黄鸟 huángniǎo 후앙냐오

□ 麻雀 máquè 마취에 명 참새

□ 鸽 gē 꺼 명 비둘기

    = 鸽子 gēzi 꺼쯔

□ 燕 yàn 이엔 명 제비

    = 燕子 yànzi 이엔쯔

□ 乌鸦 wūyā 우야 명 까마귀

□ 鹊 què 취에 명 까치

    = 喜鹊 xǐquè 시취에

□ 鹰 yīng 잉 명 매

□ 雕 diāo 따오 명 독수리

□ 海鸥 hǎi'ōu 하이어우 명 갈매기

□ 孔雀 kǒngquè 쿵취에 명 공작

□ 鸵鸟 tuóniǎo 투어냐오 명 타조

□ 猫头鹰 māotóuyīng 마오터우잉 명 부엉이 ← **tip.** 猫头鹰는 밤늦도록 자지 않는
    = 夜猫子 yèmāozi 이에마오쯔   사람을 비유하기도 합니다.

□ 企鹅 qǐ'é 치어 명 펭귄

□ 鱼 yú 위 명 물고기; 생선
    □ 鳃 sāi 싸이 명 아가미
    □ 鳍 qí 치 명 지느러미
    □ 鳞 lín 린 명 비늘

□ 鱼缸 yúgāng 위깡 명 어항

□ 热带鱼 rèdàiyú 러따이위 명 열대어

□ 金鱼 jīnyú 진위 명 금붕어

□ 鲨鱼 shāyú 사위 명 상어

□ 章鱼 zhāngyú 장위 명 문어; 낙지

□ 鱿鱼 yóuyú 여우위 명 오징어
    □ 炒鱿鱼 chǎo yóuyú 차오 여우위 관 해고하다(오징어를 볶다)

    tip. 炒鱿鱼는 돌돌말린 볶은 오징어 모양같이 짐보따리를
    싸서 떠난다는 의미로, 해고하는 것을 비유합니다.

□ 鳐 yáo 야오 명 가오리

□ 鳗鱼 mányú 만위 명 뱀장어

□ 乌龟 wūguī 우꾸이 명 거북, 남생이

□ 鳄 è 어 명 악어
    = 鳄鱼 èyú 어위 (鳄의 낮은말)

□ 龙 lóng 룽 명 용 → **tip.** 예로부터 용은 중국에서 임금을 상징하여,
    왕이 사는 궁이나 입는 옷에도 장식되어 있습니다.

□ 蛇 shé 서 명 뱀

□ 蜥蜴 xīyì 시이 명 도마뱀

□ 蛙 wā 와 명 개구리
      □ 青蛙 qīngwā 칭와 명 청개구리
      □ 蝌蚪 kēdǒu 커더우 명 올챙이

□ 昆虫 kūnchóng 쿤충 명 곤충, 벌레
      □ 触须 chùxū 추쉬 명 더듬이

□ 蜜蜂 mìfēng 미펑 명 벌, 꿀벌
      □ 蜂蜜 fēngmì 펑미 명 꿀

□ 蝴蝶 húdié 후디에 명 나비

□ 蜻蜓 qīngtíng 칭팅 명 잠자리

□ 蚂蚁 mǎyǐ 마이 명 개미

□ 蚱蜢 zhàměng 자멍 명 메뚜기, 베짱이

□ 甲虫 jiǎchóng 지아충 명 딱정벌레

□ 苍蝇 cāngyíng 창잉 명 파리

□ 蚊子 wénzi 원쯔 명 모기

□ 蟑螂 zhāngláng 장랑 명 바퀴벌레

□ 蜘蛛 zhīzhū 즈주 명 거미

□ 植物 zhíwù 즈우 명 식물

□ 种 zhòng 중 동 심다
   zhǒng 중 명 씨, 씨앗; 종류, 가지
      □ 种子 zhǒngzi 중쯔 명 씨, 씨앗

□ 水果 shuǐguǒ 수이구어 명 과일, 과실

□ 浇水 jiāoshuǐ 쟈오수이 동 물을 뿌리다

□ 枯萎 kūwěi 쿠웨이 동 시들다

□ 树 shù 수 명 나무
= 树木 shùmù 수무
□ 树林 shùlín 수린 명 숲

你给树浇的水太多了。
Nǐ gěi shù jiāo de shuǐ tài duō le.
니 게이 수 쟈오 더 수이 타이 뚜어 러
당신은 나무에 물을 너무 많이 줬어요.

□ 树枝 shùzhī 수즈 명 나뭇가지
= 枝子 zhīzi 즈쯔

□ 叶 yè 이에 명 잎, 잎사귀
= 叶子 yèzi 이에쯔

□ 根 gēn 껀 명 뿌리
= 根子 gēnzi 껀쯔

□ 草 cǎo 차오 명 풀
□ 草地 cǎodì 차오띠 명 초원, 잔디밭
□ 杂草 zácǎo 짜차오 명 잡초

□ 花 huā 후아 명 꽃
□ 花瓣 huābàn 후아빤 명 꽃잎
□ 开花 kāihuā 카이후아 동 꽃이 피다
□ 雌蕊 círuǐ 츠루이 명 암술
□ 雄蕊 xióngruǐ 시옹루이 명 수술

□ 松树 sōngshù 쏭수 명 소나무

□ 桦树 huàshù 후아수 몡 자작나무

□ 竹子 zhúzi 주쯔 몡 대나무

□ 梅花 méihuā 메이후아 몡 매화

□ 兰花 lánhuā 란후아 몡 난(초)

□ 菊花 júhuā 쥐후아 몡 국화

四君子有梅花、兰花、菊花和竹子。
Sìjūnzǐ yǒu méihuā、lánhuā、júhuā hé zhúzi.
쓰쥔쯔 여우 메이후아, 란후아, 쥐후아 허 주쯔
사군자에는 매화, 난, 국화와 대나무가 있습니다.

□ 牡丹 mǔdān 무딴 몡 모란

□ 山茶花 shāncháhuā 산차후아 몡 동백꽃

□ 玫瑰 méigui 메이구이 몡 장미

□ 郁金香 yùjīnxiāng 위진시앙 몡 튤립

我在院子里种了郁金香。
Wǒ zài yuànzili zhòng le yùjīnxiāng.
워 짜이 위엔쯔리 중 러 위진시앙
나는 정원에 튤립을 심었다.

□ 百合 bǎihé 바이허 몡 백합

□ 向日葵 xiàngrìkuí 시앙르쿠이 몡 해바라기

□ 蒲公英 púgōngyīng 푸꿍잉 몡 민들레

□ 樱花 yīnghuā 잉후아 몡 벚꽃

□ 牵牛花 qiānniúhuā 치엔니우후아 몡 나팔꽃

□ 杜鹃花 dùjuānhuā 뚜쥐엔후아 몡 진달래

□ **连翘** liánqiáo 리엔챠오 명 개나리

□ **水仙花** shuǐxiānhuā 수이시엔후아 명 수선화

□ **雪绒花** xuěrónghuā 쉬에룽후아 명 에델바이스

□ **秋海棠** qiūhǎitáng 치우하이탕 명 베고니아

□ **蝴蝶花** húdiéhuā 후디에후아 명 붓꽃

□ **延命菊** yánmìngjú 이엔밍쥐 명 데이지

꼭! 써먹는 **실전 회화**

09. 반려동물

张美林
Zhāng Měilín

你养什么宠物?
Nǐ yǎng shénme chǒngwù?
니 양 선머 충우?
너 반려동물을 기르니?

李秀英
Lǐ Xiùyīng

我养一只狗。我养它养了三年了。
Wǒ yǎng yì zhī gǒu. Wǒ yǎng tā yǎng le sān nián le.
워 양 이 즈 거우. 워 양 타 양 러 싼 니엔 러
응, 개를 키우고 있어. 키운 지 3년 됐어.

张美林
Zhāng Měilín

你在家里养狗, 麻烦不麻烦?
Nǐ zài jiāli yǎng gǒu, máfanbumáfan?
니 짜이 지아리 양 거우, 마판부마판?
집에서 개를 키우는 게 귀찮지 않니?

李秀英
Lǐ Xiùyīng

它受过训练, 很听话。
Tā shòuguo xùnliàn, hěn tīnghuà.
타 서우구어 쉰리엔, 헌 팅후아.
내 개는 훈련이 되어 있어서, 말을 잘 들어.

127

练习

다음 단어를 읽고 맞는 뜻과 연결하세요.

1. 吃饭 •	• 계절
2. 动物 •	• 구름
3. 花 •	• 꽃
4. 季节 •	• 나무
5. 日子 •	• 날씨
6. 时间 •	• 동물
7. 树 •	• 시간, 때
8. 太阳 •	• 식물
9. 天气 •	• 식사하다
10. 现在 •	• 일(日), 날
11. 云 •	• 지금, 현재
12. 植物 •	• 태양, 해

1. 吃饭 – 식사하다 2. 动物 – 동물 3. 花 – 꽃 4. 季节 – 계절
5. 日子 – 일(日), 날 6. 时间 – 시간, 때 7. 树 – 나무 8. 太阳 – 태양, 해
9. 天气 – 날씨 10. 现在 – 지금, 현재 11. 云 – 구름 12. 植物 – 식물

第四章

일상생활

가정 家庭 지아팅

□ 家 jiā 지아 명 집; 가정
□ 家庭 jiātíng 지아팅
　명 가정

□ 房子 fángzi 팡쯔
　명 집, 건물

□ 门 mén 먼 명 문
□ 门口 ménkǒu 먼커우
　명 입구, 현관

□ 钥匙 yàoshi 야오스
　명 열쇠

□ 窗 chuāng 추앙
= 窗户 chuānghu 추앙후
　명 창문

□ 门铃 ménlíng 먼링
　명 초인종

□ 阳台 yángtái 양타이
　명 발코니, 베란다

□ 庭院 tíngyuàn 팅위엔
= 院子 yuànzi 위엔쯔
　명 정원, 마당

□ 栅栏 zhàlán 자란
　명 울타리, 난간

□ 楼梯 lóutī 러우티
　명 계단, 층계

□ 电梯 diàntī 띠엔티
　명 엘리베이터

□ 阁楼 gélóu 거러우
　명 다락방

□ **房间** fángjiān 팡지엔
명 방

□ **卧室** wòshì 워스
= **卧房** wòfáng 워팡
명 침실

□ **客厅** kètīng 커팅
명 거실, 응접실

□ **浴室** yùshì 위스
명 욕실

□ **洗手间**
xǐshǒujiān 시서우지엔
= **卫生间**
wèishēngjiān 웨이성지엔
명 화장실

□ **屋顶** wūdǐng 우딩
명 지붕, 옥상

□ **地板** dìbǎn 띠반
명 바닥, 마루

□ **天花板**
tiānhuābǎn 티엔후아반
명 천장

□ **墙** qiáng 치앙
명 벽, 담

□ **家具** jiājù 지아쥐
명 가구

□ **沙发** shāfā 사파
명 소파

□ **椅子** yǐzi 이쯔
명 의자

□ **桌子** zhuōzi 주어쯔
명 테이블, 탁자

□ **书桌** shūzhuō 수주어
명 책상

□ **餐桌** cānzhuō 찬주어
명 식탁

131

□ 电视 diànshì 띠엔스
　명 텔레비전

□ 床 chuáng 추앙
　명 침대

□ 衣柜 yīguì 이꾸이
　명 옷장

□ 柜橱 guìchú 꾸이추
　명 서랍장, 수납장

□ 书架 shūjià 수지아
　명 책장, 책꽂이

□ 镜子 jìngzi 징쯔
　명 거울

□ 厨房 chúfáng 추팡
　명 부엌, 주방

□ 电冰箱 diànbīngxiāng 띠엔삥시앙
　명 냉장고

□ 煤气灶 méiqìzào 메이치짜오
= 煤气炉 méiqìlú 메이치루
　명 가스레인지

□ 电灶 diànzào 띠엔짜오
　명 전기레인지

□ 微波炉 wēibōlú 웨이뽀루
　명 전자레인지

□ 烤箱 kǎoxiāng 카오시앙
= 烤炉 kǎolú 카오루
　명 오븐

□ 搅拌机 jiǎobànjī 쟈오빤지
명 믹서, 블렌더

□ 洗涤槽 xǐdícáo 시디차오
= 水槽 shuǐcáo 수이차오
명 싱크대, 개수대

□ 洗碗机 xǐwǎnjī 시완지
명 식기세척기

□ 烤面包机 kǎomiànbāojī 카오미엔빠오지
명 토스터

□ 垃圾桶 lājītǒng 라지통
명 쓰레기통
□ 垃圾 lājī 라지
명 쓰레기

□ 打扫 dǎsǎo 다싸오
= 清扫 qīngsǎo 칭싸오
동 청소하다

□ 清洁 qīngjié 칭지에
형 깨끗하다 동 깨끗하게 하다

□ 吸尘器 xīchénqì 시천치
명 진공 청소기

□ 洗衣机 xǐyījī 시이지
명 세탁기

□ 要洗的衣服 yào xǐde yīfu 야오 시더 이푸
빨래, 세탁물

133

□ **家** jiā 지아 몡 집; 가정 ──────→ tip. 家는 '함께 생활하는 공간'을 의미하는 '집'이고, 房子는 '거주하는 건물'을 의미하는 '집'입니다.

　□ **家庭** jiātíng 지아팅 몡 가정

□ **房子** fángzi 팡쯔 몡 집, 건물

　□ **盖房子** gài fángzi 까이 팡쯔 집을 짓다

正在找新房子。
Zhèngzài zhǎo xīn fángzi.
정짜이 자오 신 팡쯔
새 집을 찾고 있어요.

□ **公寓** gōngyù 꿍위 몡 아파트

　□ **单元** dānyuán 딴위엔 몡 (아파트의) 현관

□ **门** mén 먼 몡 문

　□ **门口** ménkǒu 먼커우 몡 입구, 현관

□ **钥匙** yàoshi 야오스 몡 열쇠

　□ **钥匙卡** yàoshikǎ 야오스카 몡 카드키

□ **开门** kāimén 카이먼 동 (문을) 열다

　□ **拉开门** lākāimén 라카이먼 동 (문을) 당겨 열다

　□ **推开门** tuīkāimén 투이카이먼 동 (문을) 밀어 열다

□ **关门** guānmén 꾸안먼 동 (문을) 닫다

　□ **贼走关门** zéizǒuguānmén 쩨이쩌우꾸안먼

　　속 도둑이 훔쳐간 뒤에 문을 잠그다 ──→ tip. 贼走关门은 우리말 속담의 '소 잃고 외양간 고치다'에 해당합니다.

□ **窗** chuāng 추앙 몡 창문

　= **窗户** chuānghu 추앙후

　□ **窗帘** chuānglián 추앙리엔 몡 커튼

□ **门铃** ménlíng 먼링 몡 초인종

　□ **摁门铃** èn ménlíng 언 먼링 초인종을 누르다

□ 阳台 yángtái 양타이 명 발코니, 베란다

□ 庭院 tíngyuàn 팅위엔 명 정원, 마당
　　　= 院子 yuànzi 위엔쯔

□ 栅栏 zhàlán 자란 명 울타리, 난간

□ 楼梯 lóutī 러우티 명 계단, 층계
　　　□ 电梯 diàntī 띠엔티 명 엘리베이터

□ 阁楼 gélóu 거러우 명 다락방

□ 顶楼 dǐnglóu 딩러우 명 (다층 건물의) 최고층

□ 地下室 dìxiàshì 띠시아스 명 지하실

□ 房间 fángjiān 팡지엔 명 방

□ 卧室 wòshì 워스 명 침실
　　　= 卧房 wòfáng 워팡

□ 客厅 kètīng 커팅 명 거실, 응접실

晚饭后家人们一起在客厅喝咖啡。
Wǎnfàn hòu jiārénmen yìqǐ zài kètīng hē kāfēi.
완판 허우 지아런먼 이치 짜이 커팅 허 카페이
저녁 식사 후 가족들은 함께 거실에서 커피를 마신다.

□ 书房 shūfáng 수팡 명 서재

□ 浴室 yùshì 위스 명 욕실
　　　□ 淋浴器 línyùqì 린위치 명 (목욕용) 샤워기
　　　□ 浴缸 yùgāng 위깡 명 욕조

□ 脸盆架 liǎnpénjià 리엔펀지아 명 세면대
　　　□ 水龙头 shuǐlóngtóu 수이룽터우 명 수도꼭지

□ 洗手间 xǐshǒujiān 시서우지엔 명 화장실
　　　= 卫生间 wèishēngjiān 웨이성지엔
　　　　　□ 厕所 cèsuǒ 처쑤어 명 변소
　　　　　□ 抽水马桶 chōushuǐ mǎtǒng 처우수이 마퉁 명 변기
　　　　　= 马桶 mǎtǒng 마퉁

　　洗手间在哪儿?
　　Xǐshǒujiān zài nǎr?
　　시서우지엔 짜이 나알?
　　화장실이 어디 있죠?

□ 仓库 cāngkù 창쿠 명 창고, 곳간

□ 车库 chēkù 처쿠 명 차고

□ 屋顶 wūdǐng 우딩 명 지붕, 옥상

□ 烟囱 yāncōng 이엔충 명 굴뚝

□ 地板 dìbǎn 띠반 명 바닥, 마루

□ 天花板 tiānhuābǎn 티엔후아반 명 천장 ———→ **tip.** 天花板은 천장에 채색 그림이나 도안으로 장식한 데서 유래된 말입니다.

□ 墙 qiáng 치앙 명 벽, 담
　　　□ 间壁墙 jiānbìqiáng 지엔삐치앙 벽(집에서 방을 나누는 벽)

□ 家具 jiājù 지아쥐 명 가구

□ 沙发 shāfā 사파 명 소파

□ 椅子 yǐzi 이쯔 명 의자
　　　□ 安乐椅 ānlèyǐ 안러이 명 안락의자, 흔들의자

□ 桌子 zhuōzi 주어쯔 명 테이블, 탁자
　　　□ 书桌 shūzhuō 수주어 명 책상
　　　□ 餐桌 cānzhuō 찬주어 명 식탁

□ **电视** diànshì 띠엔스 명 텔레비전

今晚电视有什么节目?
Jīnwǎn diànshì yǒu shénme jiémù?
진완 띠엔스 여우 선머 지에무?
오늘 저녁에 텔레비전에서 무슨 프로그램이 있니?

□ **床** chuáng 추앙 명 침대

□ **衣柜** yīguì 이꾸이 명 옷장
　　□ **衣架** yījià 이지아 명 옷걸이; 옷장

□ **壁橱** bìchú 삐추 명 벽장
　　= **壁柜** bìguì 삐꾸이

□ **柜橱** guìchú 꾸이추 명 서랍장, 수납장

□ **抽屉** chōutì 처우티 명 서랍

□ **架子** jiàzi 지아쯔 명 선반

□ **书架** shūjià 수지아 명 책장, 책꽂이

□ **镜子** jìngzi 징쯔 명 거울
　　□ **照镜子** zhào jìngzi 자오 징쯔 동 거울을 보다

tip. 照镜子는 나보다 나은 사람을 본보기 삼는다는 비유적인 표현으로도 쓰입니다.

□ **电灯** diàndēng 띠엔떵 명 전등

□ **厨房** chúfáng 추팡 명 부엌, 주방

tip. 冰箱은 아이스박스라는 뜻이지만, 电冰箱의 약칭으로 냉장고를 의미하기도 합니다.

□ **电冰箱** diànbīngxiāng 띠엔삥시앙 명 냉장고
　　□ **冰箱** bīngxiāng 삥시앙 명 아이스박스; 냉장고
　　□ **泡菜冰箱** pàocài bīngxiāng 파오차이 삥시앙 명 김치냉장고

冰箱门开着呢, 把门关上吧。
Bīngxiāng mén kāizhe ne, bǎ mén guānshàng ba.
삥시앙 먼 카이저 너, 바 먼 꾸안상 바
냉장고 문이 열려 있네, 문 좀 닫아라.

□ 煤气灶 méiqìzào 메이치짜오 몡 가스레인지
　　= 煤气炉 méiqìlú 메이치루

□ 电灶 diànzào 띠엔짜오 몡 전기레인지

□ 微波炉 wēibōlú 웨이뽀루 몡 전자레인지

□ 烤箱 kǎoxiāng 카오시앙 몡 오븐
　　= 烤炉 kǎolú 카오루

□ 搅拌机 jiǎobànjī 쟈오빤지 몡 믹서, 블렌더

□ 烤面包机 kǎomiànbāojī 카오미엔빠오지 몡 토스터

□ 洗碗机 xǐwǎnjī 시완지 몡 식기세척기

□ 洗涤槽 xǐdícáo 시디차오 몡 싱크대, 개수대
　　= 水槽 shuǐcáo 수이차오

□ 垃圾桶 lājītǒng 라지통 몡 쓰레기통
　　□ 垃圾 lājī 라지 몡 쓰레기

　　用过的手纸请扔在垃圾桶里。
　　Yòngguo de shǒuzhǐ qǐng rēng zài lājītǒngli.
　　융구어 더 서우즈 칭 렁 짜이 라지퉁리
　　사용한 휴지는 휴지통에 버리세요.

□ 打扫 dǎsǎo 다싸오 동 청소하다
　　= 清扫 qīngsǎo 칭싸오

□ 清洁 qīngjié 칭지에 형 깨끗하다 동 깨끗하게 하다
　　□ 干净 gānjìng 깐징 형 깨끗하다, 청결하다

□ 脏 zāng 짱 형 더럽다, 불결하다

□ 整齐 zhěngqí 정치 형 깔끔하다, 단정하다 동 정돈하다
　　□ 收拾 shōushi 서우스 동 정돈하다, 정리하다

□ 吸尘器 xīchénqì 시천치 명 진공 청소기

□ 扫帚 sǎozhou 싸오저우 명 빗자루

　　□ 箕 jī 지 명 쓰레받기

□ 抹布 mābù 마뿌 명 행주; 걸레

□ 洗衣机 xǐyījī 시이지 명 세탁기

　　□ 要洗的衣服 yào xǐde yīfu

　　　　야오 시더 이푸 빨래, 세탁물

10. 설거지

꼭! 써먹는 **실전 회화**

张美林
Zhāng Měilín

王力, 你可不可以帮我洗碗?
Wáng Lì, nǐ kěbukěyǐ bāng wǒ xǐwǎn?
왕리, 니 커부커이 빵 워 시완?
왕리, 설거지 좀 해 줄 수 있어?

王力
Wáng Lì

不行!
今天我已经打扫完了所有的房间和洗手间。
Bù xíng!
Jīntiān wǒ yǐjing dǎsǎowán le suǒyǒu de fángjiān hé xǐshǒujiān.
뿌 싱! 진티엔 워 이징 다싸오완 러 쑤어여우 더 팡지엔 허 시서우지엔
안 돼! 오늘 난 이미 모든 방과 화장실 청소를 했어.

张美林
Zhāng Měilín

我知道, 可是我现在该出去了。
请再帮我一次, 好不好?
Wǒ zhīdào, kěshì wǒ xiànzài gāi chūqu le.
Qǐng zài bāng wǒ yí cì, hǎobuhǎo?
워 즈따오, 커스 워 시엔짜이 까이 추취 러. 칭 짜이 빵 워 이 츠,
하오부하오?
알아, 하지만 난 지금 나가야 되거든. 한 번 더 날 도와줄 수 있을까?

王力
Wáng Lì

啊, 好吧, 这是最后一次。
Ā, hǎo ba, zhè shì zuìhòu yí cì.
아, 하오 바, 저 스 쭈이허우 이 츠
아, 좋아, 이번이 마지막이야.

옷 衣服 이푸

□ **衣服** yīfu 이푸 몡 옷, 의복

□ **服装** fúzhuāng 푸주앙
　몡 복장, 의류

□ **穿** chuān 추안
　통 (옷, 신발, 양말 등을)
　입다, 신다

□ **脱** tuō 투어
　통 (몸에서) 벗다

□ **西装** xīzhuāng 시주앙
= **西服** xīfú 시푸
　몡 양복

□ **中装**
　zhōngzhuāng 중주앙
　몡 중국 전통 복장

□ **旗袍** qípáo 치파오
　몡 치파오

□ **衬衫** chènshān 천산
　몡 셔츠, 와이셔츠

□ **T恤衫**
　T xùshān 티 쉬산
　몡 티셔츠

□ **毛衣** máoyī 마오이
　몡 스웨터

□ **开襟绒线衫**
　kāijīn róngxiànshān
　카이진 룽시엔산
　몡 카디건

□ **背心** bèixīn 뻬이신
　몡 조끼

□ **夹克** jiákè 지아커
　몡 재킷

□ **羽绒服**
yǔróngfú 위룽푸
명 다운 재킷

□ **大衣** dàyī 따이
= **外衣** wàiyī 와이이
= **外套** wàitào 와이타오
명 외투, 오버코트

□ **裤子** kùzi 쿠쯔
명 바지

□ **长裤** chángkù 창쿠
명 긴바지

□ **短裤** duǎnkù 두안쿠
명 반바지

□ **牛仔裤**
niúzǎikù 니우짜이쿠
명 청바지

□ **裙子** qúnzi 췬쯔
명 치마

□ **连衣裙**
liányīqún 리엔이췬
명 원피스

□ **内衣** nèiyī 네이이
명 속옷

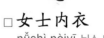
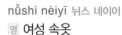

□ **女士内衣**
nǚshì nèiyī 뉘스 네이이
명 여성 속옷

□ **睡衣** shuìyī 수이이
명 잠옷

□ **运动服**
yùndòngfú 윈뚱푸
명 운동복

□ **雨衣** yǔyī 위이
명 우비

□ 围巾 wéijīn 웨이진
　　몡 목도리, 스카프

□ 领带 lǐngdài 링따이
　　몡 넥타이

□ 背带 bēidài 뻬이따이
　　몡 멜빵

□ 腰带 yāodài 야오따이
　　몡 허리띠

□ 手套 shǒutào 서우타오
　　몡 장갑

□ 帽子 màozi 마오쯔
　　몡 모자
　　(앞 부분만 챙이 있는 모자)

□ 袜子 wàzi 와쯔
　　몡 양말

□ 鞋子 xiézi 시에쯔
　　몡 신발, 구두

□ 平底便鞋
　　píngdǐ biànxié
　　핑디 삐엔시에
　　몡 단화

□ 运动鞋
　　yùndòngxié 윈똥시에
　　몡 운동화

□ 高跟鞋
　　gāogēnxié 까오껀시에
　　몡 하이힐

□ 凉鞋 liángxié 리앙시에
　　몡 샌들

□ 人字拖
　　rénzìtuō 런쯔투어
　　조리

□ 拖鞋 tuōxié 투어시에
　　몡 슬리퍼

□ 靴子 xuēzi 쉬에쯔
　　몡 장화, 부츠

142

□ 眼镜 yǎnjìng 이엔징
명 안경

□ 太阳眼镜
tàiyáng yǎnjìng
타이양 이엔징
명 선글라스

□ 包 bāo 빠오
명 가방, 보따리

□ 提包 tíbāo 티빠오
명 핸드백

□ 单肩包
dānjiānbāo 딴지엔빠오
명 숄더백

□ 无带提包
wúdài tíbāo 우따이 티빠오
= 手拿包
shǒunábāo 서우나빠오
명 클러치 백

□ 背包 bēibāo 뻬이빠오
명 배낭

□ 行李箱
xínglixiāng 싱리시앙
명 트렁크, 여행용 가방

□ 钱包 qiánbāo 치엔빠오
명 지갑

□ 宝石 bǎoshí 바오스
명 보석

□ 首饰 shǒushì 서우스
명 장신구, 액세서리

□ 项链 xiàngliàn 시앙리엔
명 목걸이

□ 手镯 shǒuzhuó 서우주어
명 팔찌

□ 耳环 ěrhuán 얼후안
명 귀걸이

□ 戒指 jièzhǐ 지에즈
명 반지

143

□ **衣服** yīfu 이푸 몡 옷, 의복

　　□ **服装** fúzhuāng 푸주앙 몡 복장, 의류

你买那件衣服比较好。
Nǐ mǎi nà jiàn yīfu bǐjiào hǎo.
니 마이 나 지엔 이푸 비쟈오 하오
저 옷을 사는 게 좋겠어요.

□ **穿** chuān 추안 동 (옷, 신발, 양말 등을) 입다, 신다

今天穿什么好呢?
Jīntiān chuān shénme hǎo ne?
진티엔 추안 선머 하오 너?
오늘 뭘 입으면 좋을까?

□ **脱** tuō 투어 동 (몸에서) 벗다

□ **袖子** xiùzi 시우쯔 몡 소매

　　□ **长袖** chángxiù 창시우 긴소매

　　□ **短袖** duǎnxiù 두안시우 짧은소매

□ **西装** xīzhuāng 시주앙 몡 양복

　　= **西服** xīfú 시푸

□ **中装** zhōngzhuāng 중주앙 몡 중국 전통 복장　　**tip.** 中山服는 손중산(孫中山)이 제창, 제작하여 붙여진 명칭입니다.

　　□ **中山服** zhōngshānfú 중산푸 중산복(인민복)

　　□ **旗袍** qípáo 치파오 몡 치파오　　**tip.** 우리가 흔히 중국의 전통 여성복으로 알고 있는 '치파오'는 원래 만주족 여성이 입는 옷이 대중화된 것입니다.

□ **衬衫** chènshān 천산 몡 셔츠, 와이셔츠

　　□ **无袖衫** wúxiùshān 우시우산 몡 민소매 셔츠

　　□ **羊毛衫** yángmáoshān 양마오산 몡 양모 셔츠

　　□ **T恤衫** T xùshān 티 쉬산 몡 티셔츠　　**tip.** 恤는 shirt의 음역입니다.

T恤衫正在打折, 买三套送一套。
T xùshān zhèngzài dǎzhé, mǎi sān tào sòng yí tào.
티 쉬산 정짜이 다저, 마이 싼 타오 쏭 이 타오
티셔츠가 할인 중이라서, 세 벌 사시면 한 벌 드립니다.

□ **毛衣** máoyī 마오이 명 스웨터

　　□ **高领毛衣** gāolǐng máoyī 까오링 마오이 명 터틀넥 스웨터

□ **开襟绒线衫** kāijīn róngxiànshān 카이진 룽시엔산 명 카디건

□ **背心** bèixīn 뻬이신 명 조끼

□ **夹克** jiákè 지아커 명 재킷

　　□ **皮夹克** píjiákè 피지아커 명 가죽 재킷

□ **羽绒服** yǔróngfú 위룽푸 명 다운 재킷

□ **大衣** dàyī 따이 명 외투, 오버코트

　　= **外衣** wàiyī 와이이

　　= **外套** wàitào 와이타오

□ **裤子** kùzi 쿠쯔 명 바지

　　□ **长裤** chángkù 창쿠 명 긴바지

　　□ **短裤** duǎnkù 두안쿠 명 반바지

请帮我熨一下这条裤子。
Qǐng bāng wǒ yùn yíxià zhè tiáo kùzi.
칭 빵 워 윈 이시아 저 탸오 쿠쯔
이 바지를 다려 주세요.

tip. 옷을 세는 양사(단위)는 件 jiàn이지만, 바지나 치마의 양사는 条 tiáo입니다.

□ **牛仔裤** niúzǎikù 니우짜이쿠 명 청바지

□ **裙子** qúnzi 췬쯔 명 치마

　　□ **迷你裙** mínǐqún 미니췬 미니스커트

　　□ **绉褶裙** zhòuzhěqún 저우저췬 주름치마

□ **连衣裙** liányīqún 리엔이췬 명 원피스

□ **紧身裤** jǐnshēnkù 진선쿠 명 레깅스

　　= **打底裤** dǎdǐkù 다디쿠

□ 礼服 lǐfú 리푸 명 예복

□ 婚纱 hūnshā 훈사 명 웨딩드레스

□ 内衣 nèiyī 네이이 명 속옷
　　　□ 内裤 nèikù 네이쿠 명 팬티, 속바지
　　　□ 胸罩 xiōngzhào 시웅자오 브래지어
　　　□ 女士内衣 nǚshì nèiyī 뉘스 네이이 명 여성 속옷

□ 睡衣 shuìyī 수이이 명 잠옷

□ 运动服 yùndòngfú 윈뚱푸 명 운동복

□ 雨衣 yǔyī 위이 명 우비

□ 围巾 wéijīn 웨이진 명 목도리, 스카프

□ 领带 lǐngdài 링따이 명 넥타이

□ 背带 bēidài 뻬이따이 명 멜빵

□ 腰带 yāodài 야오따이 명 허리띠

□ 手套 shǒutào 서우타오 명 장갑 ——→ **tip.** 장갑이나 모자는 동사 **戴** dài 따이를 씁니다.
　　　□ 连指手套 liánzhǐ shǒutào 리엔즈 서우타오 벙어리장갑

□ 帽子 màozi 마오쯔 명 모자(앞 부분만 챙이 있는 모자)
　　　□ 棒球帽 bàngqiúmào 빵치우마오 야구 모자
　　　□ 草帽 cǎomào 차오마오 명 밀짚모자
　　　□ 小便帽 xiǎobiànmào 샤오삐엔마오 명 비니(머리에 딱 맞는 동그란 모자)
　　　□ 戴高帽 dài gāomào 따이 까오마오
　　　관 비행기를 태우다(고의로 치켜세우다)

tip. 戴高帽는 직역하면 '높은 모자를 쓰다'라는 뜻으로, 상대방을 치켜세우거나 비행기 태운다는 의미로 쓰입니다.

□ 袜子 wàzi 와쯔 명 양말 ——→ **tip.** 양말이나 신발, 장갑 등 짝을 이루는 것을 셀 때는 양사 双 shuāng 수앙을 쓰는데, 두 짝 중 한 짝만 가리킬 때는 只 zhī 즈를 씁니다.
　　　□ 长袜 chángwà 창와 명 스타킹

146

□ 鞋子 xiézi 시에쯔 [명] 신발, 구두

　　□ 运动鞋 yùndòngxié 윈똥시에 [명] 운동화

　　□ 平底便鞋 píngdǐ biànxié 핑디 삐엔시에 [명] 단화

　　□ 旅游鞋 lǚyóuxié 뤼여우시에 [명] 여행 신발(관광객들이 신는 간편한 신발)

　　□ 高跟鞋 gāogēnxié 까오껀시에 [명] 하이힐

　　□ 凉鞋 liángxié 리앙시에 [명] 샌들

　　□ 人字拖 rénzìtuō 런쯔투어 조리

　　□ 拖鞋 tuōxié 투어시에 [명] 슬리퍼

tip. 旅游鞋는 레저 생활이 보편화되면서, 흔히 신는 '트레킹화'나 '스니커즈'를 가리키기도 합니다.

□ 靴子 xuēzi 쉬에쯔 [명] 장화, 부츠

□ 眼镜 yǎnjìng 이엔징 [명] 안경

tip. '(인체의) 눈'을 뜻하는 眼睛 yǎnjing과 眼镜 yǎnjìng의 발음 차이에 주의합니다.

　　□ 太阳眼镜 tàiyáng yǎnjìng 타이양 이엔징 [명] 선글라스

□ 包 bāo 빠오 [명] 가방, 보따리

　　□ 书包 shūbāo 수빠오 [명] 책가방

　　□ 提包 tíbāo 티빠오 [명] 핸드백

　　□ 单肩包 dānjiānbāo 딴지엔빠오 [명] 숄더백

　　□ 无带提包 wúdài tíbāo 우따이 티빠오

　　　[명] 클러치 백(격식을 차린 파티 등에서 손에 드는 작은 지갑)

　　= 手拿包 shǒunábāo 서우나빠오

　　□ 小袋 xiǎodài 샤오따이 [명] 파우치(작은 주머니)

□ 背包 bēibāo 뻬이빠오 [명] 배낭

□ 行李箱 xínglixiāng 싱리시양 [명] 트렁크, 여행용 가방

　tip. 行李箱은 '화물칸'을 뜻하기도 합니다.

□ 钱包 qiánbāo 치엔빠오 [명] 지갑

□ 宝石 bǎoshí 바오스 [명] 보석

　　□ 珠宝 zhūbǎo 주바오 [명] 진주와 보석, 보석류

□ 首饰 shǒushì 서우스 몡 장신구, 액세서리

  □ 项链 xiàngliàn 시앙리엔 몡 목걸이

  □ 手镯 shǒuzhuó 서우주어 몡 팔찌

  □ 耳环 ěrhuán 얼후안 몡 귀걸이

  □ 戒指 jièzhǐ 지에즈 몡 반지

  □ 发夹 fàjiá 파지아 몡 머리핀

  □ 胸针 xiōngzhēn 시웅전 몡 브로치

□ 流行 liúxíng 리우싱 혱 동 유행하다

  □ 潮流 cháoliú 차오리우 몡 추세, 조류

  □ 时尚 shíshàng 스상 몡 시대적 유행

  □ 时髦 shímáo 스마오 혱 유행하다, 최신식이다

  □ 时装 shízhuāng 스주앙 몡 최신 스타일의 복장, 뉴 패션

□ 过时 guòshí 꾸어스 혱 유행이 지나다, 시대에 뒤떨어지다

  □ 不合时尚 bùhé shíshàng 뿌허 스상 패션 감각에 맞지 않다

□ 衣领 yīlǐng 이링 몡 옷깃, 칼라

  □ V领 V lǐng 웨이 링 브이넥 ✎ **tip.** 중국어로 V는 [웨이]라고 읽고 한어병음 표기법은 따로 없습니다.

  □ 圆领 yuánlǐng 위엔링 라운드 넥

□ 口袋 kǒudài 커우따이 몡 호주머니

□ 拉链 lāliàn 라리엔 몡 지퍼 ✎ **tip.** '지퍼를 올리다'라고 할 때는 拉上拉链이라고 합니다.

□ 扣子 kòuzi 커우쯔 몡 단추 ✎ **tip.** '단추를 채우다'라고 할 때는 扣扣子이라고 합니다.

□ 织物 zhīwù 즈우 몡 직물

  □ 丝绸 sīchóu 쓰처우 몡 비단, 실크

  □ 棉 mián 미엔 몡 면

  □ 羊毛 yángmáo 양마오 몡 양모

  □ 人造纤维 rénzào xiānwéi 런짜오 시엔웨이 합성섬유

□ **皮革** pígé 피거 ⑲ 가죽, 피혁

□ **纹** wén 원 ⑲ 무늬

　　　□ **条纹** tiáowén 탸오원 ⑲ 줄무늬
　　　□ **方格** fānggé 팡거 ⑲ 체크무늬
　　　□ **花纹** huāwén 후아원 ⑲ 꽃무늬
　　　□ **水珠纹** shuǐzhūwén 수이주원 ⑲ 물방울무늬

□ **绣** xiù 시우 ⑧ 수놓다

　　　□ **刺绣** cìxiù 츠시우
　　　　⑲ 자수 ⑧ 수를 놓다
　　　□ **绣花** xiùhuā 시우후아
　　　　⑧ 그림이나 도안을 수놓다

11. 장갑

꼭! 써먹는 **실전 회화**

王力
Wáng Lì
你想要的生日礼物是什么?
Nǐ xiǎngyào de shēngrì lǐwù shì shénme?
니 시앙야오 더 셩르 리우 스 선머?
생일 선물로 원하는 게 뭐야?

马克
Mǎkè
我需要一双手套。我几天前丢了。
Wǒ xūyào yì shuāng shǒutào. Wǒ jǐ tiān qián diū le.
워 쉬야오 이 수앙 서우타오. 워 지 티엔 치엔 띠우 러
장갑이 필요해. 며칠 전에 잃어버렸거든.

王力
Wáng Lì
好的。现在一起去买吧。
Hǎode. Xiànzài yìqǐ qù mǎi ba.
하오더. 시엔짜이 이치 취 마이 바
좋아. 지금 같이 사러 가자.

马克
Mǎkè
真的? 那么我要买一件毛衣。
Zhēnde? Nàme wǒ yào mǎi yí jiàn máoyī.
전더? 나머 워 야오 마이 이 지엔 마오이
정말? 그럼 스웨터도 사야겠다.

음식 食物 스우

□ **食物** shíwù 스우
명 음식, 음식물

□ **吃** chī 츠
동 먹다

□ **料理** liàolǐ 랴오리
= **做菜** zuòcài 쭈어차이
동 요리하다

□ **饭** fàn 판 명 밥
□ **米** mǐ 미 명 쌀

□ **肉** ròu 러우
명 고기

□ **牛肉** niúròu 니우러우
명 소고기

□ **猪肉** zhūròu 주러우
명 돼지고기

□ **鸡肉** jīròu 지러우
명 닭고기

□ **羊肉** yángròu 양러우
명 양고기

□ **鱼** yú 위
명 물고기; 생선

□ **金枪鱼**
jīnqiāngyú 진치앙위
명 참치

□ **鱿鱼** yóuyú 여우위
명 오징어

□ **虾** xiā 시아
명 새우

□ **蛤** gé 거
명 조개

□ **牡蛎** mǔlì 무리
= **海蛎子** hǎilìzi 하이리쯔
명 굴

□ 蔬菜 shūcài 수차이
명 채소

□ 白菜 báicài 바이차이
명 배추

□ 卷心菜
juǎnxīncài 쥐엔신차이
명 양배추

□ 香菜 xiāngcài 시앙차이
명 고수(풀)

□ 菠菜 bōcài 뽀차이
명 시금치

□ 黄瓜
huángguā 후앙꾸아
명 오이

□ 南瓜 nánguā 난꾸아
명 호박

□ 萝卜 luóbo 루어보
명 무

□ 红萝卜
hóngluóbo 훙루어보
명 당근

□ 土豆 tǔdòu 투떠우
명 감자

□ 甘薯 gānshǔ 깐수
명 고구마

□ 茄子 qiézi 치에쯔
명 가지

□ 西红柿 xīhóngshì 시훙스
= 番茄 fānqié 판치에
명 토마토

□ 大蒜 dàsuàn 따쑤안
명 마늘

□ 洋葱 yángcōng 양충
명 양파

□ 辣椒 làjiāo 라쟈오
명 고추

□ 青椒 qīngjiāo 칭쟈오
명 피망

□ 胡椒 hújiāo 후쟈오
명 후추

□ 水果 shuǐguǒ 수이구어
명 과일, 과실

□ 草莓 cǎoméi 차오메이
명 딸기

□ 苹果 píngguǒ 핑구어
명 사과

□ 梨 lí 리
명 배

□ 橙子 chéngzi 청쯔
명 오렌지

□ 橘子 júzi 쥐쯔
명 귤

□ 柠檬 níngméng 닝멍
명 레몬

□ 葡萄 pútáo 푸타오
명 포도

□ 香蕉 xiāngjiāo 시앙쟈오
명 바나나

□ 西瓜 xīguā 시꾸아
명 수박

□ 甜瓜 tiánguā 티엔꾸아
명 멜론

□ 菠萝 bōluó 뽀루어
= 凤梨 fènglí 펑리
명 파인애플

□ 桃子 táozi 타오쯔
명 복숭아

□ 荔枝 lìzhī 리즈
명 리치

□ 无花果
wúhuāguǒ 우후아구어
명 무화과

□ **饮料** yǐnliào 인랴오
명 음료

□ **水** shuǐ 수이
명 물

□ **牛奶** niúnǎi 니우나이
명 우유

□ **啤酒** píjiǔ 피지우
명 맥주

□ **咖啡** kāfēi 카페이
명 커피

□ **冰淇淋**
bīngqílín 삥치린
명 아이스크림

□ **盐** yán 이엔
명 소금

□ **糖** táng 탕
명 설탕; 사탕

□ **醋** cù 추
명 식초

□ **酱** jiàng 지앙
= **沙司** shāsī 사쓰
명 드레싱, 소스

□ **酱油** jiàngyóu 지앙여우
명 간장

□ **食油** shíyóu 스여우
명 식용유

□ **切** qiē 치에
동 자르다, 썰다

□ **剥** bāo 빠오
동 (껍질을) 벗기다

□ **混合** hùnhé 훈허
동 섞다

□ **炒** chǎo 차오
동 볶다

□ **烤** kǎo 카오
동 (불에 쬐어) 굽다

□ **煮** zhǔ 주
동 삶다, 끓이다

153

☐ **食物** shíwù 스우 몡 음식, 음식물

　　☐ **餐** cān 찬 몡 음식 양 끼니

　　我想点餐。
　　Wǒ xiǎng diǎncān.
　　위 시앙 디엔찬
　　주문하고 싶은데요.

☐ **吃** chī 츠 동 먹다

☐ **料理** liàolǐ 랴오리 동 요리하다

　　= **做菜** zuòcài 쭈어차이

☐ **饭** fàn 판 몡 밥

☐ **做饭** zuòfàn 쭈어판 동 밥을 하다

☐ **肉** ròu 러우 몡 고기

　　tip. 중국에서는 肉 라고 하면 보통 '돼지고기'를 가리킵니다.

　　肉并没有全熟啊。
　　Ròu bìng méiyǒu quánshú a.
　　러우 삥 메이여우 취엔수 아
　　고기가 완전히 익지 않았어요.

☐ **牛肉** niúròu 니우러우 몡 소고기

☐ **猪肉** zhūròu 주러우 몡 돼지고기

☐ **鸡肉** jīròu 지러우 몡 닭고기

☐ **羊肉** yángròu 양러우 몡 양고기

☐ **鱼** yú 위 몡 물고기; 생선

☐ **大头鱼** dàtóuyú 따터우위 몡 대구

　　= **鳕鱼** xuěyú 쉬에위

□ 带鱼 dàiyú 따이위 [명] 갈치

□ 青花鱼 qīnghuāyú 칭후아위 [명] 고등어
= 鲐鱼 táiyú 타이위

□ 鲑鱼 guīyú 꾸이위 [명] 연어

□ 金枪鱼 jīnqiāngyú 진치앙위 [명] 참치

□ 鳀鱼 tíyú 티위 [명] 멸치
　　　□ 海蜓 hǎiyán 하이이엔 [명] 마른멸치
　　　= 海艳 hǎiyàn 하이이엔

□ 鱿鱼 yóuyú 여우위 [명] 오징어

□ 章鱼 zhāngyú 장위 [명] 문어; 낙지

□ 虾 xiā 시아 [명] 새우
　　　□ 虾仁 xiārén 시아런 [명] 생새우살
　　　□ 大虾 dàxiā 따시아 [명] 대하, 큰 새우

□ 蛤 gé 거 [명] 조개

□ 牡蛎 mǔlì 무리 [명] 굴
= 海蛎子 hǎilìzi 하이리쯔

□ 螃蟹 pángxiè 팡시에 [명] 게

□ 龙虾 lóngxiā 룽시아 [명] 바닷가재, 랍스터

□ 甘紫菜 gānzǐcài 깐쯔차이 [명] 김
= 紫菜 zǐcài 쯔차이 (甘紫菜의 낮은말)

□ 海带 hǎidài 하이따이 [명] 다시마; 미역

□ 谷物 gǔwù 구우 [명] 곡물

□ 米 mǐ 미 명 쌀

> **tip.** 米는 길이의 단위인 미터(meter)의 음역자로 쓰이기도 합니다.
>   1米(m) = 100厘米 límǐ(cm)

□ 豆 dòu 떠우 명 콩
>   □ 大豆 dàdòu 따떠우 명 대두
>   □ 黄豆 huángdòu 후앙떠우 명 황두
>   □ 豌豆 wāndòu 완떠우 명 완두콩
>   □ 菜豆 càidòu 차이떠우 명 강낭콩
>   = 四季豆 sìjìdòu 쓰지떠우

□ 小豆 xiǎodòu 샤오떠우 명 팥

□ 玉米 yùmǐ 위미 명 옥수수

□ 蔬菜 shūcài 수차이 명 채소

□ 白菜 báicài 바이차이 명 배추

□ 卷心菜 juǎnxīncài 쥐엔신차이 명 양배추

□ 香菜 xiāngcài 시앙차이 명 고수(풀)

□ 菠菜 bōcài 뽀차이 명 시금치

□ 黄瓜 huángguā 후앙꾸아 명 오이

□ 南瓜 nánguā 난꾸아 명 호박

□ 萝卜 luóbo 루어보 명 무

□ 红萝卜 hóngluóbo 훙루어보 명 당근

□ 土豆 tǔdòu 투떠우 명 감자

□ 甘薯 gānshǔ 깐수 명 고구마

□ 西兰花 xīlánhuā 시란후아 명 브로콜리

□ 橄榄 gǎnlǎn 간란 명 올리브

□ 茄子 qiézi 치에쯔 명 가지 ●━━━━━━━━━━➤ **tip.** 사진 찍을 때, 우리말로 '김치',
　　　　　　　　　　　　　　　　　　　　　　　　　　 영어로 cheese라고 하듯이,
　　　　　　　　　　　　　　　　　　　　　　　　　　 중국어는 *茄子* 라고 합니다.

□ 西红柿 xīhóngshì 시훙스 명 토마토
　　　　= 番茄 fānqié 판치에

□ 大蒜 dàsuàn 따쑤안 명 마늘

□ 洋葱 yángcōng 양충 명 양파

　　请不要放洋葱。
　　Qǐng búyào fàng yángcōng.
　　칭 부야오 팡 양충
　　양파를 넣지 마세요.

□ 辣椒 làjiāo 라쟈오 명 고추
　　　□ 红辣椒 hónglàjiāo 훙라쟈오 빨간 고추

□ 红灯笼辣椒 hóngdēnglong làjiāo 훙떵룽 라쟈오 명 파프리카

□ 青椒 qīngjiāo 칭쟈오 명 피망
　　　= 甜椒 tiánjiāo 티엔쟈오
　　　= 柿子椒 shìzijiāo 스쯔쟈오

□ 花椒 huājiāo 후아쟈오 명 산초, 산초나무

□ 胡椒 hújiāo 후쟈오 명 후추

□ 水果 shuǐguǒ 수이구어 명 과일, 과실

□ 草莓 cǎoméi 차오메이 명 딸기
　　　□ 树莓 shùméi 수메이 명 산딸기

□ 苹果 píngguǒ 핑구어 명 사과

□ 梨 lí 리 몡 배

□ 橙子 chéngzi 청쯔 몡 오렌지

□ 橘子 júzi 쥐쯔 몡 귤

□ 柠檬 níngméng 닝멍 몡 레몬

□ 葡萄 pútáo 푸타오 몡 포도

□ 香蕉 xiāngjiāo 시앙쟈오 몡 바나나

□ 西瓜 xīguā 시꾸아 몡 수박

□ 甜瓜 tiánguā 티엔꾸아 몡 멜론

□ 菠萝 bōluó 뽀루어 몡 파인애플
　　　= 凤梨 fènglí 펑리

□ 桃子 táozi 타오쯔 몡 복숭아

□ 杏 xìng 싱 몡 살구

□ 樱桃 yīngtáo 잉타오 몡 앵두

□ 荔枝 lìzhī 리즈 몡 리치

□ 芒果 mángguǒ 망구어 몡 망고

□ 无花果 wúhuāguǒ 우후아구어 몡 무화과

□ 鳄梨 èlí 어리 몡 아보카도

□ 饮料 yǐnliào 인랴오 몡 음료

我先点饮料。
Wǒ xiān diǎn yǐnliào.
워 시엔 디엔 인랴오
먼저 음료부터 시킬게요.

□ 喝 hē 허 图 마시다

□ 水 shuǐ 수이 명 물

　　　□ 开水 kāishuǐ 카이수이 명 끓인 물

给我水就行。
Gěi wǒ shuǐ jiù xíng.
게이 워 수이 지우 싱
물을 주면 돼요.

tip. 중국에서 '먹는 물(식수)'을 달라고 할 때, 水라고 하면, 자칫 식수용이 아닌 물을 줄 수도 있습니다. 그래서 '끓여서 먹을 수 있는 물'을 달라는 의미로 开水라고 해야 확실하게 전달됩니다.

□ 矿泉水 kuàngquánshuǐ 쿠앙취엔수이 명 광천수, 미네랄 워터

□ 苏打水 sūdáshuǐ 쑤다수이 명 탄산수

□ 牛奶 niúnǎi 니우나이 명 우유

□ 啤酒 píjiǔ 피지우 명 맥주

□ 葡萄酒 pútáojiǔ 푸타오지우 명 와인, 포도주

□ 可乐 kělè 커러 명 콜라

□ 汽水 qìshuǐ 치수이 명 사이다

□ 咖啡 kāfēi 카페이 명 커피

一起喝杯咖啡怎么样?
Yìqǐ hē bēi kāfēi zěnmeyàng?
이치 허 뻬이 카페이 쩐머양?
함께 커피 할래요?

□ 甜点 tiándiǎn 티엔디엔 명 디저트, 후식

□ 冰淇淋 bīngqílín 삥치린 명 아이스크림

□ 佐料 zuǒliào 쭈어랴오 명 양념, 조미료

　　　= 调料 tiáoliào 탸오랴오

□ 酱 jiàng 지앙 囘 드레싱, 소스

= 沙司 shāsī 사쓰 •————————→ **tip.** 沙司 는 sauce의 음역입니다.

□ 盐 yán 이엔 囘 소금

请不要放盐。
Qǐng búyào fàng yán.
칭 부야오 팡 이엔
소금을 넣지 마세요.

□ 糖 táng 탕 囘 설탕; 사탕

□ 醋 cù 추 囘 식초

□ 酱油 jiàngyóu 지앙여우 囘 간장

□ 大豆酱 dàdòujiàng 따떠우지앙 囘 된장

□ 红辣椒酱 hónglàjiāojiàng 홍라쟈오지앙 囘 고추장

□ 食油 shíyóu 스여우 囘 식용유

□ 橄榄油 gǎnlǎnyóu 간란여우 囘 올리브유

□ 芝麻油 zhīmáyóu 즈마여우 囘 참기름

□ 黄油 huángyóu 후앙여우 囘 버터

□ 沙拉酱 shālājiàng 사라지앙 囘 마요네즈

= 蛋黄酱 dànhuángjiàng 딴후앙지앙

请不要加沙拉酱。
Qǐng búyào jiā shālājiàng.
칭 부야오 지아 사라지앙
마요네즈를 넣지 마세요.

□ 芥末 jièmò 지에모 囘 겨자

□ 番茄酱 fānqiéjiàng 판치에지앙 囘 케첩

□ 蜂蜜 fēngmì 펑미 몡 꿀

□ 果酱 guǒjiàng 구어지앙 몡 잼

□ 烹饪法 fēngrènfǎ 펑런파 몡 요리법

□ 切 qiē 치에 동 자르다, 썰다

　　　□ **切碎** qiēsuì 치에쑤이 잘게 자르다

　　　□ **切丝** qiēsī 치에쓰 채 썰다

　　　□ **切块** qiēkuài 치에콰이 토막토막 자르다

□ 剥 bāo 빠오 동 (껍질을) 벗기다

□ 混合 hùnhé 훈허 동 섞다

□ 搅拌 jiǎobàn 쟈오빤 동 휘저어 섞다, 반죽하다

□ 煎 jiān 지엔 동 (적은 기름에) 지지다, 부치다

□ 炒 chǎo 차오 동 볶다

我要炒的。
Wǒ yào chǎode.
워 야오 차오더
난 볶은 걸로 주세요.

□ 烘 hōng 훙 동 (불에) 굽다

□ 烤 kǎo 카오 동 (불에 쬐어) 굽다

能不能再给我烤一下？
Néngbunéng zài gěi wǒ kǎo yíxià?
넝부넝 짜이 게이 워 카오 이시아?
다시 한 번 구워 주시겠어요?

□ 烧 shāo 사오 동 졸이다

　　tip. 烧는 요리와 관련하여 다양한 뜻으로 쓰이는데, 보통 찌거나 볶은 후에, 국물과 양념을 넣고 다시 볶거나 졸이는 조리법을 뜻합니다.

□ 烧烤 shāokǎo 사오카오 [동] 불에 굽다, 볶다

□ 煮 zhǔ 주 [동] 삶다, 끓이다

□ 蒸 zhēng 정 [동] 찌다

□ 厨具 chújù 추쥐 [명] 조리도구

□ 刀 dāo 따오 [명] 칼
      □ 菜刀 càidāo 차이따오 [명] 식칼
      □ 刀子 dāozi 따오쯔 [명] 작은 칼

□ 切菜板 qiēcàibǎn 치에차이반 [명] 도마

□ 勺子 sháozi 사오쯔 [명] 국자, 주걱

□ 锅 guō 꾸어 [명] 솥, 냄비

□ 平底锅 píngdǐguō 핑디꾸어 [명] 프라이팬
      = 煎锅 jiānguō 지엔꾸어

□ 餐具 cānjù 찬쥐 [명] 식기, 식사 도구

□ 碗 wǎn 완 [명] 그릇, 사발 [양] 그릇

□ 杯子 bēizi 뻬이쯔 [명] 컵, 잔

□ 玻璃杯 bōlíbēi 뽀리뻬이 [명] 유리컵

□ 碟子 diézi 디에쯔 [명] 접시

□ 盘子 pánzi 판쯔 [명] 쟁반

□ 汤匙 tāngchí 탕츠 [명] (중국식) 국 숟가락

    tip. 중국에서는 국물 외에는 젓가락으로만 식사하는 것이 일반적이기 때문에, 우리처럼 밥을 먹는 숟가락을 잘 쓰지 않습니다. 그래서 보통 '숟가락'이라고 하면 국물을 먹기 위한 汤匙를 말합니다.

□ 匙子 chízi 츠쯔 [명] 숟가락

□ 筷子 kuàizi 콰이쯔 몡 젓가락

□ 叉子 chāzi 차쯔 몡 포크 •————→ **tip.** 叉子는 틀렸거나 삭제를 표시하는 'x'표를 의미하기도 합니다.

我把叉子弄掉了。
Wǒ bǎ chāzi nòngdiào le.
워 바 차쯔 눙땨오 러
포크를 떨어뜨렸어요.

12. 저녁 메뉴

꼭! 써먹는 **실전 회화**

王力
Wáng Lì
今天晚上我们吃什么呢?
Jīntiān wǎnshang wǒmen chī shénme ne?
진티엔 완상 워먼 츠 선머 너?
오늘 저녁에 뭘 먹을까?

张美林
Zhāng Měilín
去外边吃,怎么样?
Qù wàibian chī, zěnmeyàng?
취 와이비엔 츠, 쩐머양?
외식하러 가자, 어때?

王力
Wáng Lì
我不想出去。冰箱里有没有好吃的东西?
Wǒ bùxiǎng chūqu. Bīngxiāngli yǒuméiyǒu hǎochī de dōngxi?
워 뿌시앙 추취. 삥시앙리 여우메이여우 하오츠 더 뚱시?
나가고 싶지 않은데. 냉장고에 맛있는 거 있어?

张美林
Zhāng Měilín
啊,有牛肉。我来烤!
Ā, yǒu niúròu. Wǒ lái kǎo!
아, 여우 니우러우. 워 라이 카오!
아, 소고기 있어. 내가 구울게!

163

취미 爱好 아이하오

□ **爱好** àihào 아이하오
　명 취미

□ **运动** yùndòng 윈뚱
　명 스포츠, 운동

□ **跑** pǎo 파오　동 달리다

□ **慢跑** mànpǎo 만파오
　명 조깅

□ **游泳** yóuyǒng 여우융
　명 수영

□ **网球** wǎngqiú 왕치우
　명 테니스, 테니스공

□ **羽毛球**
　yǔmáoqiú 위마오치우

　명 배드민턴, 셔틀콕

□ **足球** zúqiú 쭈치우
　명 축구, 축구공

□ **棒球** bàngqiú 빵치우
　명 야구, 야구공

□ **篮球** lánqiú 란치우
　명 농구, 농구공

□ **排球** páiqiú 파이치우
　명 배구, 배구공

□ **乒乓球**
　pīngpāngqiú 핑팡치우

　명 탁구, 탁구공

□ **高尔夫球**
　gāo'ěrfūqiú 까오얼푸치우

　명 골프, 골프공

□ **瑜伽** yújiā 위지아
　명 요가

□ **滑雪** huáxuě 후아쉬에
　명 스키　동 스키를 타다

□ **滑冰** huábīng 후아삥
　명 스케이트
　동 스케이트를 타다

□ 音乐 yīnyuè 인위에
명 음악

□ 听 tīng 팅
동 듣다

□ 演奏 yǎnzòu 이엔쩌우
동 연주하다

□ 歌 gē 꺼
= 歌曲 gēqǔ 꺼취
명 노래

□ 唱 chàng 창 동 노래하다

□ 乐器 yuèqì 위에치
명 악기

□ 钢琴 gāngqín 깡친
명 피아노

□ 小提琴
xiǎotíqín 샤오티친
명 바이올린

□ 大提琴 dàtíqín 따티친
명 첼로

□ 吉他 jítā 지타
명 기타

□ 鼓 gǔ 구
명 드럼; 북

□ 长笛 chángdí 창디
명 플루트

□ 演唱会
yǎnchànghuì 이엔창후이
명 음악회, 콘서트

□ 歌剧 gējù 꺼쮜
명 오페라

□ 京剧 jīngjù 징쮜
명 경극

□ 音乐剧
yīnyuèjù 인위에쮜
명 뮤지컬

165

□ 电影 diànyǐng 띠엔잉
명 영화

□ 电影院 diànyǐngyuàn 띠엔잉위엔
명 영화관

□ 导演 dǎoyǎn 다오이엔
명 감독, 연출자

□ 演员 yǎnyuán 이엔위엔
명 배우, 연기자

女演员
nǚyǎnyuán 뉘이엔위엔
명 여배우

□ 书 shū 수
= 书籍 shūjí 수지
명 책

□ 看书 kànshū 칸수
= 阅读 yuèdú 위에두
동 독서하다

□ 文学 wénxué 원쉬에
명 문학

□ 小说 xiǎoshuō 샤오수어
명 소설

□ 诗 shī 스 명 시

□ 杂志 zázhì 짜즈
명 잡지

□ 漫画书
mànhuàshū 만후아수
명 만화책

□ 书店 shūdiàn 수띠엔
명 서점

□ 照片 zhàopiàn 자오피엔
= 相片 xiàngpiàn 시양피엔
　명 사진

□ 照相 zhàoxiàng 자오시양
= 拍照 pāizhào 파이자오
　동 사진을 찍다

□ 照相机
zhàoxiàngjī 자오시앙지
　명 카메라

□ 画 huà 후아
　명 그림
　동 그림을 그리다

□ 颜色 yánsè 이엔써
　명 색, 물감
□ 颜料 yánliào 이엔랴오
　명 물감

□ 下棋 xiàqí 시아치
　동 장기를 두다,
　　　바둑을 두다
□ 象棋 xiàngqí 시앙치
　명 중국 장기

□ 棋盘游戏
qípán yóuxì 치판 여우시
　명 보드게임

□ 收集 shōují 서우지
= 采集 cǎijí 차이지
　동 수집하다

□ 散步 sànbù 싼뿌
　동 산책하다

□ 爬山 páshān 파산
　동 등산하다

□ 野营 yěyíng 이에잉
= 露营 lùyíng 루잉
　동 야영하다

□ 钓鱼 diàoyú 땨오위
　동 낚시하다

□ **爱好** àihào 아이하오 图 취미

　　□ **兴趣** xìngqù 싱취 图 흥미, 취미, 관심

　你的爱好是什么?
　Nǐ de àihào shì shénme?
　니 더 아이하오 스 선머?
　당신은 취미가 뭐예요?

□ **闲暇** xiánxiá 시엔시아 图 여가, 여가활동

□ **运动** yùndòng 윈뚱 图 스포츠, 운동

　　□ **做运动** zuò yùndòng 쭈어 윈뚱 운동하다

　我什么运动都喜欢。
　Wǒ shénme yùndòng dōu xǐhuan.
　워 선머 윈뚱 떠우 시후안
　나는 어떤 운동이든 좋아해요.

□ **比赛** bǐsài 비싸이 图 경기, 게임

□ **健身房** jiànshēnfáng 지엔선팡 图 체육관, 헬스클럽
　　= **体育馆** tǐyùguǎn 티위구안

□ **跑** pǎo 파오 图 달리다

　　□ **慢跑** mànpǎo 만파오 图 조깅

□ **游泳** yóuyǒng 여우융 图 수영

　　□ **游泳池** yóuyǒngchí 여우융츠 图 수영장

□ **球** qiú 치우 图 공

□ **球拍** qiúpāi 치우파이 图 라켓

□ **网球** wǎngqiú 왕치우 图 테니스, 테니스공

　最近迷上了打网球。
　Zuìjìn míshàng le dǎ wǎngqiú.
　쭈이진 미상 러 다 왕치우
　요즘 테니스에 빠졌어요.

□ 羽毛球 yǔmáoqiú 위마오치우 圀 배드민턴, 셔틀콕

□ 足球 zúqiú 쭈치우 圀 축구, 축구공 ● → **tip.** 구기종목 중 축구만 동사 踢 tī 티를 쓰고, 나머지 종목은 동사 打 dǎ 다를 씁니다.

　　□ 美式足球 měishì zúqiú 메이스 쭈치우 圀 미식축구

你给哪个足球队加油?
Nǐ gěi nǎ ge zúqiúduì jiāyóu?
니 게이 나 거 쭈치우뚜이 지아여우?
당신은 어떤 축구팀을 응원해요?

□ 棒球 bàngqiú 빵치우 圀 야구, 야구공

□ 篮球 lánqiú 란치우 圀 농구, 농구공

□ 排球 páiqiú 파이치우 圀 배구, 배구공

□ 乒乓球 pīngpāngqiú 핑팡치우 圀 탁구, 탁구공

□ 台球 táiqiú 타이치우 圀 당구, 당구공

□ 高尔夫球 gāo'ěrfūqiú 까오얼푸치우 圀 골프, 골프공

□ 瑜伽 yújiā 위지아 圀 요가

□ 拳击 quánjī 취엔지 圀 권투, 복싱

□ 滑雪 huáxuě 후아쉬에 圀 스키 圄 스키를 타다

□ 滑冰 huábīng 후아삥 圀 스케이트 圄 스케이트를 타다

　　□ 溜冰场 liūbīngchǎng 리우삥창 圀 스케이트장

□ 四轮滑冰鞋 sìlún huábīngxié 쓰룬 후아삥시에 圀 롤러 스케이트
　　= 旱冰 hànbīng 한삥

□ 自行车 zìxíngchē 쯔싱처 圀 자전거

　　□ 骑车 qíchē 치처 圄 자전거를 타다

tip. 일반적인 교통수단을 '타다'라고 하면 동사 坐 zuò 쭈어를 쓰지만, 자전거나 오토바이처럼
다리를 벌려 타는 것은 동사 骑 qí를 씁니다. 그래서 骑车라고 하면 '자전거를 타다'를 의미합니다.

□ 音乐 yīnyuè 인위에 명 음악
    □ 听 tīng 팅 동 듣다
    □ 演奏 yǎnzòu 이엔쩌우 동 연주하다

□ 歌 gē 꺼 명 노래
    = 歌曲 gēqǔ 꺼취
    □ 唱 chàng 창 동 노래하다

□ 歌手 gēshǒu 꺼서우 명 가수

你喜欢的歌手是谁?
Nǐ xǐhuan de gēshǒu shì shéi?
니 시후안 더 꺼서우 스 세이?
당신이 좋아하는 가수는 누구예요?

□ 歌词 gēcí 꺼츠 명 가사

□ 旋律 xuánlǜ 쉬엔뤼 명 멜로디, 선율

□ 作曲 zuòqǔ 쭈어취 동 작곡하다
    □ 作曲家 zuòqǔjiā 쭈어취지아 명 작곡가

□ 作词 zuòcí 쭈어츠 동 작사하다
    □ 词作者 cízuòzhě 츠쭈어저 작사가

□ 唱片 chàngpiàn 창피엔 명 음반, 레코드

□ 乐器 yuèqì 위에치 명 악기

□ 钢琴 gāngqín 깡친 명 피아노
    □ 弹钢琴 tán gāngqín 탄 깡친 피아노를 치다

□ 小提琴 xiǎotíqín 샤오티친 명 바이올린
    □ 拉小提琴 lā xiǎotíqín 라 샤오티친 바이올린을 켜다

□ 大提琴 dàtíqín 따티친 명 첼로

□ 竖琴 shùqín 수친 몡 하프

□ 吉他 jítā 지타 몡 기타

□ 鼓 gǔ 구 몡 드럼; 북

□ 长笛 chángdí 창디 몡 플루트

□ 小号 xiǎohào 샤오하오 몡 트럼펫

□ 喇叭 lǎbā 라빠 몡 나팔

□ 萨克斯管 sàkèsīguǎn 싸커쓰구안 몡 색소폰

□ 演唱会 yǎnchànghuì 이엔창후이 몡 음악회, 콘서트

□ 管弦乐队 guǎnxián yuèduì 구안시엔 위에뚜이 몡 오케스트라, 교향악단
  = 交响乐队 jiāoxiǎng yuèduì 쟈오시앙 위에뚜이

□ 指挥 zhǐhuī 즈후이 몡 지휘자 동 지휘하다

□ 歌剧 gējù 꺼쥐 몡 오페라

□ 京剧 jīngjù 징쥐 몡 경극 •
  → **tip.** 중국 전통극 중 하나로, 청나라 때 베이징(北京)을 중심으로 번성하여 京剧라고 합니다.
  음악, 노래, 무용, 연기 등이 펼쳐지는 종합 예술입니다.

□ 音乐剧 yīnyuèjù 인위에쥐 몡 뮤지컬

□ 电影 diànyǐng 띠엔잉 몡 영화
  □ 看电影 kàn diànyǐng 칸 띠엔잉 동 영화를 보다

  今晚去看电影吧。
  Jīnwǎn qù kàn diànyǐng ba.
  진완 취 칸 띠엔잉 바
  오늘 밤에 영화 보러 가자.

□ 电影院 diànyǐngyuàn 띠엔잉위엔 몡 영화관

□ 公映 gōngyìng 꿍잉 동 개봉하다

□ **首映** shǒuyìng 서우잉 동 처음으로 상영하다

    □ **首映迫近** shǒuyìng pòjìn 서우잉 포진 개봉박두

□ **动作片** dòngzuòpiàn 뚱쭈어피엔 명 액션 영화

    □ **动画片** dònghuàpiàn 뚱후아피엔 명 만화 영화, 애니메이션

    = **卡通片** kǎtōngpiàn 카통피엔

    □ **喜剧片** xǐjùpiàn 시쮜피엔 명 코미디 영화

    = **喜剧电影** xǐjù diànyǐng 시쮜 띠엔잉

    □ **恐怖片** kǒngbùpiàn 쿵뿌피엔 명 공포 영화

    □ **爱情片** àiqíngpiàn 아이칭피엔 명 로맨틱 영화

    = **浪漫电影** làngmàn diànyǐng 랑만 띠엔잉

    □ **科幻片** kēhuànpiàn 커후안피엔 명 공상 과학 영화

    = **科幻电影** kēhuàn diànyǐng 커후안 띠엔잉

    □ **纪录片** jìlùpiàn 지루피엔 명 기록 영화, 다큐멘터리

□ **导演** dǎoyǎn 다오이엔 명 감독, 연출자

□ **演员** yǎnyuán 이엔위엔 명 배우, 연기자

    □ **女演员** nǚyǎnyuán 뉘이엔위엔 명 여배우

□ **观众** guānzhòng 꾸안중 명 관중, 시청자

    □ **听众** tīngzhòng 팅중 명 청중

□ **情节** qíngjié 칭지에 명 줄거리, 플롯

□ **主角** zhǔjué 주쮜에 명 주인공

    = **主人公** zhǔréngōng 주런꿍

    □ **男主角** nánzhǔjué 난주쮜에 명 주연 남배우

    □ **女主角** nǚzhǔjué 뉘주쮜에 명 주연 여배우

他在这部电影中扮演了主角。
Tā zài zhè bù diànyǐng zhōng bànyǎn le zhǔjué.
타 짜이 저 뿌 띠엔잉 중 빤이엔 러 주쮜에
그는 이 영화에서 주인공을 맡았다.

□ **书** shū 수 명 책
=**书籍** shūjí 수지

□ **看书** kànshū 칸수 동 독서하다 ⟶ **tip.** 看书는 '공부하다'라는 의미도 있습니다.
=**阅读** yuèdú 위에두

□ **文学** wénxué 원쉬에 명 문학
□ **小说** xiǎoshuō 샤오수어 명 소설
□ **诗** shī 스 명 시
□ **散文** sǎnwén 싼원 명 산문, 수필, 에세이

我的爱好是读小说。
Wǒ de àihào shì dú xiǎoshuō.
워 더 아이하오 스 두 샤오수어
내 취미는 소설 읽는 거예요.

□ **杂志** zázhì 짜즈 명 잡지

□ **漫画书** mànhuàshū 만후아수 명 만화책
□ **童话书** tónghuàshū 퉁후아수 명 동화책

□ **传记** zhuànjì 주안지 명 위인전
□ **自传** zìzhuàn 쯔주안 명 자서전

□ **书店** shūdiàn 수띠엔 명 서점
□ **图书馆** túshūguǎn 투수구안 명 도서관

□ **写** xiě 시에 동 쓰다, (작품 등을) 짓다
□ **写作** xiězuò 시에쭈어 동 글을 짓다

□ **作家** zuòjiā 쭈어지아 명 글 쓰는 사람, 작가
□ **小说家** xiǎoshuōjiā 샤오수어지아 명 소설가
□ **诗人** shīrén 스런 명 시인
□ **散文家** sǎnwénjiā 싼원지아 명 수필가

□ 照片 zhàopiàn 자오피엔 명 사진
  = 相片 xiàngpiàn 시앙피엔
    □ 照相 zhàoxiàng 자오시앙 동 사진을 찍다
    = 拍照 pāizhào 파이자오
    □ 照相机 zhàoxiàngjī 자오시앙지 명 카메라
    □ 数码相机 shùmǎ xiàngjī 수마 시앙지 명 디지털 카메라
    □ 摄影 shèyǐng 서잉 동 사진을 찍다, 영화를 촬영하다

□ 画 huà 후아 명 그림 동 그림을 그리다
    □ 画家 huàjiā 후아지아 명 화가
    □ 绘画 huìhuà 후이후아 명 그림, 유화, 수채화
    □ 草图 cǎotú 차오투 명 스케치
    □ 插图 chātú 차투 명 삽화
    □ 颜色 yánsè 이엔써 명 색, 물감
    □ 颜料 yánliào 이엔랴오 명 물감
    □ 色彩 sècǎi 써차이 명 색채, 색깔
    □ 毛笔 máobǐ 마오비 명 붓
    □ 帆布 fānbù 판뿌 명 캔버스

□ 下棋 xiàqí 시아치 동 장기를 두다, 바둑을 두다
    □ 象棋 xiàngqí 시앙치 명 중국 장기
    □ 围棋 wéiqí 웨이치 명 바둑
    □ 五子棋 wǔzǐqí 우쯔치 명 (바둑의) 오목
    □ 国际象棋 guójì xiàngqí 구어지 시앙치 명 체스, 서양 장기

□ 棋盘游戏 qípán yóuxì 치판 여우시 명 보드게임
    □ 骰子 tóuzi 터우쯔 명 주사위

□ 收集 shōují 서우지 동 수집하다
  = 采集 cǎijí 차이지

□ 散步 sànbù 싼뿌 图 산책하다

□ 爬山 páshān 파산 图 등산하다

    □ 攀登 pāndēng 판떵 图 등반하다

    □ 野营 yěyíng 이에잉 图 야영하다

    = 露营 lùyíng 루잉

□ 钓鱼 diàoyú 땨오위 图 낚시하다

□ 插花 chāhuā 차후아 图 꽃꽂이하다

□ 园艺 yuányì 위엔이 图 원예, 정원 가꾸기

13. 기타

꼭! 써먹는 **실전 회화**

张美林
Zhāng Měilín

你有时间的时候做什么?
Nǐ yǒu shíjiān de shíhou zuò shénme?
니 여우 스지엔 더 스허우 쭈어 선머?
넌 시간 있을 때 뭐 해?

李秀英
Lǐ Xiùyīng

我弹吉他。
Wǒ tán jítā.
워 탄 지타
난 기타를 쳐.

张美林
Zhāng Měilín

你很棒! 我想听你的演奏。请给我弹一下。
Nǐ hěn bàng! Wǒ xiǎng tīng nǐ de yǎnzòu. Qǐng gěi wǒ tán yíxià.
니 헌 빵! 워 시앙 팅 니 더 이엔쩌우. 칭 게이 워 탄 이시아
대단한데! 네 연주를 듣고 싶은데. 한번 연주해 줘.

李秀英
Lǐ Xiùyīng

其实, 我刚开始学。下次我试着弹吧。
Qíshí, wǒ gāng kāishǐ xué. Xiàcì wǒ shìzhe tán ba.
치스, 워 깡 카이스 쉬에. 시아츠 워 스저 탄 바
사실은, 막 배우기 시작했어. 다음에 한번 쳐 볼게.

전화 & 인터넷 电话和因特网 띠엔후아 허 인터왕

□ **电话** diànhuà 띠엔후아
명 전화

□ **手机** shǒujī 서우지
명 휴대전화

□ **智能手机**
zhìnéng shǒujī
즈넝 서우지
명 스마트 폰

□ **打电话**
dǎ diànhuà 다 띠엔후아
전화를 걸다

□ **挂电话**
guà diànhuà 꾸아 띠엔후아
전화를 끊다

□ **接电话**
jiē diànhuà 지에 띠엔후아
전화를 받다

□ **电话号码**
diànhuà hàomǎ
띠엔후아 하오마
명 전화번호

□ **视频电话**
shìpín diànhuà
스핀 띠엔후아
명 영상통화

□ **短信** duǎnxìn 두안신
명 문자 메시지

□ **铃声** língshēng 링성
＝**铃音** língyīn 링인
명 벨소리

□ **振动** zhèndòng 전똥
동 진동하다

□ **应用** yìngyòng 잉용
명 애플리케이션, 앱

□ **下载** xiàzài 시아짜이
　图 다운로드하다

□ **上载** shàngzài 상짜이
= **上传** shàngchuán 상추안
　图 업로드하다

□ **更新** gēngxīn 껑신
　图 업데이트하다, ～을 최신식으로 하다

□ **电池** diànchí 띠엔츠
　图 배터리

□ **充电** chōngdiàn 충띠엔
　图 충전하다

□ **充电器** chōngdiànqì 충띠엔치
　图 충전기

□ **无线局域网**
wúxiàn júyùwǎng 우시엔 쥐위왕

= **无线区域网络**
wúxiàn qūyù wǎngluò 우시엔 취위 왕루어
　图 와이파이, 무선 인터넷

□ **因特网** yīntèwǎng 인터왕
= **互联网** hùliánwǎng 후리엔왕
　图 인터넷

□ **网络游戏**
wǎngluò yóuxì
왕루어 여우시

= **网游** wǎngyóu 왕여우
　图 온라인 게임

□ **网上购物**
wǎngshàng gòuwù
왕상 꺼우우

= **网购** wǎnggòu 왕꺼우
　图 인터넷 쇼핑

□ **网上银行**
wǎngshàng yínháng
왕상 인항

= **网银** wǎngyín 왕인
　图 인터넷뱅킹

□ 收藏夹
shōucángjiā 서우창지아
명 즐겨찾기

□ 电子邮件
diànzi yóujiàn 띠엔쯔 여우지엔
= 邮件 yóujiàn 여우지엔
명 이메일

□ 登录 dēnglù 떵루
동 로그인하다

□ 登出 dēngchū 떵추
동 로그아웃하다

□ 电脑 diànnǎo 띠엔나오
= 计算机
jìsuànjī 지쑤안지
명 컴퓨터

□ 笔记本电脑
bǐjìběn diànnǎo
비지번 띠엔나오
명 노트북 컴퓨터

□ 平板电脑
píngbǎn diànnǎo
핑반 띠엔나오
명 태블릿 컴퓨터

□ 开 kāi 카이
동 켜다

□ 关 guān 꾸안
동 끄다

□ 显示器
xiǎnshìqì 시엔스치
명 모니터

□ 键盘 jiànpán 지엔판
명 키보드

□ 鼠标器
shǔbiāoqì 수뺘오치
명 마우스

□ 无线鼠标
wúxiàn shǔbiāo
우시엔 수뺘오
명 무선 마우스

□ 单击 dānjī 딴지
= 点击 diǎnjī 디엔지
동 클릭하다

□ 打印机 dǎyìnjī 다인지
명 프린터

□ 网络摄像机
wǎngluò shèxiàngjī
왕루어 서시앙지
명 웹캠

□ 硬盘 yìngpán 잉판
= 硬盘驱动器
yìngpán qūdòngqì
잉판 쥐똥치
하드 디스크

□ 随机存取存贮器
suíjīcúnqǔcúnzhùqì
쑤이지춘취춘주치
명 램(랜덤 기억 장치)

□ 节目 jiémù 지에무
명 프로그램

□ 保存 bǎocún 바오춘
동 저장하다

□ 删除 shānchú 산추
= 取消 qǔxiāo 취샤오
동 지우다, 삭제하다

□ 档案 dàng'àn 땅안
명 파일

□ 文件夹
wénjiànjiā 원지엔지아
명 (파일) 폴더

□ 病毒 bìngdú 삥두
명 (컴퓨터) 바이러스

□ 阻碍 zǔ'ài 쭈아이
= 阻止 zǔzhǐ 쭈즈
동 차단하다

179

□ **电话** diànhuà 띠엔후아 명 전화

□ **手机** shǒujī 서우지 명 휴대전화

　　　□ **智能手机** zhìnéng shǒujī 즈넝 서우지 명 스마트 폰

□ **电话号码** diànhuà hàomǎ 띠엔후아 하오마 명 전화번호

　　　□ **手机号** shǒujīhào 서우지하오 휴대전화 번호

我换了手机号。
Wǒ huàn le shǒujīhào.
워 후안 러 서우지하오
휴대전화 번호가 바뀌었어요.

□ **打电话** dǎ diànhuà 다 띠엔후아 전화를 걸다

　　　□ **回电话** huí diànhuà 후이 띠엔후아 다시 전화하다

　　　□ **挂电话** guà diànhuà 꾸아 띠엔후아 전화를 끊다

　　　□ **接电话** jiē diànhuà 지에 띠엔후아 전화를 받다

　　　□ **转接电话** zhuǎnjiē diànhuà 주안지에 띠엔후아 전화를 바꾸다

□ **稍等** shāoděng 사오덩 동 잠깐 기다리다　**tip.** 稍等은 전화를 끊지 않고 기다리라고
　　　　　　　　　　　　　　　　　　　할 때 쓰는 표현입니다.

请稍等。
Qǐng shāoděng.
칭 사오덩
잠시 기다려 주세요.

□ **打不通** dǎbutōng 다부퉁 전화가 안 되다　**tip.** 打不通은 통신사나 기계의 문제 때문에
　　　　　　　　　　　　　　　　　　　통화 연결이 안 될 때 쓰는 표현입니다.

□ **打错** dǎcuò 다추어 동 (전화를) 잘못 걸다

□ **占线** zhànxiàn 잔시엔 동 (전화가) 통화 중이다

□ **视频电话** shìpín diànhuà 스핀 띠엔후아 명 영상통화

□ **紧急电话** jǐnjí diànhuà 진지 띠엔후아 긴급 전화

□ **漫游服务** mànyóu fúwù 만여우 푸우 로밍서비스

□ 公用电话 gōngyòng diànhuà 꿍융 띠엔후아 몡 공중전화

□ 短信 duǎnxìn 두안신 몡 문자 메시지

　　　□ 发短信 fā duǎnxìn 파 두안신 문자 메시지를 보내다

　　　□ 接收短信 jiēshōu duǎnxìn 지에서우 두안신 문자 메시지를 받다

你能给我发短信吗?
Nǐ néng gěi wǒ fā duǎnxìn ma?
니 넝 게이 워 파 두안신 마?
나한테 문자 메시지 보내 줄래요?

□ 铃声 língshēng 링성 몡 벨소리

　　　= 铃音 língyīn 링인

　　　□ 回铃音 huí língyīn 후이 링인 몡 통화 연결음

□ 振动 zhèndòng 전뚱 동 진동하다

请换成振动模式。
Qǐng huànchéng zhèndòng móshì.
칭 후안청 전뚱 모스
진동모드로 바꿔 주세요.

□ 应用 yìngyòng 잉융 몡 애플리케이션, 앱

□ 移动数据 yídòng shùjù 이뚱 수쥐 모바일 데이터

□ 下载 xiàzài 시아짜이 동 다운로드하다

　　　□ 上载 shàngzài 상짜이 동 업로드하다

　　　= 上传 shàngchuán 상추안

□ 更新 gēngxīn 껑신 동 업데이트하다, ~을 최신식으로 하다

□ 电池 diànchí 띠엔츠 몡 배터리

□ 充电 chōngdiàn 충띠엔 동 충전하다

　　　□ 充电器 chōngdiànqì 충띠엔치 몡 충전기

□ 无线局域网 wúxiàn júyùwǎng 우시엔 쥐위왕 명 와이파이, 무선 인터넷
    = 无线区域网络 wúxiàn qūyù wǎngluò 우시엔 취위 왕루어

□ 因特网 yīntèwǎng 인터왕 명 인터넷
    = 互联网 hùliánwǎng 후리엔왕

□ 网络 wǎngluò 왕루어 명 온라인
    = 网上 wǎngshàng 왕상

□ 网站 wǎngzhàn 왕잔 명 웹사이트
        □ 主页 zhǔyè 주이에 명 홈페이지
        □ 浏览器 liúlǎnqì 리우란치 명 브라우저

□ 地址栏 dìzhǐlán 띠즈란 주소창

□ 搜索 sōusuǒ 써우쑤어 동 검색하다
        □ 搜索栏 sōusuǒlán 써우쑤어란 검색창
        = 搜索条 sōusuǒtiáo 써우쑤어탸오

    请在搜索栏里输入关键词。
    Qǐng zài sōusuǒlánli shūrù guānjiàncí.
    칭 짜이 써우쑤어란리 수루 꾸안지엔츠
    검색창에 키워드를 입력해 보세요.

□ 收藏夹 shōucángjiā 서우창지아 명 즐겨찾기

□ 浏览网站 liúlǎn wǎngzhàn 리우란 왕잔 웹서핑하다

□ 创建网站 chuàngjiàn wǎngzhàn 추앙지엔 왕잔 웹사이트를 만들다

□ 网络游戏 wǎngluò yóuxì 왕루어 여우시 명 온라인 게임
        = 网游 wǎngyóu 왕여우

□ 网上购物 wǎngshàng gòuwù 왕상 꺼우우 명 인터넷 쇼핑
        = 网购 wǎnggòu 왕꺼우

□ **网上银行** wǎngshàng yínháng 왕상 인항 몡 인터넷뱅킹
    = **网银** wǎngyín 왕인

□ **访问** fǎngwèn 팡원 동 (사이트에) 접속하다
    = **接近** jiējìn 지에진
    = **连接** liánjiē 리엔지에
    □ **访问网站** fǎngwèn wǎngzhàn 팡원 왕잔 웹사이트에 접속하다

□ **电子邮件** diànzi yóujiàn 띠엔쯔 여우지엔 몡 이메일
    = **邮件** yóujiàn 여우지엔
    = **伊妹儿** yīmèi'ér 이메이얼
    □ **邮件地址** yóujiàn dìzhǐ 여우지엔 띠즈 이메일 주소
    □ **发电子邮件** fā diànzi yóujiàn 파 띠엔쯔 여우지엔 이메일을 보내다

给我发邮件。
Gěi wǒ fā yóujiàn.
게이 워 파 여우지엔
나에게 이메일을 보내 주세요.

□ **附件** fùjiàn 푸지엔 몡 첨부 파일

你发过来的邮件没有附件。
Nǐ fāguòlai de yóujiàn méiyǒu fùjiàn.
니 파꾸어라이 더 여우지엔 메이여우 푸지엔
네가 보낸 이메일에 첨부 파일이 없는데.

□ **登录** dēnglù 떵루 동 로그인하다
    □ **登出** dēngchū 떵추 동 로그아웃하다

□ **加入** jiārù 지아루 동 회원가입하다
    □ **退出** tuìchū 투이추 동 회원탈퇴하다; 퇴장하다

□ **入网账目** rùwǎng zhàngmù 루왕 장무 몡 계정

□ **网名** wǎngmíng 왕밍 몡 아이디
    = **用户** yònghù 융후
    = **用户名** yònghùmíng 융후밍

□ 密码 mìmǎ 미마 몡 비밀번호

□ 电脑 diànnǎo 띠엔나오 몡 컴퓨터
　　　 = 计算机 jìsuànjī 지쑤안지
　　　 □ 台式电脑 táishì diànnǎo 타이스 띠엔나오 몡 데스크톱 컴퓨터
　　　 □ 笔记本电脑 bǐjìběn diànnǎo 비지번 띠엔나오 몡 노트북 컴퓨터
　　　 □ 平板电脑 píngbǎn diànnǎo 핑반 띠엔나오 몡 태블릿 컴퓨터

□ 开 kāi 카이 동 켜다

□ 关 guān 꾸안 동 끄다

□ 显示器 xiǎnshìqì 시엔스치 몡 모니터

电脑显示器怎么了?
Diànnǎo xiǎnshìqì zěnme le?
띠엔나오 시엔스치 쩐머 러?
컴퓨터 모니터가 어떻게 된 거예요?

□ 屏幕 píngmù 핑무 몡 화면, 스크린
　　　 □ 桌面背景 zhuōmiàn bèijǐng 주어미엔 뻬이징 몡 바탕화면

□ 键盘 jiànpán 지엔판 몡 키보드
　　　 □ 快捷键 kuàijiéjiàn 콰이지에지엔 몡 단축키

他是在键盘上打字的。
Tā shì zài jiànpánshang dǎzì de.
타 스 짜이 지엔판상 다쯔 더
그는 키보드로 입력하고 있다.

□ 鼠标器 shǔbiāoqì 수뱌오치 몡 마우스
　　　 □ 无线鼠标 wúxiàn shǔbiāo 우시엔 수뱌오 몡 무선 마우스
　　　 □ 光鼠标 guāngshǔbiāo 꾸앙수뱌오 몡 광마우스

要是有无线鼠标就好了。
Yàoshi yǒu wúxiàn shǔbiāo jiù hǎo le.
야오스 여우 우시엔 수뱌오 지우 하오 러
무선 마우스가 있으면 좋겠는데.

184

□ **鼠标垫** shǔbiāodiàn 수빠오띠엔 몡 마우스 패드

□ **单击** dānjī 딴지 동 클릭하다

　　　= **点击** diǎnjī 디엔지

　　　□ **双击** shuāngjī 수앙지 동 더블클릭하다

　　单击打开按钮。
　　Dānjī dǎkāi ànniǔ.
　　딴지 다카이 안니우
　　열기 버튼을 클릭하세요.

□ **标记** biāojì 빠오지 몡 탭

□ **硬盘** yìngpán 잉판 하드 디스크

　　　= **硬盘驱动器** yìngpán qūdòngqì 잉판 취똥치

□ **随机存取存贮器** suíjīcúnqǔcúnzhùqì 쑤이지춘취춘주치

　　　몡 램(랜덤 기억 장치)

□ **只读存储器** zhǐdúcúnchǔqì 즈두춘추치 몡 롬(읽기 전용 기억 장치)

□ **节目** jiémù 지에무 몡 프로그램

□ **安装** ānzhuāng 안주앙 동 설치하다

□ **操作系统** cāozuò xìtǒng 차오쭈어 시퉁 컴퓨터 운영 체제

□ **打印机** dǎyìnjī 다인지 몡 프린터

　　打印机卡纸了。
　　Dǎyìnjī kǎzhǐ le.
　　다인지 카즈 러
　　프린터에 종이가 걸렸어요.

□ **复印机** fùyìnjī 푸인지 몡 복사기

□ **扫描器** sǎomiáoqì 싸오먀오치 몡 스캐너

□ **网络摄像机** wǎngluò shèxiàngjī 왕루어 서시앙지 몡 웹캠

□ 保存 bǎocún 바오춘 동 저장하다

□ 删除 shānchú 산추 동 지우다, 삭제하다
　　　= 取消 qǔxiāo 취샤오

□ 档案 dàng'àn 땅안 명 파일

□ 文件夹 wénjiànjiā 원지엔지아 명 (파일) 폴더

　　你把它保存在哪个文件夹了?
　　Nǐ bǎ tā bǎocún zài nǎ ge wénjiànjiā le?
　　니 바 타 바오춘 짜이 나 거 원지엔지아 러?
　　그것을 어떤 폴더에 저장했어요?

□ 病毒 bìngdú 삥두 명 (컴퓨터) 바이러스
　　　□ 杀毒软件 shādú ruǎnjiàn 사두 루안지엔 백신 프로그램

□ 垃圾邮件 lājī yóujiàn 라지 여우지엔 명 스팸메일

□ 黑客 hēikè 헤이커 명 해커

□ 阻碍 zǔ'ài 쭈아이 동 차단하다
　　　= 阻止 zǔzhǐ 쭈즈

□ 博客 bókè 보커 명 블로그

　　你有博客吗?
　　Nǐ yǒu bókè ma?
　　니 여우 보커 마?
　　블로그 있어요?

□ 聊天工具 liáotiān gōngjù 랴오티엔 꽁쮜 메신저
　　　= 聊天软件 liáotiān ruǎnjiàn 랴오티엔 루안지엔

tip. 중국에도 다양한 커뮤니케이션 기능을 가진 토종 메신저 프로그램이 있는데, 바로 QQ입니다. 온라인 대화는 물론, 사진이나 동영상, 문서 공유 및 저장 등 그 기능이 날로 업그레이드 되고 있습니다.

□ 微信 Wēixìn 웨이신 신 위챗(We chat, 중국판 카카오톡)

□ 微博 Wēibó 웨이보 [신] 웨이보(MicroBlog의 줄인 말, 중국판 트위터)

□ 社交网络服务 shèjiāo wǎngluò fúwù 서쟈오 왕루어 푸우

　　소셜 네트워크, SNS

　　　　□ 脸书 Liǎnshū 리엔수 페이스북(Facebook의 중국어 명칭)

　　　　□ 照片墙 Zhàopiànqiáng 자오피엔치앙

　　　　인스타그램(Instagram의 중국어 명칭)

　　　　□ 推特 Tuītè 투이터 트위터(Twitter의 중국어 명칭)

꼭! 써먹는 **실전 회화**

14. 이메일

郑部长 Zhèng Bùzhǎng	**你有没有看我给你发的邮件?** Nǐ yǒuméiyǒu kàn wǒ gěi nǐ fā de yóujiàn? 니 여우메이여우 칸 워 게이 니 파 더 여우지엔? 내가 자네에게 보낸 이메일 봤나?
王力 Wáng Lì	**还没看。** Hái méi kàn. 하이 메이 칸 아직 못 봤습니다.
郑部长 Zhèng Bùzhǎng	**你看完以后, 可不可以回复我?** Nǐ kànwán yǐhòu, kěbukěyǐ huífù wǒ? 니 칸완 이허우, 커부커이 후이푸 워? 다 보고, 나한테 답해 줄 수 있겠나?
王力 Wáng Lì	**当然! 没问题。** Dāngrán! Méi wèntí. 땅란! 메이 원티 물론이죠! 문제 없습니다.

练习

다음 단어를 읽고 맞는 뜻과 연결하세요.

1. 爱好 •		• 가구
2. 电话 •		• 노래
3. 电影 •		• 스포츠, 운동
4. 歌 •		• 신발, 구두
5. 家具 •		• 영화
6. 家庭 •		• 옷, 의복
7. 食物 •		• 음식, 음식물
8. 鞋子 •		• 음악
9. 衣服 •		• 인터넷
10. 因特网 •		• 전화
11. 音乐 •		• 집, 가정
12. 运动 •		• 취미

1. 爱好 – 취미 2. 电话 – 전화 3. 电影 – 영화 4. 歌 – 노래
5. 家具 – 가구 6. 家庭 – 집, 가정 7. 食物 – 음식, 음식물 8. 鞋子 – 신발, 구두
9. 衣服 – 옷, 의복 10. 因特网 – 인터넷 11. 音乐 – 음악 12. 运动 – 스포츠, 운동

第五章

사회생활

학교 学校 쉬에샤오

□ **学校** xuéxiào 쉬에샤오
　명 학교

□ **小学** xiǎoxué 샤오쉬에
　명 초등학교

□ **小学生** xiǎoxuéshēng 샤오쉬에성
　명 초등학생

□ **高中** gāozhōng 까오중
　명 고등학교(高级中学의 약칭)

□ **高中生** gāozhōngshēng 까오중성
　명 고등학생

□ **入学** rùxué 루쉬에
　동 입학하다

□ **学院** xuéyuàn 쉬에위엔
　명 학원, 단과대학

□ **培训班** péixùnbān 페이쉰빤
　명 양성반, 육성반

□ **初中** chūzhōng 추중
　명 중학교(初级中学의 약칭)

□ **初中生** chūzhōngshēng 추중성
　명 중학생

□ **大学** dàxué 따쉬에
　명 (종합)대학

□ **大学生** dàxuéshēng 따쉬에성
　명 대학생

□ **毕业** bìyè 삐이에
　명 졸업 동 졸업하다

□ **毕业生** bìyèshēng 삐이에성
　명 졸업생

□ **出席** chūxí 추시
= **到场** dàochǎng 따오창
동 출석하다, 참가하다

□ **缺席** quēxí 취에시
= **不在场** búzàichǎng 부짜이창
동 결석하다

□ **迟到** chídào 츠따오
동 지각하다

□ **教** jiāo 쟈오
동 (지식이나 기술을) 가르치다

□ **老师** lǎoshī 라오스
명 선생님, 스승

□ **教授** jiàoshòu 쟈오서우
명 교수 동 가르치다

□ **教师** jiàoshī 쟈오스
명 교사, 교수

□ **学** xué 쉬에 동 배우다, 익히다
□ **学习** xuéxí 쉬에시 동 공부하다
□ **学生** xuésheng 쉬에성 명 학생

□ **上课** shàngkè 상커
동 수업을 듣다, 수업하다

□ **讲课** jiǎngkè 지앙커
동 강의하다, 수업하다

191

□ 问 wèn 원
　동 묻다, 질문하다

□ 问题 wèntí 원티
　명 문제; 고장

□ 回答 huídá 후이다
　명 대답 동 대답하다

□ 计算器
　jìsuànqì 지쑤안치
　명 전자계산기

□ 课本 kèběn 커번
　명 교과서

□ 黑板 hēibǎn 헤이반
　명 칠판

□ 粉笔 fěnbǐ 펀비
　명 분필

□ 笔记本 bǐjìběn 비지번
　명 공책

□ 铅笔 qiānbǐ 치엔비
　명 연필

□ 橡皮 xiàngpí 시앙피
　명 지우개

□ 圆珠笔
　yuánzhūbǐ 위엔주비
　명 볼펜

□ 书包 shūbāo 수빠오
　명 책가방

□ 记录 jìlù 지루
　동 필기하다

□ 笔记 bǐjì 비지
　명 필기 동 필기하다

□ 作业 zuòyè 쭈어이에
　명 숙제

□ 功课 gōngkè 꽁커
　명 숙제; 학업, 강의

□ 报告 bàogào 빠오까오
　명 보고, 보고서
　동 보고하다

□ 提出 tíchū 티추
= 提交 tíjiāo 티쟈오
　동 제출하다

□ **考试** kǎoshì 카오스
명 시험 동 시험을 치다

□ **测验** cèyàn 처이엔
동 시험하다, 테스트하다

□ **考上** kǎoshàng 카오상
동 (시험에) 합격하다

□ **及格** jígé 지거
동 합격하다

□ **考不上**
kǎobushàng 카오부상
= **不及格** bùjígé 뿌지거
동 (시험에) 불합격하다

□ **容易** róngyì 룽이
형 쉽다

□ **难** nán 난
형 어렵다

□ **成绩单**
chéngjìdān 청지딴
명 성적표

□ **评价** píngjià 핑지아
명 평가 동 평가하다

□ **学位** xuéwèi 쉬에웨이
명 학위

□ **奖学金**
jiǎngxuéjīn 지앙쉬에진
명 장학금

□ **暑假** shǔjià 수지아
명 여름 방학, 여름 휴가

□ **寒假** hánjià 한지아
명 겨울 방학

□ **野餐** yěcān 이에찬
명 소풍

193

□ **学校** xuéxiào 쉬에샤오 몡 학교

□ **小学** xiǎoxué 샤오쉬에 몡 초등학교

　　　　□ **小学生** xiǎoxuéshēng 샤오쉬에성 몡 초등학생

　　tip. 중국의 초등학교는 보통 만 6~12세의 어린이가 다니며, 6년 과정입니다.
　　　　　일부 지역에서는 초등학교 5년, 중학교 4년의 제도를 취하기도 합니다.

□ **初中** chūzhōng 추중 몡 중학교(初级中学의 약칭)

　　　　□ **初中生** chūzhōngshēng 추중성 몡 중학생

□ **高中** gāozhōng 까오중 몡 고등학교(高级中学의 약칭)

　　　　□ **高中生** gāozhōngshēng 까오중성 몡 고등학생

□ **中学** zhōngxué 중쉬에 몡 중고등학교　　➤ **tip.** 우리말의 '중학교'와 달리, 中学는 중
　　　　　　　　　　　　　　　　　　　　　　　　고등학교를 가리키는 말이니 주의하세요.

　　　　□ **中学生** zhōngxuéshēng 중쉬에성 몡 중고등학생

□ **高校** gāoxiào 까오샤오 고등 교육기관의 통칭

　　tip. 高校는 대학, 전문대학, 고등 직업 기술학교, 고등 전문학교를 통칭하는 단어입니다.
　　　　　우리말의 '고등학교'와 다른 것에 주의하세요.

□ **大专** dàzhuān 따주안 몡 전문대학(大学专科의 약칭)

　　　　□ **大专生** dàzhuānshēng 따주안성 몡 전문대학생

□ **大学** dàxué 따쉬에 몡 (종합)대학

　　　　□ **大学生** dàxuéshēng 따쉬에성 몡 대학생

□ **专业** zhuānyè 주안이에 몡 전공

　　　　□ **辅修** fǔxiū 푸시우 몡 (대학의) 부전공

□ **学院** xuéyuàn 쉬에위엔 몡 학원, 단과대학

　　　　□ **培训班** péixùnbān 페이쉰빤 몡 양성반, 육성반 ↘
　　　　□ **补习班** bǔxíbān 부시빤 몡 보습학원 ⤙ **tip.** 우리가 흔히 아는 학교 외의
　　　　　　　　　　　　　　　　　　　　　　　　　　　'학원'을 가리키는 말입니다.

□ **入学** rùxué 루쉬에 동 입학하다

　　　　□ **入学考试** rùxué kǎoshì 루쉬에 카오스 몡 입학 시험

□ 毕业 bìyè 삐이에 몡 졸업 동 졸업하다
    □ 毕业生 bìyèshēng 삐이에성 몡 졸업생

□ 出席 chūxí 추시 동 출석하다, 참가하다
    = 到场 dàochǎng 따오창

□ 缺席 quēxí 취에시 동 결석하다
    = 不在场 búzàichǎng 부짜이창

□ 迟到 chídào 츠따오 동 지각하다

    很抱歉，我迟到了。
    Hěn bàoqiàn, wǒ chídào le.
    헌 빠오치엔, 워 츠따오 러
    죄송해요, 늦었습니다.

□ 教 jiāo 쟈오 동 (지식이나 기술을) 가르치다

□ 老师 lǎoshī 라오스 몡 선생님, 스승 ●
                                    → **tip.** 老师는 기예나 기능을 가진 사람에 대한
                                       존칭으로도 쓰입니다.
    □ 教授 jiàoshòu 쟈오서우 몡 교수 동 가르치다
    □ 教师 jiàoshī 쟈오스 몡 교사, 교수

□ 学 xué 쉬에 동 배우다, 익히다
    □ 学习 xuéxí 쉬에시 동 공부하다

□ 学生 xuésheng 쉬에성 몡 학생
    □ 学徒 xuétú 쉬에투 몡 제자, 수습생

□ 同学 tóngxué 퉁쉬에 몡 학우, 학교 친구
    = 校友 xiàoyǒu 샤오여우 몡 교우
    □ 新生 xīnshēng 신성 몡 신입생

□ 课 kè 커 몡 수업, (수업) 과목, 수업 시간
    □ 上课 shàngkè 상커 동 수업을 듣다, 수업하다
    □ 下课 xiàkè 시아커 동 수업이 끝나다, 수업을 마치다

□ 放学 fàngxué 팡쉐에 동 학교가 끝나다, 수업을 마치다

  □ 下学 xiàxué 시아쉐에 동 학교가 파하다

放学后，我们一起回家好不好？
Fàngxué hòu, wǒmen yìqǐ huíjiā hǎobuhǎo?
팡쉐에 허우, 워먼 이치 후이지아 하오부하오?
학교 끝나고, 우리 같이 집에 갈래?

□ 课程 kèchéng 커청 명 커리큘럼, 교과목

□ 教学 jiàoxué 쟈오쉐에 명 수업

  jiāoxué 쟈오쉐에 동 학생을 가르치다

□ 讲课 jiǎngkè 지앙커 동 강의하다, 수업하다

□ 年级 niánjí 니엔지 명 학년, 학년도

□ 学期 xuéqī 쉬에치 명 학기

□ 注册 zhùcè 주처 동 등록하다

  □ 登记 dēngjì 떵지 동 등록하다, 수강신청하다

□ 科目 kēmù 커무 명 과목, 강의

不知道该听什么科目。
Bùzhīdào gāi tīng shénme kēmù.
뿌즈따오 까이 팅 선머 커무
어떤 과목을 들어야 할지 모르겠어요.

  □ 国语 guóyǔ 구어위 명 국어   tip. 중국에서 国语라 하면 '중국어'를 말합니다.
  □ 汉语 Hànyǔ 한위 명 중국어
  □ 英语 Yīngyǔ 잉위 명 영어
  □ 韩语 Hányǔ 한위 명 한국어
  □ 日语 Rìyǔ 르위 명 일본어
  □ 文学 wénxué 원쉐에 명 문학
  □ 数学 shùxué 수쉐에 명 수학

196

□ 科学 kēxué 커쉬에 명 과학

□ 化学 huàxué 후아쉬에 명 화학

□ 物理学 wùlǐxué 우리쉬에 명 물리학

□ 生物学 shēngwùxué 성우쉬에 명 생물학

□ 天文学 tiānwénxué 티엔원쉬에 명 천문학

□ 社会学 shèhuìxué 서후이쉬에 명 사회학

□ 历史学 lìshǐxué 리스쉬에 명 역사학, 사학

□ 地理学 dìlǐxué 띠리쉬에 명 지리학

□ 地质学 dìzhìxué 띠즈쉬에 명 지질학

□ 伦理学 lúnlǐxué 룬리쉬에 명 윤리학

□ 政治学 zhèngzhìxué 정즈쉬에 명 정치학

□ 经济学 jīngjìxué 징지쉬에 명 경제학

□ 会计学 kuàijìxué 콰이지쉬에 명 회계학

□ 心理学 xīnlǐxué 신리쉬에 명 심리학

□ 哲学 zhéxué 저쉬에 명 철학

□ 音乐 yīnyuè 인위에 명 음악

□ 美术 měishù 메이수 명 미술

□ 体育 tǐyù 티위 명 체육

□ 课本 kèběn 커번 명 교과서

□ 课外活动 kèwài huódòng 커와이 후어뚱 (방과 후) 과외활동

□ 复习 fùxí 푸시우 동 복습하다

□ 预习 yùxí 위시 동 예습하다

□ 问 wèn 원 동 묻다, 질문하다

　　□ 问题 wèntí 원티 명 문제; 고장

□ 回答 huídá 후이다 명 대답 동 대답하다

□ 数字 shùzì 수쯔 명 숫자

□ 计算 jìsuàn 지쑤안 동 계산하다
　　　　□ 计算器 jìsuànqì 지쑤안치 명 전자계산기

□ 黑板 hēibǎn 헤이반 명 칠판(분필을 사용하는 녹색 칠판)
　　　　□ 粉笔 fěnbǐ 펀비 명 분필
　　　　□ 黑板擦 hēibǎncā 헤이반차 명 칠판지우개

□ 白板 báibǎn 바이반 명 백색 칠판(화이트보드)
　　　　= 白色书写板 báisè shūxiěbǎn 바이써 수시에반
　　　　□ 白板笔 báibǎnbǐ 바이반비 명 보드마카

□ 笔记本 bǐjìběn 비지번 명 공책

　　tip. 笔记本은 '노트북 컴퓨터'를 뜻하는 笔记本电脑 bǐjìběn diànnǎo 비지번 띠엔나오의 약칭으로
　　쓰이기도 합니다.

□ 铅笔 qiānbǐ 치엔비 명 연필

□ 自动铅笔 zìdòng qiānbǐ 쯔똥 치엔비 명 샤프펜슬
　　　　= 活动铅笔 huódòng qiānbǐ 후어똥 치엔비

□ 橡皮 xiàngpí 시앙피 명 지우개

□ 修正液 xiūzhèngyè 시우정이에 명 수정액
　　　　= 涂改液 túgǎiyè 투가이이에
　　　　□ 修正带 xiūzhèngdài 시우정따이 수정테이프

□ 圆珠笔 yuánzhūbǐ 위엔주비 명 볼펜

□ 钢笔 gāngbǐ 깡비 명 만년필

□ 书包 shūbāo 수빠오 명 책가방

□ 记录 jìlù 지루 동 필기하다
　　　　□ 笔记 bǐjì 비지 명 필기 동 필기하다

□ 作业 zuòyè 쭈어이에 闿 숙제

　　□ 功课 gōngkè 꿍커 闿 숙제; 학업, 강의

　　□ 做作业 zuò zuòyè 쭈어 쭈어이에 숙제하다

现在该做作业了。
Xiànzài gāi zuò zuòyè le.
시엔짜이 까이 쭈어 쭈어이에 러
지금 숙제해야 해.

□ 报告 bàogào 빠오까오 闿 보고, 보고서 围 보고하다

□ 提出 tíchū 티추 围 제출하다
　　= 提交 tíjiāo 티쟈오

□ 考试 kǎoshì 카오스 闿 시험 围 시험을 치다

　　□ 期中考试 qīzhōng kǎoshì 치중 카오스 중간 고사

　　□ 期末考试 qīmò kǎoshì 치모 카오스 기말 고사

　　□ 大考 dàkǎo 따카오 闿 종합 고사

　　□ 小考 xiǎokǎo 샤오카오 闿 수시 시험

□ 高考 gāokǎo 까오카오 闿 (중국의) 대학 입학 시험

tip. 高考는 高等学校招生考试 gāoděng xuéxiào zhāoshēng kǎoshì 까오덩 쉬에샤오 자오성 카오스
의 약칭으로, 대학을 가기 위해 보는 우리의 수학능력평가 시험과 같습니다. 중국도 교육열이 높아서
명문 대학을 가기 위해 경쟁이 치열합니다.

□ 中考 zhōngkǎo 중카오 闿 (중국의) 고등학교 입학 시험

　　□ 中考热 zhōngkǎorè 중카오러

　　　围 중점 고등학교에 입학하려는 경쟁 현상

tip. 중국에는 중점학교(重点学校 zhòngdiǎn xuéxiào 중디엔 쉬에샤오)라는 우수 고등학교가 있습니다.
이 학교에 들어가기 위한 학생들은 어릴 때부터 여러 가지 과외 및 학원을 다니며 공부합니다.
中考热는 이러한 현상을 가리키는 신조어입니다.

□ 测验 cèyàn 처이엔 围 시험하다, 테스트하다

□ 考上 kǎoshàng 카오상 围 (시험에) 합격하다

　　□ 及格 jígé 지거 围 합격하다

□ 考不上 kǎobushàng 카오부상 [동] (시험에) 불합격하다
　　　= 不及格 bùjígé 뿌지거

□ 作弊 zuòbì 쭈어삐 [동] 속임수를 쓰다, 부정행위(커닝)를 하다

□ 容易 róngyì 룽이 [형] 쉽다

□ 难 nán 난 [형] 어렵다

□ 结果 jiéguǒ 지에구어 [명] 결과

□ 分数 fēnshù 펀수 [명] 점수
　　　□ 学分 xuéfēn 쉬에펀 [명] 학점

□ 成绩 chéngjì 청지 [명] 성적
　　　□ 成绩单 chéngjìdān 청지딴 [명] 성적표

□ 平均 píngjūn 핑쮠 [형] 평균의 [동] 평균을 내다

□ 评价 píngjià 핑지아 [명] 평가 [동] 평가하다

□ 学位 xuéwèi 쉬에웨이 [명] 학위
　　　□ 学士 xuéshì 쉬에스 [명] 학사
　　　□ 硕士 shuòshì 수어스 [명] 석사
　　　□ 博士 bóshì 보스 [명] 박사

□ 奖学金 jiǎngxuéjīn 지앙쉬에진 [명] 장학금

□ 课间 kèjiān 커지엔 [명] 수업과 수업 사이(의 짬)
　　　→ **tip.** 课间은 수업과 수업 사이의 시간을 가리키는 말로, 흔히 '쉬는 시간'을 말합니다.
　　　□ 休息时间 xiūxi shíjiān 시우시 스지엔 휴식 시간
　　　□ 空闲 kòngxián 쿵시엔 [명] 여가, 짬

□ 暑假 shǔjià 수지아 [명] 여름 방학, 여름 휴가

□ 寒假 hánjià 한지아 [명] 겨울 방학

□ 郊游 jiāoyóu 쟈오여우 (동) 교외로 소풍 가다

    □ 野餐 yěcān 이에찬 (명) 소풍 ●────→ **tip.** 野餐은 '야외에서 먹는 식사'를 뜻하는 말로, '소풍'을 의미하기도 합니다.

明天去郊游!
Míngtiān qù jiāoyóu!
밍티엔 취 쟈오여우!
내일 소풍 간다!

□ 运动会 yùndònghuì 윈뚱후이 (명) 운동회

□ 图书馆 túshūguǎn 투수구안 (명) 도서관

□ 校服 xiàofú 샤오푸 (명) 교복

□ 校车 xiàochē 샤오처 (명) 스쿨버스

꼭! 써먹는 **실전 회화**

15. 시험 결과

刘明俊 我考得不好。
Liú Míngjùn Wǒ kǎo de bù hǎo.
워 카오 더 뿌 하오
시험을 완전히 망쳤어.

周伟 我也是。我对我的成绩不满意。
Zhōu Wéi Wǒ yě shì. Wǒ duì wǒ de chéngjì bù mǎnyì.
워 이에 스. 워 뚜이 워 더 청지 뿌 만이
나도 그래. 내 성적이 불만이야.

刘明俊 我为了期末考试，应该要多多学习。
Liú Míngjùn Wǒ wèile qīmò kǎoshì, yīnggāi yào duōduō xuéxí.
워 웨이러 치모 카오스, 잉까이 야오 뚜어뚜어 쉬에시
기말 고사를 위해, 더 많이 공부해야겠어.

周伟 我们一起用功学习吧!
Zhōu Wéi Wǒmen yìqǐ yònggōng xuéxí ba!
워먼 이치 융꿍 쉬에시 바!
우리 함께 열심히 공부하자!

일 工作 꽁쭈어

□ 工作 gōngzuò 꽁쭈어
명 일, 직업 동 일하다

□ 职业 zhíyè 즈이예
명 직업

□ 公司 gōngsī 꽁쓰
명 회사, 직장

□ 办公室
bàngōngshì 빤꽁스
명 사무실

□ 老板 lǎobǎn 라오반
명 사장

□ 员工 yuángōng 위엔꽁
명 사원, 직원

□ 会议 huìyì 후이이
명 회의

□ 文件 wénjiàn 원지엔
명 문서, 서류

□ 工资 gōngzī 꽁쯔
명 임금, 노임

□ 薪水 xīnshuǐ 신수이
명 봉급, 급여

□ 奖金 jiǎngjīn 지앙진
명 상여금, 보너스

□ 上班 shàngbān 상빤
동 출근하다

□ 下班 xiàbān 시아빤
동 퇴근하다

□ 出差 chūchāi 추차이
동 출장 가다

□ 辞职 cízhí 츠즈
동 사직하다, 직장을 그만두다

□ 解雇 jiěgù 지에꾸
= 开除 kāichú 카이추
= 炒鱿鱼 chǎo yóuyú 차오 여우위
동 해고하다

□ 休假 xiūjià 시우지아
= 度假 dùjià 뚜지아
동 휴가를 보내다

□ 假期 jiàqī 지아치 명 휴가

□ 育婴假 yùyīngjià 위잉지아
출산 휴가

□ 求职 qiúzhí 치우즈 동 구직하다

□ 应聘 yìngpìn 잉핀 동 지원하다

□ 面试 miànshì 미엔스
명 면접시험 동 면접시험 보다

□ 简历 jiǎnlì 지엔리
명 이력서

□ **商人** shāngrén 상련
명 상인

□ **售货员**
shòuhuòyuán 서우후어위엔
= **销售员**
xiāoshòuyuán 샤오서우위엔
명 판매원, 점원

□ **程序设计者**
chéngxù shèjìzhě
청쉬 서지저
명 프로그래머

□ **律师** lǜshī 뤼스
명 변호사

□ **法官** fǎguān 파꾸안
명 판사, 법관

□ **警察** jǐngchá 징차
명 경찰

□ **老师** lǎoshī 라오스
명 선생님, 스승

□ **救火队员**
jiùhuǒ duìyuán
지우후어 뚜이위엔
명 소방관

□ **建筑师**
jiànzhùshī 지엔주스
명 건축가

□ **邮递员**
yóudìyuán 여우띠위엔
명 우편배달부

□ **记者** jìzhě 지저
명 기자

□ **政治家**
zhèngzhìjiā 정즈지아
명 정치인

□ **工程师**
gōngchéngshī 꿍청스
명 엔지니어

□ **厨师** chúshī 추스
= **厨子** chúzi 추쯔
　몡 요리사, 조리사

□ **面包师**
miànbāoshī 미엔빠오스
　몡 제빵사

□ **服务员**
fúwùyuán 푸우위엔
　몡 종업원, 웨이터

□ **医生** yīshēng 이성
= **大夫** dàifu 따이푸
　몡 의사

□ **兽医** shòuyī 서우이
　몡 수의사

□ **护士** hùshi 후스
　몡 간호사

□ **药剂师**
yàojìshī 야오지스
　몡 약사

□ **理发师** lǐfàshī 리파스
　몡 이발사

□ **美容师**
měiróngshī 메이룽스
　몡 미용사

□ **花商** huāshāng 후아상
플로리스트

□ **农夫** nóngfū 농푸
　몡 농부

□ **渔夫** yúfū 위푸
　몡 어부

□ **秘书** mìshū 미수
　몡 비서

□ **工作** gōngzuò 꿍쭈어 명 일, 직업 동 일하다 ➜ **tip.** 工作가 명사로 쓰일 때, 동사는 做를 쓰면 됩니다.

　　□ **工作狂** gōngzuòkuáng 꿍쭈어쿠앙 일 중독자

最近工作繁忙。
Zuìjìn gōngzuò fánmáng.
쭈이진 꿍쭈어 판망
요즘 일이 바쁘다.

□ **业务** yèwù 이에우 명 업무

他在重庆有业务。
Tā zài Chóngqìng yǒu yèwù.
타 짜이 충칭 여우 이에우
그는 업무 차 충칭에 있습니다.

□ **职业** zhíyè 즈이에 명 직업

　　□ **岗位** gǎngwèi 강웨이 명 직장, 근무처

□ **公司** gōngsī 꿍쓰 명 회사, 직장

□ **办公室** bàngōngshì 빤꿍스 명 사무실 ➜ **tip.** 办公室는 학교나 기업의 행정 부서를 가리키기도 합니다.

□ **开工** kāigōng 카이꿍 동 일을 시작하다

□ **停工** tínggōng 팅꿍 동 일을 멈추다

□ **部门** bùmén 뿌먼 명 부, 부서

　　□ **总务部** zǒngwùbù 쭝우뿌 명 총무부
　　□ **财务部** cáiwùbù 차이우뿌 명 경리부, 재무부
　　□ **人事部** rénshìbù 런스뿌 명 인사부
　　□ **营业部** yíngyèbù 잉이에뿌 명 영업부
　　□ **市场部** shìchǎngbù 스창뿌 명 마케팅부
　　= **营销部** yíngxiāobù 잉샤오뿌
　　□ **公关部** gōngguānbù 꿍꾸안뿌 명 홍보부
　　□ **研究开发部** yánjiūkāifābù 이엔지우카이파뿌 연구개발부
　　= **研发部** yánfābù 이엔파뿌

□ **生产部** shēngchǎnbù 성찬뿌 명 생산부

□ **采购部** cǎigòubù 차이꺼우뿌 명 구매부

□ **装运部** zhuāngyùnbù 주앙윈뿌 배송부

□ **客户服务部** kèhùfúwùbù 커후푸우뿌 고객 서비스부

= **客服部** kèfúbù 커푸뿌

□ **编辑部** biānjíbù 삐엔지뿌 명 편집부

□ **设计部** shèjìbù 서지뿌 명 디자인부

□ **同事** tóngshì 퉁스 명 동료

□ **职位** zhíwèi 즈웨이 명 직위

　　□ **地位** dìwèi 띠웨이 명 (사회적) 지위

□ **上司** shàngsī 상쓰 명 상사

　　□ **领导** lǐngdǎo 링다오 명 지도자, 리더 동 지도하다

□ **老板** lǎobǎn 라오반 명 사장 → **tip.** 老板은 주로 상공업계를 경영하는 사장이나 가게 주인을 가리킵니다.

　　□ **总经理** zǒngjīnglǐ 쫑징리 명 (기업의) 최고 경영자

　　□ **董事长** dǒngshìzhǎng 둥스장 명 회장, 대표이사

　　□ **总裁** zǒngcái 쫑차이 명 (기업의) 총수

　　□ **经理** jīnglǐ 징리 명 (기업의) 사장, (호텔의) 지배인

　　□ **副经理** fùjīnglǐ 푸징리 명 (기업의) 부사장, (호텔의) 부지배인

　　□ **科长** kēzhǎng 커장 명 과장 → **tip.** 科长은 经理, 部长보다는 아래, 主任보다는 위의 직급입니다.

　　□ **主任** zhǔrèn 주런 명 주임 → **tip.** 主任은 우리의 '대리' 정도에 해당하는 직급으로, 우리말의 '주임'과 다름에 주의합니다.

　　□ **员工** yuángōng 위엔꿍 명 사원, 직원

　　□ **新员工** xīnyuángōng 신위엔꿍 신입사원

□ **升级** shēngjí 성지 동 승진하다

□ **文件** wénjiàn 원지엔 명 문서, 서류

□ **议案** yì'àn 이안 명 안건, 의안

□ 会议 huìyì 후이이 몡 회의
    □ 周例会 zhōulìhuì 저우리후이 주간 회의
    □ 月例会 yuèlìhuì 위에리후이 월간 회의
    □ 会议室 huìyìshì 후이이스 몡 회의실

现在会议开始!
Xiànzài huìyì kāishǐ!
시엔짜이 후이이 카이스!
지금 회의를 시작합니다!

□ 工资 gōngzī 꿍쯔 몡 임금, 노임
    □ 薪水 xīnshuǐ 신수이 몡 봉급, 급여
    □ 收入 shōurù 서우루 몡 수입, 소득
    □ 月薪 yuèxīn 위에신 몡 월급
    = 月工资 yuègōngzī 위에꿍쯔
    □ 报酬 bàochóu 빠오처우 몡 월급, 수당
    □ 年薪 niánxīn 니엔신 몡 연봉
    □ 年收入 niánshōurù 니엔서우루 몡 연수입

□ 工资单 gōngzīdān 꿍쯔딴 몡 급여명세표
    □ 工资表 gōngzībiǎo 꿍쯔뱌오 몡 임금 대장, 임금 지급 총액

□ 总工资 zǒnggōngzī 쫑꿍쯔 총 급여
    □ 净工资 jìnggōngzī 징꿍쯔 실수령 급여
    □ 基本工资 jīběn gōngzī 지번 꿍쯔 몡 기본급
    □ 最低工资 zuìdī gōngzī 쭈이띠 꿍쯔 몡 최저 임금

□ 津贴 jīntiē 진티에 몡 수당
    = 补贴 bǔtiē 부티에
    = 补助 bǔzhù 부주
    □ 加班津贴 jiābān jīntiē 지아빤 진티에 야근 수당

□ 奖金 jiǎngjīn 지앙진 몡 상여금, 보너스 ✎ tip. 奖金은 '대회의 상금'을 의미하기도 합니다.

208

□ **加薪** jiāxīn 지아신 동 임금이 오르다

我想要求加薪。
Wǒ xiǎng yāoqiú jiāxīn.
워 시앙 야오치우 지아신
월급을 올려달라고 하고 싶다.

□ **减薪** jiǎnxīn 지엔신 동 감봉하다

□ **工资冻结** gōngzī dòngjié 꿍쯔 뚱지에 임금 동결

□ **扣除** kòuchú 커우추 동 공제하다

　　□ **税** shuì 수이 명 세금, 세
　　□ **医疗保险** yīliáo bǎoxiǎn 이랴오 바오시엔 명 의료보험
　　□ **健康保险** jiànkāng bǎoxiǎn 지엔캉 바오시엔 건강보험

tip. 医疗保险은 우리의 '건강보험'에 해당하고,
　　　 健康保险은 일반 보험회사에 가입하는 건강과 관련된 보험 상품을 말합니다.

□ **上班** shàngbān 상빤 동 출근하다

我8点上班。
Wǒ bā diǎn shàngbān.
워 빠 디엔 상빤
나는 8시에 출근한다.

□ **拼车** pīnchē 핀처 신 카풀

□ **堵车** dǔchē 두처 동 교통이 체증되다
　　= **塞车** sāichē 싸이처 ●——————→ **tip.** 塞车는 대만에서 많이 쓰는 말입니다.
　　□ **交通高峰期** jiāotōng gāofēngqī 쟈오퉁 까오펑치 러시 아워

□ **下班** xiàbān 시아빤 동 퇴근하다

□ **早退** zǎotuì 짜오투이 동 조퇴하다

□ **出差** chūchāi 추차이 동 출장 가다

□ **罢工** bàgōng 빠꿍 명 파업 동 파업하다

□ 退休 tuìxiū 투이시우 [동] 퇴직하다, 은퇴하다
　　　□ 退休者 tuìxiūzhě 투이시우저 퇴직자, 은퇴자
　　　□ 退休金 tuìxiūjīn 투이시우진 [명] 퇴직금
　　　□ 养老金 yǎnglǎojīn 양라오진 [명] 양로금, 연금

□ 辞职 cízhí 츠즈 [동] 사직하다, 직장을 그만두다
　　　□ 自愿离职 zìyuàn lízhí 쯔위엔 리즈 명예퇴직, 희망퇴직

□ 解雇 jiěgù 지에꾸 [동] 해고하다
　　　= 开除 kāichú 카이추
　　　= 炒鱿鱼 chǎo yóuyú 차오 여우위 [관]
　　　□ 被解雇 bèi jiěgù 뻬이 지에꾸 해고되다
　　　□ 裁员 cáiyuán 차이위엔 [동] (기업, 기관에서) 감원하다
　　　□ 企业重组 qǐyè chóngzǔ 치이에 충쭈 구조조정

□ 休假 xiūjià 시우지아 [동] 휴가를 보내다
　　　= 度假 dùjià 뚜지아
　　　□ 假期 jiàqī 지아치 [명] 휴가

□ 病假 bìngjià 삥지아 [명] 병가

□ 带薪休假 dàixīn xiūjià 따이신 시우지아 유급 휴가

□ 育婴假 yùyīngjià 위잉지아 출산 휴가 ●
　　　□ 产假 chǎnjià 찬지아 (여성의) 출산 휴가
　　　□ 陪产假 péichǎnjià 페이찬지아 (남성의) 출산 휴가

□ 亲子假 qīnzǐjià 친쯔지아 육아 휴직

tip. 중국의 출산 휴가는 180일까지 연장할 수 있습니다. 배우자의 출산 휴가는 30일까지 추가할 수 있습니다. (2023년 기준)

□ 商人 shāngrén 상런 [명] 상인

□ 售货员 shòuhuòyuán 서우후어위엔 [명] 판매원, 점원
　　　= 销售员 xiāoshòuyuán 샤오서우위엔

□ 程序设计者 chéngxù shèjìzhě 청쉬 서지저 몡 프로그래머

□ 律师 lǜshī 뤼스 몡 변호사

□ 法官 fǎguān 파꾸안 몡 판사, 법관

□ 会计师 kuàijìshī 콰이지스 몡 회계사

□ 警察 jǐngchá 징차 몡 경찰

□ 老师 lǎoshī 라오스 몡 선생님, 스승

□ 救火队员 jiùhuǒ duìyuán 지우후어 뚜이위엔 몡 소방관

□ 建筑师 jiànzhùshī 지엔주스 몡 건축가

□ 邮递员 yóudìyuán 여우띠위엔 몡 우편배달부
　　= 邮差 yóuchāi 여우차이 ⟶ **tip.** 邮差는 邮递员의 옛 명칭입니다.

□ 记者 jìzhě 지저 몡 기자

□ 政治家 zhèngzhìjiā 정즈지아 몡 정치인

□ 工程师 gōngchéngshī 꿍청스 몡 엔지니어

□ 管子工 guǎnzigōng 구안쯔꿍 배관공

□ 机修工 jīxiūgōng 지시우꿍 기계정비기사

□ 厨师 chúshī 추스 몡 요리사, 조리사
　　= 厨子 chúzi 추쯔

□ 面包师 miànbāoshī 미엔빠오스 몡 제빵사

□ 服务员 fúwùyuán 푸우위엔 몡 종업원, 웨이터

□ 医生 yīshēng 이성 몡 의사
　　= 大夫 dàifu 따이푸 ⟶ **tip.** 大夫는 송나라 때 의사 관직의 이름으로, 현재는 의사를 가리키는 말이 되었습니다.

□ 牙科医生 yákē yīshēng 야커 이성 명 치과의사
　　= 牙医 yáyī 야이

□ 兽医 shòuyī 서우이 명 수의사

□ 护士 hùshi 후스 명 간호사

□ 药剂师 yàojìshī 야오지스 명 약사

□ 理发师 lǐfàshī 리파스 명 이발사 → **tip.** 중국에서는 이발사가 숙련된 기술자로 인정받아 존경받는 직업이므로, **理发师**는 존칭으로 쓰입니다.

□ 美容师 měiróngshī 메이룽스 명 미용사 → **tip.** **美容师**는 미용 전반에 대한 전문 직업인을 가리킵니다.

□ 花商 huāshāng 후아상 플로리스트

□ 农夫 nóngfū 눙푸 명 농부

□ 渔夫 yúfū 위푸 명 어부

□ 秘书 mìshū 미수 명 비서

□ 摄影师 shèyǐngshī 서잉스 명 촬영기사, 사진사

□ 设计师 shèjìshī 서지스 명 디자이너

□ 编辑者 biānjízhě 삐엔지저 명 편집자

□ 雇佣 gùyōng 꾸융 동 고용하다
　　□ 聘请 pìnqǐng 핀칭 동 초빙하다

□ 招聘 zhāopìn 자오핀 동 모집하다

□ 求职 qiúzhí 치우즈 동 구직하다
　　□ 应聘 yìngpìn 잉핀 동 지원하다
　　□ 申请 shēnqǐng 선칭 동 신청하다

□ 就业考试 jiùyè kǎoshì 지우이에 카오스 입사 시험

□ **面试** miànshì 미엔스 명 면접시험 동 면접시험 보다

什么时候面试?
Shénme shíhou miànshì?
선머 스허우 미엔스?
언제 면접시험을 봅니까?

□ **简历** jiǎnlì 지엔리 명 이력서

　　□ **简介** jiǎnjiè 지엔지에 명 간단한 소개서 동 간단하게 소개하다

□ **工作经验** gōngzuò jīngyàn 꿍쭈어 징이엔
　　직업 경력

　　= **职业生涯** zhíyè shēngyá
　　　　즈이에 성야

□ **学历** xuélì 쉬에리 명 학력

꼭! 써먹는 **실전 회화**

16. 보너스

张美林 Zhāng Měilín	**圣诞节, 我发奖金了。** Shèngdànjié, wǒ fā jiǎngjīn le. 성딴지에, 워 파 지앙진 러 크리스마스에, 난 보너스를 받았어.
王力 Wáng Lì	**太好了! 我羡慕你!** Tài hǎo le! Wǒ xiànmù nǐ! 타이 하오 러! 워 시엔무 니! 잘됐다! 부럽네!
张美林 Zhāng Měilín	**你看起来不高兴, 怎么了?** Nǐ kànqǐlai bù gāoxìng, zěnme le? 니 칸치라이 뿌 까오싱, 쩐머 러? 별로 안 즐거워 보이는데, 무슨 일 있어?
王力 Wáng Lì	**我的老板取消了奖金。** Wǒ de lǎobǎn qǔxiāo le jiǎngjīn. 워 더 라오반 취샤오 러 지앙진 우리 사장님은 보너스를 취소했거든.

음식점&카페 餐厅和咖啡厅 찬팅 허 카페이팅

□ **餐厅** cāntīng 찬팅
⌖ 음식점, 레스토랑

□ **咖啡厅**
kāfeitīng 카페이팅
⌖ 카페, 커피숍

□ **菜** cài 차이
⌖ 요리; 채소

□ **菜单** càidān 차이딴
⌖ 차림표, 식단, 메뉴

□ **点菜** diǎncài 디엔차이
= **点餐** diǎncān 디엔찬
⌖ 요리를 주문하다

□ **开胃菜**
kāiwèicài 카이웨이차이
전채, 애피타이저

□ **甜点** tiándiǎn 티엔디엔
⌖ 디저트, 후식

□ **快餐** kuàicān 콰이찬
⌖ 패스트푸드

□ **预订** yùdìng 위띵
= **预约** yùyuē 위위에
= **订** dìng 띵
⌖ 예약하다

□ **推荐** tuījiàn 투이지엔
⌖ 추천하다

□ **挑选** tiāoxuǎn 탸오쉬엔
⌖ 선택하다

□ **打包** dǎbāo 다빠오
⌖ 포장하다
□ **带走** dàizǒu 따이쩌우
⌖ 가지고 가다

□ **肋骨** lèigǔ 레이구
᠊몡 갈비

□ **牛排** niúpái 니우파이
᠊몡 스테이크, 소갈비

□ **糖醋里脊**
tángcùlǐjǐ 탕추리지
᠊몡 탕수리지

□ **锅巴肉**
guōbāròu 꾸어빠러우
᠊몡 궈바로우

□ **东坡肉**
dōngpōròu 뚱포러우
᠊몡 동파육

□ **北京烤鸭**
Běijīng kǎoyā
베이징 카오야
᠊몡 베이징 덕
(베이징 오리구이)

□ **香肠** xiāngcháng 시앙창
᠊몡 소시지

□ **火腿** huǒtuǐ 후어투이
᠊몡 햄

□ **煎土豆**
jiāntǔdòu 지엔투떠우

= **薯条** shǔtiáo 수탸오
감자튀김

□ **炒饭** chǎofàn 차오판
᠊몡 볶음밥

□ **汤** tāng 탕
᠊몡 국, 수프

□ **饺子** jiǎozi 쟈오쯔
᠊몡 만두

□ **馒头** mántou 만터우
᠊몡 찐빵

□ **包子** bāozi 빠오쯔
᠊몡 바오쯔

□ 沙拉 shālā 사라
= 色拉 sèlā 써라
　명 샐러드

□ 麻婆豆腐
　mápódòufu 마포떠우푸
　명 마파두부

□ 臭豆腐
　chòudòufu 처우떠우푸
　명 취두부(냄새가 고약한
　　　발효 두부 요리)

□ 麻辣火锅
　málàhuǒguō 마라후어꾸어
　명 마라훠궈

□ 佛跳墙
　fótiàoqiáng 포탸오치앙
　명 불도장

□ 海鲜 hǎixiān 하이시엔
= 海产食品
　hǎichǎn shípǐn 하이찬 스핀
　명 해산물

□ 龙虾 lóngxiā 룽시아
　명 바닷가재, 랍스터

□ 蜗牛 wōniú 워니우
　명 달팽이

□ 蘑菇 mógū 모꾸
　명 버섯

□ 奶酪 nǎilào 나이라오
　명 치즈

□ 糖 táng 탕
　명 설탕; 사탕
□ 糖果 tángguǒ 탕구어
　명 사탕

□ 巧克力
　qiǎokèlì 챠오커리
　명 초콜릿

216

□ **面包** miànbāo 미엔빠오
명 빵

□ **蛋糕** dàngāo 딴까오
명 케이크

□ **饼干** bǐnggàn 빙깐
명 비스킷, 과자

□ **煎饼** jiānbǐng 지엔빙
명 전병(중국식 부꾸미)

□ **油条** yóutiáo 여우탸오
명 유탸오

□ **饮料** yǐnliào 인랴오
명 음료

□ **茶** chá 차
명 차

□ **酒** jiǔ 지우
명 술

□ **账单** zhàngdān 장딴
명 계산서

□ **味道** wèidao 웨이따오
명 맛; 냄새

□ **咸** xián 시엔
형 짜다

□ **甜** tián 티엔
형 달다, 달콤하다

□ **辣** là 라
형 맵다

□ **酸** suān 쑤안
형 시다

□ **苦** kǔ 쿠
형 (맛이) 쓰다

□ **餐厅** cāntīng 찬팅 명 음식점, 레스토랑

□ **咖啡厅** kāfēitīng 카페이팅 명 카페, 커피숍

□ **菜** cài 차이 명 요리; 채소

□ **菜单** càidān 차이딴 명 차림표, 식단, 메뉴

> **我可以看一下菜单吗?**
> Wǒ kěyǐ kàn yíxià càidān ma?
> 워 커이 칸 이시아 차이딴 마?
> 메뉴 좀 볼 수 있어요?

□ **点菜** diǎncài 디엔차이 동 요리를 주문하다
　　= **点餐** diǎncān 디엔찬

□ **中餐** zhōngcān 중찬 명 중식, 중국 요리

> **tip.** 중국 요리의 상차림 순서는 기본적으로 찬 음식에서 따뜻한 음식으로, 볶음 요리에서 찜 요리 순서로 나옵니다. 요리를 먹고 난 후, 면이나 밥 등의 주식을 먹고 식사를 마무리합니다.

　　□ **西餐** xīcān 시찬 명 양식, 서양 요리
　　□ **韩餐** háncān 한찬 명 한식, 한국 요리
　　□ **日餐** rìcān 르찬 명 일식, 일본 요리

□ **开胃菜** kāiwèicài 카이웨이차이 전채, 애피타이저

□ **主菜** zhǔcài 주차이 명 메인 요리

□ **主食** zhǔshí 주스 명 주식(밥이나 면)

□ **家常菜** jiāchángcài 지아창차이 명 일상 가정 요리

□ **甜点** tiándiǎn 티엔디엔 명 디저트, 후식

□ **快餐** kuàicān 콰이찬 명 패스트푸드

□ **小吃** xiǎochī 샤오츠 명 간단한 음식; 간식

□ **预订** yùdìng 위띵 동 예약하다
　　= **预约** yùyuē 위위에
　　= **订** dìng 띵

□ 推荐 tuījiàn 투이지엔 동 추천하다

今天有推荐的菜吗?
Jīntiān yǒu tuījiàn de cài ma?
진티엔 여우 투이지엔 더 차이 마?
오늘 추천 메뉴가 뭐예요?

□ 挑选 tiāoxuǎn 탸오쉬엔 동 선택하다

□ 打包 dǎbāo 다빠오 동 포장하다

> **tip.** 打包와 带走는 '테이크아웃하다'라는 의미로 쓸 수 있습니다.

　　　□ 带走 dàizǒu 따이쩌우 동 가지고 가다

□ 肋骨 lèigǔ 레이구 명 갈비

□ 里脊肉 lǐjǐròu 리지러우 명 (양, 돼지 등의) 안심

　　　□ 牛里脊肉 niúlǐjǐròu 니우리지러우 명 (소의) 등심

□ 糖醋里脊 tángcùlǐjǐ 탕추리지 명 탕수리지

> **tip.** 중국 식당에서 우리의 탕수육과 비슷한 요리를 주문하고 싶을 때, 糖醋里脊나 锅巴肉을 고르면 됩니다.

　　　□ 锅巴肉 guōbāròu 꾸어빠러우 명 궈바로우

□ 牛排 niúpái 니우파이 명 스테이크, 소갈비

□ 熟 shú 수 형 (음식이) 익다

> **tip.** 七分熟는 중국인이 스테이크를 주문할 때 가장 많이 선호하는 것입니다.

　　　□ 全熟 quánshú 취엔수 완전히 익다(웰던)

　　　□ 七分熟 qīfēnshú 치펀수 중간보다 좀 더 익다(미디엄웰던)

　　　□ 五分熟 wǔfēnshú 우펀수 중간으로 익다(미디엄)

　　　□ 三分熟 sānfēnshú 싼펀수 덜 익다(레어)

□ 红烧肉 hóngshāoròu 훙사오러우 명 훙사오러우

> **tip.** 红烧肉는 우리의 장조림과 비슷한 방법으로 만들어진 일종의 돼지고기찜 요리입니다.

□ 东坡肉 dōngpōròu 뚱포러우 명 동파육

> **tip.** 중국 북송 시대의 유명한 문인인 소동파(蘇東坡)가 돼지고기 찜 요리를 만들게 되었는데, 그 맛이 일품이라 사람들 사이에 유명해지면서 이름을 东坡肉라고 부르게 되었습니다.

□ 北京烤鸭 Běijīng kǎoyā 베이징 카오야 명 베이징 덕(베이징 오리구이)

> **tip.** 베이징을 대표하는 요리로, 유명한 음식점으로 全聚德 Quánjùdé 취엔쥐더가 있습니다.

□ 鱼香肉丝 yúxiāngròusī 위시앙러우쓰 명 위샹러우쓰(쓰촨식 돼지고기 볶음 요리)

□ 香肠 xiāngcháng 시앙창 명 소시지

□ 火腿 huǒtuǐ 후어투이 명 햄

□ 煎土豆 jiāntǔdòu 지엔투떠우 감자튀김
　　　= 薯条 shǔtiáo 수탸오

□ 米饭 mǐfàn 미판 명 쌀밥

□ 炒饭 chǎofàn 차오판 명 볶음밥

□ 炸酱面 zhàjiàngmiàn 자지앙미엔 명 짜장면

tip. 우리가 흔히 먹는 짜장면은 중국 산둥 지역의 음식으로, 옛날 산둥 지역 화교들이 우리나라에 들어오면서 유입된 음식입니다. 중국에서 먹을 수 있는 일반적인 짜장면은 소스가 묽고 색이 연하며, 맛은 짠 편입니다.

□ 炒码面 chǎomǎmiàn 차오마미엔 명 짬뽕

□ 汤 tāng 탕 명 국, 수프
　　□ 浓汤 nóngtāng 눙탕 명 퓨레, 걸죽한 수프

□ 酸辣汤 suānlàtāng 쑤안라탕 명 쏸라탕

tip. 酸辣汤은 매콤새콤한 맛의 국으로, 중국인들이 흔히 먹는 음식입니다.

□ 饺子 jiǎozi 쟈오쯔 명 만두

□ 馒头 mántou 만터우 명 찐빵

□ 包子 bāozi 빠오쯔 명 바오쯔

tip. 饺子는 '(소가 있는) 만두', 馒头는 '(소가 없는) 찐빵', 包子는 '(소가 있는) 찐빵'을 가리킵니다. 모두 중국인이 흔히 먹는 간단한 먹거리입니다.

□ 沙拉 shālā 사라 명 샐러드
　　　= 色拉 sèlā 써라

tip. 곰보 자국이 있는 아주머니가 만든 두부 요리라는 의미로, 옛날 한 식당에 곰보 자국이 있던 아주머니가 두부 요리를 만들었는데, 맛있다고 소문이 나면서 麻婆豆腐라고 불려졌습니다.

□ 麻婆豆腐 mápódòufu 마포떠우푸 명 마파두부

□ 臭豆腐 chòudòufu 처우떠우푸 명 취두부(냄새가 고약한 발효 두부 요리)

□ 宫保鸡丁 gōngbǎojīdīng 꿍바오지띵 명 궁바오지딩

tip. 宫保鸡丁은 닭고기에 견과류를 넣어 볶은 요리입니다.

□ 干烹鸡 gānpēngjī 깐펑지 명 깐풍기

□ 糖醋鱼 tángcùyú 탕추위 뗑 탕수어

    tip. 우리나라는 고기를 재료로 한 '탕수육'이 있는데, 중국에는 생선으로 한 '탕수어'도 있습니다.

□ 麻辣火锅 málàhuǒguō 마라후어꾸어 뗑 마라훠궈 ↘

                         tip. 麻辣火锅는 맵고 얼얼한

□ 全家福 quánjiāfú 취엔지아푸 뗑 전가복   맛의 중국식 샤부샤부 요리입니다.

    tip. 고기와 생선, 채소 등의 다양한 재료로 만든 요리로, 헤어졌던 가족이 우여곡절 끝에 다시 만남을 기념하여 만들어졌다 해서 온 가족의 행복이라는 의미인 **全家福**라고 이름지어졌습니다.

□ 佛跳墙 fótiàoqiáng 포탸오치앙 뗑 불도장

    tip. 여러 가지 해물을 이용하여 만든 모듬찜 요리로, 맛있는 냄새가 절까지 퍼져 승려가 담을 뛰어넘을 정도였다는 유래로 **佛跳墙**이라고 불립니다.

□ 西红柿炒鸡蛋 xīhóngshì chǎojīdàn 시훙스 차오지딴 뗑 토마토 달걀볶음 ↘

                 tip. 西红柿炒鸡蛋은 토마토와 달걀을 볶은 요리로,

□ 海鲜 hǎixiān 하이시엔 뗑 해산물   중국 가정집에서 흔히 먹는 음식입니다.

    = 海产食品 hǎichǎn shípǐn 하이찬 스핀

□ 龙虾 lóngxiā 룽시아 뗑 바닷가재, 랍스터

□ 贻贝 yíbèi 이뻬이 뗑 홍합

□ 牡蛎 mǔlì 무리 뗑 굴

    = 海蛎子 hǎilìzi 하이리쯔

□ 贝 bèi 뻬이 뗑 조개

□ 蜗牛 wōniú 워니우 뗑 달팽이

□ 蘑菇 mógū 모꾸 뗑 버섯

    □ 香菇 xiānggū 시앙꾸 뗑 표고버섯

    □ 松露 sōnglù 쑹루 뗑 송로버섯

□ 酸奶 suānnǎi 쑤안나이 뗑 요구르트(酸牛奶의 약칭)

    = 酸牛奶 suānniúnǎi 쑤안니우나이

□ 冰淇淋 bīngqílín 삥치린 명 아이스크림

□ 冰棍儿 bīnggùnr 삥꾸얼 명 빙과(아이스바 형태의 빙과류)

□ 奶酪 nǎilào 나이라오 명 치즈

□ 奶油 nǎiyóu 나이여우 명 버터; 크림

□ 糖 táng 탕 명 설탕; 사탕
　　　□ 糖果 tángguǒ 탕구어 명 사탕

请给我放糖和奶油。
Qǐng gěi wǒ fàng táng hé nǎiyóu.
칭 게이 워 팡 탕 허 나이여우
설탕과 크림을 넣어 주세요.

□ 巧克力 qiǎokèlì 챠오커리 명 초콜릿

□ 面包 miànbāo 미엔빠오 명 빵
　　　□ 蒜蓉面包 suànróng miànbāo 쑤안룽 미엔빠오 마늘빵
　　　□ 棒面包 bàng miànbāo 빵 미엔빠오 명 바게트
　　　□ 牛角包 niújiǎobāo 니우쟈오빠오 명 크루아상

请再给我点儿面包。
Qǐng zài gěi wǒ diǎnr miànbāo.
칭 짜이 게이 워 디알 미엔빠오
빵을 좀 더 주세요.

□ 蛋糕 dàngāo 딴까오 명 케이크
　　　□ 蛋糕卷 dàngāojuǎn 딴까오쥐엔 명 롤케이크

□ 饼干 bǐnggàn 빙깐 명 비스킷, 과자

□ 土司 tǔsī 투쓰 토스트

□ 三明治 sānmíngzhì 싼밍즈 명 샌드위치

□ 薄煎饼 báojiānbǐng 바오지엔빙 팬케이크

□ **煎饼** jiānbǐng 지엔빙 명 전병(중국식 부꾸미)

□ **油条** yóutiáo 여우탸오 명 유타오 ⟶ **tip.** 油条는 밀가루 반죽을 발효시켜 길쭉한 모양으로 만들어 기름에 튀긴 음식으로, 중국인들이 아침 식사 대용으로 즐겨 먹습니다.

□ **饮料** yǐnliào 인랴오 명 음료

□ **咖啡** kāfēi 카페이 명 커피

　　□ **热咖啡** rèkāfēi 러카페이 뜨거운 커피

　　□ **冷咖啡** lěngkāfēi 렁카페이 냉커피

　　□ **冰咖啡** bīngkāfēi 삥카페이 아이스 커피

　　□ **即溶咖啡** jíróng kāfēi 지룽 카페이 인스턴트 커피

　　□ **原豆咖啡** yuándòu kāfēi 위엔떠우 카페이 원두 커피

　　□ **冰滴咖啡** bīngdī kāfēi 삥띠 카페이 더치 커피

　　□ **意大利浓咖啡** Yìdàlì nóngkāfēi 이따리 눙카페이 에스프레소

　　□ **拿铁咖啡** nátiě kāfēi 나티에 카페이 카페라떼

　　□ **卡布奇诺** kǎbùqínuò 카뿌치누어 카푸치노

　　□ **咖啡摩卡** kāfēimókǎ 카페이모카 카페모카

□ **茶** chá 차 명 차

　　□ **绿茶** lǜchá 뤼차 명 녹차

　　□ **红茶** hóngchá 훙차 명 홍차

　　□ **草本茶** cǎoběnchá 차오번차 명 허브차

　　□ **奶茶** nǎichá 나이차 명 밀크티

　　□ **珍珠奶茶** zhēnzhū nǎichá 전주 나이차 명 밀크버블티

□ **果汁** guǒzhī 구어즈 명 과일 주스

　　□ **橙汁** chéngzhī 청즈 명 오렌지 주스

□ **柠檬汽水** níngméng qìshuǐ 닝멍 치수이 명 레모네이드

□ **碳酸饮料** tànsuān yǐnliào 탄쑤안 인랴오 명 탄산 음료

　　□ **苏打水** sūdáshuǐ 쑤다수이 명 탄산수

□ 矿泉水 kuàngquánshuǐ 쿠앙취엔수이 몡 광천수, 미네랄 워터

□ 酒 jiǔ 지우 몡 술
    □ 高粱酒 gāoliángjiǔ 까오리앙지우 몡 고량주
    □ 绍兴酒 shàoxīngjiǔ 사오싱지우 몡 소흥주, 사오싱주
    □ 香槟酒 xiāngbīnjiǔ 시앙삔지우 몡 샴페인
    = 香槟 xiāngbīn 시앙삔 (香槟酒의 약칭)
    □ 啤酒 píjiǔ 피지우 몡 맥주
    □ 威士忌 wēishìjì 웨이스지 몡 위스키
    □ 葡萄酒 pútáojiǔ 푸타오지우 몡 와인, 포도주

tip. 중국술은 제작법과 술의 도수에 따라 크게 '배갈(白酒 báijiǔ 바이지우)'과 '황주(黄酒 huángjiǔ 후앙지우)'로 나뉘며, 배갈의 대표적인 술이 고량주, 황주의 대표적인 술이 소흥주입니다.

□ 冰 bīng 삥 몡 얼음

□ 杯子 bēizi 뻬이쯔 몡 컵, 잔
    □ 茶杯 chábēi 차뻬이 몡 찻잔
    □ 玻璃杯 bōlíbēi 뽀리뻬이 몡 유리컵

□ 吸管 xīguǎn 시구안 몡 빨대

□ 餐巾 cānjīn 찬진 몡 냅킨

□ 账单 zhàngdān 장딴 몡 계산서
    □ 买单 mǎidān 마이딴 몡 계산서 동 계산하다
    □ 小费 xiǎofèi 샤오페이 몡 팁

tip. 发票가 일반 상품이나 서비스 등을 구매하고 받는 증빙 서류인 영수증이라 하면, 收据는 기업 간에 인수증 등을 말합니다.

□ 发票 fāpiào 파퍄오 몡 영수증
    □ 收据 shōujù 서우쮜 몡 영수증, 인수증

□ 餐具 cānjù 찬쮜 몡 식기, 식사 도구
    □ 碟子 diézi 디에쯔 몡 접시
    □ 筷子 kuàizi 콰이쯔 몡 젓가락
    □ 汤匙 tāngchí 탕츠 몡 (중국식) 국 숟가락
    □ 叉子 chāzi 차쯔 몡 포크

□ 味道 wèidao 웨이따오 ⑲ 맛; 냄새

    □ 咸 xián 시엔 ⑱ 짜다

    □ 甜 tián 티엔 ⑱ 달다, 달콤하다

    □ 辣 là 라 ⑱ 맵다

    □ 酸 suān 쑤안 ⑱ 시다

    □ 苦 kǔ 쿠 ⑱ (맛이) 쓰다

    □ 清淡 qīngdàn 칭딴 ⑱ 담백하다

    □ 油腻 yóunì 여우니 ⑱ 느끼하다, 기름지다

    □ 腥 xīng 싱 ⑲ 비린내 ⑱ 비린내가 나다

□ 腐败 fǔbài 푸빠이 ⑱ 부패하다

17. 요리 주문

꼭! 써먹는 **실전 회화**

张美林
Zhāng Měilín
这里的北京烤鸭最有名。
Zhèli de Běijīng kǎoyā zuì yǒumíng.
저리 더 베이징 카오야 쭈이 여우밍
여기 베이징 덕이 제일 유명해.

王力
Wáng Lì
我还没吃过。我们快点吧。
Wǒ hái méi chīguo. Wǒmen kuài diǎn ba.
워 하이 메이 츠구어. 워먼 콰이 디엔 바
아직 못 먹어봤는데. 어서 주문하자.

张美林
Zhāng Měilín
我要一个北京烤鸭、一个鱼香肉丝、
一个宫保鸡丁, 还要两碗米饭。
Wǒ yào yí ge Běijīng kǎoyā、yí ge yúxiāngròusī、yí ge
gōngbǎojīdīng, hái yào liǎng wǎn mǐfàn.
워 야오 이 거 베이징 카오야, 이 거 위시앙러우쓰, 이 거 꿍바오지띵,
하이 야오 리앙 완 미판
베이징 덕, 위샹러우쓰, 궁바오지딩, 그리고 밥 두 그릇 주세요.

王力
Wáng Lì
我们不是点的太多了?
Wǒmen búshì diǎn de tài duō le?
워먼 부스 디엔 더 타이 뚜어 러?
우리 너무 많이 주문하는 거 아니야?

상점 商店 상띠엔

□ **商店** shāngdiàn 상띠엔
명 가게, 상점

□ **买** mǎi 마이
동 사다, 구입하다

□ **市场** shìchǎng 스창
명 시장

□ **百货商店**
bǎihuò shāngdiàn
바이후어 상띠엔
명 백화점

□ **超级市场**
chāojí shìchǎng
차오지 스창
명 슈퍼마켓

□ **杂货店**
záhuòdiàn 짜후어띠엔
명 잡화점

□ **货物** huòwù 후어우
명 상품, 물건

□ **卖** mài 마이
동 팔다, 판매하다

□ **付钱** fùqián 푸치엔
= **支付** zhīfù 즈푸
동 지불하다

□ **信用卡**
xìnyòngkǎ 신용카
명 신용카드

□ **钱** qián 치엔
명 돈; 값

□ **零钱** língqián 링치엔
명 잔돈; 용돈

226

□ **退货** tuìhuò 투이후어
동 반품하다

□ **货柜** huòguì 후어꾸이
명 상품 진열장

□ **收银台** shōuyíntái 서우인타이
명 계산대

□ **出纳员** chūnàyuán 추나위엔
명 계산원

□ **贵** guì 꾸이
= **昂贵** ángguì 앙꾸이
형 비싸다
□ **高价** gāojià 까오지아
명 고가, 비싼 값

□ **便宜** piányi 피엔이
= **低廉** dīlián 띠리엔
형 싸다
□ **低价** dījià 띠지아
= **廉价** liánjià 리엔지아
명 염가, 싼 값

□ **发票** fāpiào 파퍄오
명 영수증

□ **折扣** zhékòu 저커우
명 할인, 에누리
□ **抛售** pāoshòu 파오서우
동 덤핑 판매하다, 염가로 처분하다

227

□ 肉铺 ròupù 러우푸
　 명 정육점, 푸줏간

□ 水产商店
　 shuǐchǎn shāngdiàn
　 수이찬 상띠엔

= 鱼店 yúdiàn 위띠엔
　 생선 가게

□ 面包店
　 miànbāodiàn 미엔빠오띠엔
　 빵집

□ 冰淇淋店
　 bīngqílíndiàn 삥치린띠엔
　 아이스크림 가게

□ 药店 yàodiàn 야오띠엔
　 명 약국

□ 花店 huādiàn 후아띠엔
　 명 꽃집

□ 书店 shūdiàn 수띠엔
　 명 서점

□ 旅行社
　 lǚxíngshè 뤼싱서
　 명 여행사

□ 眼镜店
　 yǎnjìngdiàn 이엔징띠엔
　 명 안경점

□ 鞋店 xiédiàn 시에띠엔
　 신발 가게

□ 文具店
　 wénjùdiàn 원쮜띠엔
　 문구점

□ 房地产中间商
　 fángdìchǎn
　 zhōngjiānshāng
　 팡띠찬 중지엔상
　 명 공인중개사

□ **服装店**
fúzhuāngdiàn 푸주앙띠엔
옷가게

□ **试衣间**
shìyījiān 스이지엔
몡 피팅룸, 탈의실

□ **大小** dàxiǎo 따샤오
= **尺码** chǐmǎ 츠마
몡 사이즈, 크기

□ **化妆品店**
huàzhuāngpǐndiàn
후아주앙핀띠엔
화장품 가게

□ **爽肤水**
shuǎngfūshuǐ 수앙푸수이
스킨, 토너

□ **润肤露** rùnfūlù 룬푸루
= **润肤液** rùnfūyè 룬푸이에
로션

□ **口红** kǒuhóng 커우훙
몡 립스틱

□ **洗衣店**
xǐyīdiàn 시이띠엔
몡 세탁소

□ **干洗** gānxǐ 깐시
동 드라이클리닝하다

□ **污渍** wūzì 우쯔
몡 때, 얼룩

□ **去污** qùwū 취우
얼룩 제거

□ **补缀** bǔzhuì 부주이
동 옷을 수선하다

□ **熨** yùn 윈
동 다림질하다

□ **熨斗** yùndǒu 윈더우
몡 다리미

229

□ 商店 shāngdiàn 상띠엔 명 가게, 상점

    □ 铺子 pùzi 푸쯔 명 점포, 가게

    □ 逛街 guàngjiē 꾸앙지에 동 아이쇼핑하다

你不要一起去逛街吗?
Nǐ búyào yìqǐ qù guàngjiē ma?
니 부야오 이치 취 꾸앙지에 마?
같이 쇼핑하러 가지 않을래?

□ 买 mǎi 마이 동 사다, 구입하다

    □ 购买 gòumǎi 꺼우마이 동 사다, 구매하다

□ 市场 shìchǎng 스창 명 시장

    □ 跳蚤市场 tiàozǎo shìchǎng 탸오짜오 스창 명 벼룩시장

□ 购物中心 gòuwù zhōngxīn 꺼우우 중신 명 대형 쇼핑센터

□ 百货商店 bǎihuò shāngdiàn 바이후어 상띠엔 명 백화점

    = 百货商场 bǎihuò shāngchǎng 바이후어 상창

□ 超级市场 chāojí shìchǎng 차오지 스창 명 슈퍼마켓

    = 超市 chāoshì 차오스

□ 杂货店 záhuòdiàn 짜후어띠엔 명 잡화점

□ 零售店 língshòudiàn 링서우띠엔 명 소매상

    □ 小商店 xiǎoshāngdiàn 샤오상띠엔 작은 가게

□ 货物 huòwù 후어우 명 상품, 물건

□ 方便食品 fāngbiàn shípǐn 팡삐엔 스핀 명 인스턴트 식품

□ 乳制品 rǔzhìpǐn 루즈핀 명 유제품

□ 冷藏产品 lěngcáng chǎnpǐn 렁창 찬핀 냉장 제품

□ 冷冻产品 lěngdòng chǎnpǐn 렁뚱 찬핀 냉동 제품

□ **保存期** bǎocúnqī 바오춘치 유통기한

□ **农产品** nóngchǎnpǐn 눙창핀 명 농산물

□ **海产品** hǎichǎnpǐn 하이찬핀 명 수산물

□ **工业产品** gōngyè chǎnpǐn 꿍이에 찬핀 명 공산품

□ **电子产品** diànzǐ chǎnpǐn 띠엔쯔 찬핀 명 전자 제품
　　　= **电器** diànqì 띠엔치

□ **库存** kùcún 쿠춘 명 재고 동 창고에 저장하다
　　　□ **缺货** quēhuò 취에후어 동 물건이 부족하다, 품절되다
　　　□ **卖光** màiguāng 마이꾸앙 동 매진되다

□ **卖** mài 마이 동 팔다, 판매하다
　　　□ **销售** xiāoshòu 샤오서우 명 판매 동 팔다, 판매하다

□ **售货员** shòuhuòyuán 서우후어위엔 명 점원, 판매원
　　　= **销售员** xiāoshòuyuán 샤오서우위엔

□ **付钱** fùqián 푸치엔 동 지불하다
　　　= **支付** zhīfù 즈푸

□ **信用卡** xìnyòngkǎ 신융카 명 신용카드
　　　□ **刷卡** shuākǎ 수아카 동 카드로 결제하다

□ **钱** qián 치엔 명 돈; 값
　　　□ **现金** xiànjīn 시엔진 명 현금
　　　□ **零钱** língqián 링치엔 명 잔돈; 용돈

□ **找钱** zhǎoqián 자오치엔 동 돈을 거슬러 주다

□ **退款** tuìkuǎn 투이쿠안 명 환불금 동 환불하다

□ **退货** tuìhuò 투이후어 동 반품하다

231

□ 发票 fāpiào 파퍄오 명 영수증

　　□ 凭证 píngzhèng 핑정 명 영수증, 증거 서류

　　□ 账单 zhàngdān 장딴 명 계산서, 명세서

□ 货柜 huòguì 후어꾸이 명 상품 진열장

□ 收银台 shōuyíntái 서우인타이 명 계산대

　　□ 出纳员 chūnàyuán 추나위엔 명 계산원

□ 贵 guì 꾸이 형 비싸다

　　= 昂贵 ángguì 앙꾸이

　　□ 高价 gāojià 까오지아 명 고가, 비싼 값

□ 便宜 piányi 피엔이 형 싸다

　　= 低廉 dīlián 띠리엔

　　□ 低价 dījià 띠지아 명 염가, 싼 값

　　= 廉价 liánjià 리엔지아

□ 节约 jiéyuē 지에위에 형 검소하다, 간소하다 동 절약하다, 아끼다

□ 打折 dǎzhé 다저 동 가격을 깎다, 할인하다

　　□ 折扣 zhékòu 저커우 명 할인, 에누리

　　□ 抛售 pāoshòu 파오서우 동 덤핑 판매하다, 염가로 처분하다

现在在打折吗?
Xiànzài zài dǎzhé ma?
시엔짜이 짜이 다저 마?
지금 할인하고 있어요?

□ 结业抛售 jiéyè pāoshòu 지에예 파오서우 점포 정리 판매

□ 义卖 yìmài 이마이 동 자선 바자회를 열다

□ 质量 zhìliàng 즈리앙 명 품질

□ 肉铺 ròupù 러우푸 명 정육점, 푸줏간

□ 水产商店 shuǐchǎn shāngdiàn 수이찬 상띠엔 생선 가게
　　= 鱼店 yúdiàn 위띠엔

　tip. 鱼店은 '생선 가게' 뿐 아니라, 관상용 물고기를 파는 가게를 의미하기도 합니다.

□ 水果店 shuǐguǒdiàn 수이구어띠엔 과일 가게

□ 面包店 miànbāodiàn 미엔빠오띠엔 빵집

□ 甜品店 tiánpǐndiàn 티엔핀띠엔 디저트 가게

□ 冰淇淋店 bīngqílíndiàn 삥치린띠엔 아이스크림 가게

□ 咖啡厅 kāfēitīng 카페이팅 몡 커피숍, 카페
　　= 咖啡店 kāfēidiàn 카페이띠엔
　　= 咖啡屋 kāfēiwū 카페이우

□ 酒吧 jiǔbā 지우빠 몡 술집

□ 药店 yàodiàn 야오띠엔 몡 약국

□ 花店 huādiàn 후아띠엔 몡 꽃집

□ 书店 shūdiàn 수띠엔 몡 서점

□ 旅行社 lǚxíngshè 뤼싱서 몡 여행사

□ 理发店 lǐfàdiàn 리파띠엔 몡 이발소
　　□ 美发厅 měifàtīng 메이파팅 몡 미용실
　　□ 发廊 fàláng 파랑 몡 이발소, 미용실

□ 美容院 měiróngyuàn 메이룽위엔 몡 피부관리숍

　tip. 美容院은 머리를 손질하러 가는 우리의 미용실 개념이 아닌, 피부 등을 관리하는 피부관리숍을 말합니다.

□ 眼镜店 yǎnjìngdiàn 이엔징띠엔 몡 안경점
　　□ 配副眼镜 pèifù yǎnjìng 페이푸 이엔징 안경을 맞추다

□ **服装店** fúzhuāngdiàn 푸주앙띠엔 옷가게

    □ **衣架** yījià 이지아 명 옷걸이, 옷장

    □ **试衣间** shìyījiān 스이지엔 명 피팅룸, 탈의실

    □ **模特儿** mótèr 모터얼 명 마네킹 ← tip. 模特儿은 model의 음역으로,
    = **人体模型** réntǐ móxíng 런티 모싱   마네킹 뿐 아니라 실제 모델이 되는 사
                                    람을 가리키는 단어이기도 합니다.

    □ **镜子** jìngzi 징쯔 명 거울

    □ **大小** dàxiǎo 따샤오 명 사이즈, 크기

    = **尺码** chǐmǎ 츠마

□ **鞋店** xiédiàn 시에띠엔 신발 가게

□ **珠宝店** zhūbǎodiàn 주바오띠엔 보석 가게

□ **体育用品店** tǐyù yòngpǐndiàn 티위 융핀띠엔 스포츠 용품점

□ **文具店** wénjùdiàn 원쮜띠엔 문구점

tip. 房地产中间商과 房地产经纪人은
부동산 거래를 중개하고 수수료를 받는 기업이나
개인을 가리키는 말입니다.

□ **房地产中间商** fángdìchǎn zhōngjiānshāng 팡띠찬 중지엔상 명 공인중개사
  = **房地产经纪人** fángdìchǎn jīngjìrén 팡띠찬 징지런

□ **化妆品店** huàzhuāngpǐndiàn 후아주앙핀띠엔 화장품 가게

    □ **爽肤水** shuǎngfūshuǐ 수앙푸수이 스킨, 토너

    □ **润肤露** rùnfūlù 룬푸루 로션

    = **润肤液** rùnfūyè 룬푸이에

    □ **防晒霜** fángshàishuāng 팡사이수앙 명 자외선 차단제, 썬크림

    □ **粉底霜** fěndǐshuāng 펀디수앙 명 파운데이션(화장품)

    □ **香粉** xiāngfěn 시앙펀 명 파우더, 분

    □ **腮红** sāihóng 싸이훙 명 블러셔, 볼연지

    □ **睫毛膏** jiémáogāo 지에마오까오 명 마스카라

    □ **眼线笔** yǎnxiànbǐ 이엔시엔비 (펜슬) 아이라이너

    □ **眼线膏** yǎnxiàngāo 이엔시엔까오 젤 아이라이너

    □ **眼线液** yǎnxiànyè 이엔시엔이에 리퀴드 아이라이너

□ 口红 kǒuhóng 커우훙 명 립스틱
□ 指甲油 zhǐjiǎyóu 즈지아여우 명 매니큐어

□ 洗衣店 xǐyīdiàn 시이띠엔 명 세탁소
□ 干洗 gānxǐ 깐시 동 드라이클리닝하다
□ 污渍 wūzì 우쯔 명 때, 얼룩
□ 去污 qùwū 취우 얼룩 제거

□ 补缀 bǔzhuì 부주이 동 옷을 수선하다
□ 裁剪 cáijiǎn 차이지엔 동 자르다, 재단하다
□ 针线活 zhēnxiànhuó 전시엔후어 명 바느질
□ 熨 yùn 윈 동 다림질하다
□ 熨斗 yùndǒu 윈더우 명 다리미

꼭! 써먹는 **실전 회화**

18. 옷 고르기

店员
diànyuán
您需要什么?
Nín xūyào shénme?
닌 쉬야오 선머?
무엇을 도와드릴까요?

张美林
Zhāng Měilín
我可不可以试穿一下这件连衣裙?
Wǒ kěbukěyǐ shìchuān yíxià zhè jiàn liányīqún?
워 커부커이 스추안 이시아 저 지엔 리엔이췬?
이 원피스를 입어 봐도 될까요?

店员
diànyuán
当然可以。您穿的大小是什么?
Dāngrán kěyǐ. Nín chuān de dàxiǎo shì shénme?
땅란 커이. 닌 추안더 따샤오 스 선머?
물론이죠. 사이즈가 어떻게 되시나요?

张美林
Zhāng Měilín
中号对我很合适。
Zhōnghào duì wǒ hěn héshì.
중하오 뚜이 워 헌 허스
M 사이즈가 저한테 맞아요.

병원 & 은행 医院和银行 이위엔 허 인항

□ **医院** yīyuàn 이위엔
　명 병원

□ **诊所** zhěnsuǒ 전쑤어
= **诊疗所** zhěnliáosuǒ 전랴오쑤어
　명 의원, 진료소

□ **医生** yīshēng 이성
= **大夫** dàifu 따이푸
　명 의사

□ **护士** hùshi 후스
　명 간호사

□ **病人** bìngrén 삥런
= **患者** huànzhě 후안저
　명 환자

□ **看病** kànbìng 칸삥
　동 (의사가) 진찰하다;
　　(의사에게) 진찰을 받다

□ **症状**
　zhèngzhuàng 정주앙
　명 증상

□ **痛** tòng 퉁
= **疼** téng 텅
　형 아프다

□ **疼痛** téngtòng 텅퉁
　동 아프다

□ **头疼** tóuténg 터우텅
= **头痛** tóutòng 터우퉁
　명 두통 동 머리가 아프다

□ **牙疼** yáténg 야텅
= **牙痛** yátòng 야퉁
　명 치통 동 이가 아프다

□ **烧伤** shāoshāng 사오상
　명 화상 동 화상을 입다

□ 伤口 shāngkǒu 상커우
명 상처

□ 挫伤 cuòshāng 추어상
= 瘀伤 yūshāng 위상
명 타박상, 멍

□ 划伤 huáshāng 후아상
동 긁히다, 베이다

□ 拐杖 guǎizhàng 과이장
명 목발; 지팡이

□ 感冒 gǎnmào 간마오
명 감기 동 감기에 걸리다

□ 咳嗽 késou 커써우
동 기침하다

□ 发烧 fāshāo 파사오
동 열이 나다
□ 高烧 gāoshāo 까오사오
명 고열

□ 消化不良
xiāohuà bùliáng
샤오후아 뿌리앙
소화불량

□ 吐 tù 투
= 呕吐 ǒutù 어우투
동 토하다

□ 晕 yūn 윈
형 어지럽다 동 기절하다
□ 贫血 pínxuè 핀쉬에
명 빈혈

□ 荨麻疹
qiánmázhěn 치엔마전
= 风疹块
fēngzhěnkuài 펑전콰이
명 두드러기

□ 咬 yǎo 야오
동 물다

□ 虫牙 chóngyá 충야
= 龋齿 qǔchǐ 취츠
　명 충치

□ 住院 zhùyuàn 주위엔
= 入院 rùyuàn 루위엔
　동 입원하다

□ 出院 chūyuàn 추위엔
　동 퇴원하다

□ 药店 yàodiàn 야오띠엔
　명 약국

□ 药 yào 야오
　명 약

□ 消化剂
xiāohuàjì 샤오후아지
　명 소화제

□ 止痛药
zhǐtòngyào 즈통야오
= 镇痛剂
zhèntòngjì 전통지
　명 진통제

□ 安眠药
ānmiányào 안미엔야오
　명 수면제

□ 解热剂 jiěrèjì 지에러지
= 退烧药
tuìshāoyào 투이사오야오
해열제

□ 软膏 ruǎngāo 루안까오
　명 연고

□ 绷带 bēngdài 뻥따이
　명 붕대

□ 创可贴
chuàngkětiē 추앙커티에
　명 반창고

□ 银行 yínháng 인항
명 은행

□ 钞票 chāopiào 차오퍄오
= 纸币 zhǐbì 즈삐
명 지폐

□ 硬币 yìngbì 잉삐
명 동전

□ 存 cún 춘
= 储蓄 chǔxù 추쉬
동 저축하다

□ 提款 tíkuǎn 티쿠안
= 取款 qǔkuǎn 취쿠안
동 예금을 인출하다

□ 转账
zhuǎnzhàng 주안장
동 계좌 이체하다

□ 兑换 duìhuàn 뚜이후안
= 换钱 huànqián 후안치엔
동 환전하다

□ 利息 lìxī 리시
명 이자

□ 贷款 dàikuǎn 따이쿠안
명 대출금
동 (은행에서) 대출하다

□ 自动提款机
zìdòng tíkuǎnjī
쯔뚱 티쿠안지
명 현금 자동 인출기(ATM)

□ 网上银行
wǎngshàng yínháng
왕상 인항
= 网银 wǎngyín 왕인
명 인터넷뱅킹

□ 密码 mìmǎ 미마
명 비밀번호

□ **医院** yīyuàn 이위엔 명 병원

　　□ **诊所** zhěnsuǒ 전쑤어 명 의원, 진료소
　　= **诊疗所** zhěnliáosuǒ 전랴오쑤어

请问是第一次光临我们医院吗?
Qǐngwèn shì dì yī cì guānglín wǒmen yīyuàn ma?
칭원 스 띠 이 츠 꾸앙린 워먼 이위엔 마?
실례지만 저희 병원에 처음 오신 건가요?

□ **病人** bìngrén 삥런 명 환자 •——→ **tip.** 病人은 병에 걸린 사람을 가리키는 반면,
　　= **患者** huànzhě 후안저　　　　患者는 구체적으로 어떤 질병을 앓고 있는 사람을
　　　　　　　　　　　　　　　　　　가리킵니다.

□ **医生** yīshēng 이성 명 의사

　　= **大夫** dàifu 따이푸

□ **护士** hùshi 후스 명 간호사

□ **看病** kànbìng 칸삥 동 (의사가) 진찰하다; (의사에게) 진찰을 받다

□ **病情** bìngqíng 삥칭 명 병세

　　□ **症状** zhèngzhuàng 정주앙 명 증상

□ **痛** tòng 퉁 형 아프다

　　= **疼** téng 텅

　　□ **疼痛** téngtòng 텅퉁 동 아프다

　　□ **刺痛** cìtòng 츠퉁 명 찌르는 것 같은 아픔

我的腰很疼。
Wǒ de yāo hěn téng.
워 더 야오 헌 텅
허리가 아파요.

□ **不舒服** bùshūfu 뿌수푸 형 불편하다

您哪里不舒服?
Nín nǎli bùshūfu?
닌 나리 뿌 수푸?
어디가 불편하세요?

□ 头疼 tóuténg 터우텅 몡 두통 동 머리가 아프다
= 头痛 tóutòng 터우퉁

□ 牙疼 yáténg 야텅 몡 치통 동 이가 아프다
= 牙痛 yátòng 야퉁

□ 烧伤 shāoshāng 사오상 몡 화상 동 화상을 입다
□ 燎 liáo 랴오 동 화상을 입다, 데다

□ 窒息 zhìxī 즈시 동 질식하다, 질식시키다

□ 昏迷 hūnmí 훈미 동 혼미하다, 의식불명이다

□ 麻痹 mábì 마삐 동 마비되다

□ 伤害 shānghài 상하이 동 다치게 하다

□ 受伤 shòushāng 서우상 동 부상당하다

□ 伤口 shāngkǒu 상커우 몡 상처
□ 损伤 sǔnshāng 쑨상 몡 손상, 손해 동 손해를 보다; 상처를 입다

□ 瘢痕 bānhén 빤헌 몡 흉터

□ 挫伤 cuòshāng 추어상 몡 타박상, 멍
= 瘀伤 yūshāng 위상
□ 青块 qīngkuài 칭콰이 시퍼런 멍
□ 起青块 qǐ qīngkuài 치 칭콰이 멍이 들다

□ 划伤 huáshāng 후아상 동 긁히다, 베이다
tip. 划伤은 '긁힌 자국'이라는 뜻도 있는데, 물건에 난 흠집에 대해 씁니다.

□ 抓 zhuā 주아 동 할퀴다, 긁다
= 抓破 zhuāpò 주아포
= 剐 guǎ 구아

□ 擦伤 cāshāng 차상 [명] 찰과상 [동] 찰과상을 입다
  □ 擦破皮 cāpòpí 차포피 [동] 찰과상을 입다

□ 扭伤 niǔshāng 니우상 [명] 뻠, 염좌 [동] 삐다, 접질리다
  □ 扭筋 niǔjīn 니우진 [동] 삐다, 접질리다

□ 肿 zhǒng 중 [동] 붓다, 부어오르다

□ 拐杖 guǎizhàng 과이장 [명] 목발; 지팡이

□ 感冒 gǎnmào 간마오 [명] 감기 [동] 감기에 걸리다
  □ 得感冒 dé gǎnmào 더 간마오 감기에 걸리다

好像感冒了。
Hǎoxiàng gǎnmào le.
하오시앙 간마오 러
감기에 걸린 것 같아요.

□ 流行性感冒 liúxíngxìng gǎnmào 리우싱싱 간마오
  [명] 인플루엔자, 유행성 감기, 독감
  = 流感 liúgǎn 리우간 (流行性感冒의 약칭)

□ 咳嗽 késou 커써우 [동] 기침하다

□ 流鼻涕 liú bítì 리우 비티 콧물이 나오다

□ 发烧 fāshāo 파사오 [동] 열이 나다
  □ 高烧 gāoshāo 까오사오 [명] 고열
  □ 低烧 dīshāo 띠사오 [명] 미열

我发烧了。
Wǒ fāshāo le.
워 파사오 러
열이 나요.

□ 消化不良 xiāohuà bùliáng 샤오후아 뿌리앙 소화불량

☐ 胃 wèi 웨이 [명] 위(장)

我胃不舒服。
Wǒ wèi bù shūfu.
워 웨이 뿌 수푸
위가 안 좋아요.

☐ 阑尾炎 lánwěiyán 란웨이이엔 [명] 맹장염
  = 盲肠炎 mángchángyán 망창이엔 (阑尾炎의 낮은말)
  ☐ 急性阑尾炎 jíxìng lánwěiyán 지싱 란웨이이엔 급성 맹장염

☐ 血压 xuèyā 쉬에야 [명] 혈압
  ☐ 量血压 liáng xuèyā 리앙 쉬에야 혈압을 재다
  ☐ 高血压 gāoxuèyā 까오쉬에야 [명] 고혈압
  ☐ 低血压 dīxuèyā 띠쉬에야 [명] 저혈압

☐ 遗传病 yíchuánbìng 이추안삥 [명] 유전병

☐ 恶心 ěxīn 어신 [동] 속이 메스껍다, 구역질이 나다   tip. 恶心은 '혐오감을 일으키다'라는 뜻도 있습니다.

☐ 吐 tù 투 [동] 토하다
  = 呕吐 ǒutù 어우투
  ☐ 孕吐 yùntù 윈투 [명] (임산부의) 입덧

一吃就吐。
Yì chī jiù tù.
이 츠 지우 투
먹으면 토해요.

☐ 便秘 biànmì 삐엔미 [명] 변비

☐ 拉肚子 lādùzi 라뚜쯔 [동] 설사하다
  = 闹肚子 nàodùzi 나오뚜쯔
  ☐ 腹泻 fùxiè 푸시에 [명] 설사
  = 水泻 shuǐxiè 수이시에

□ 晕 yūn 원 형 어지럽다 동 기절하다
　　　　□ 头晕 tóuyūn 터우윈 동 현기증이 나다, 머리가 어지럽다

□ 贫血 pínxuè 핀쉬에 명 빈혈

□ 荨麻疹 qiánmázhěn 치엔마전 명 두드러기
　　　　= 风疹块 fēngzhěnkuài 펑전콰이
　　　　□ 疙瘩 gēda 꺼다 명 종기, 부스럼

□ 咬 yǎo 야오 동 물다
　　　　□ 咬伤 yǎoshāng 야오상 물린 상처

　　tip. 중국어에는 '물리다'라는 단어가 없기 때문에 '(동물이나 곤충에게) 물리다'라고 하려면
　　'被 bèi 뻬이 (~당하다)'를 사용해 피동형으로 '被(~)咬'라고 합니다.

□ 臼齿 jiùchǐ 지우츠 명 어금니
　　　　= 磨牙 móyá 모야
　　　　= 槽牙 cáoyá 차오야
　　　　□ 门牙 ményá 먼야 명 앞니
　　　　= 大牙 dàyá 따야
　　　　□ 犬牙 quǎnyá 취엔야 명 송곳니
　　　　□ 智牙 zhìyá 즈야 명 사랑니

□ 虫牙 chóngyá 충야 명 충치
　　　　= 龋齿 qǔchǐ 취츠

□ 牙龈 yáyín 야인 명 잇몸
　　　　= 齿龈 chǐyín 츠인
　　　　= 牙床 yáchuáng 야추앙

□ 洗牙 xǐyá 시야 명 스케일링, 치석 제거

□ 住院 zhùyuàn 주위엔 동 입원하다
　　　　= 入院 rùyuàn 루위엔

□ 出院 chūyuàn 추위엔 동 퇴원하다

□ 手术 shǒushù 서우수 명 수술
　　　□ 动手术 dòng shǒushù 뚱 서우수 동 수술하다

□ 麻醉 mázuì 마쭈이 동 마취하다

□ 医疗保险 yīliáo bǎoxiǎn 이랴오 바오시엔 의료보험
　　　= 医保 yībǎo 이바오

□ 诊断书 zhěnduànshū 전뚜안수 명 진단서

□ 药单 yàodān 야오딴 명 처방전
　　　= 药方 yàofāng 야오팡
　　　□ 开药方 kāi yàofāng 카이 야오팡 처방전을 내다

□ 药店 yàodiàn 야오띠엔 명 약국

□ 药 yào 야오 명 약
　　　□ 消化剂 xiāohuàjì 샤오후아지 명 소화제
　　　□ 止痛药 zhǐtòngyào 즈통야오 명 진통제
　　　= 镇痛剂 zhèntòngjì 전통지
　　　□ 安眠药 ānmiányào 안미엔야오 명 수면제
　　　□ 解热剂 jiěrèjì 지에러지 해열제
　　　= 退烧药 tuìshāoyào 투이사오야오

有止痛药吗?
Yǒu zhǐtòngyào ma?
여우 즈통야오 마?
진통제 있어요?

请给我点安眠药。
Qǐng gěi wǒ diǎn ānmiányào.
칭 게이 워 디엔 안미엔야오
수면제 좀 주세요.

□ 副作用 fùzuòyòng 푸쭈어융 부작용

    □ 引起副作用 yǐnqǐ fùzuòyòng 인치 푸쭈어융 부작용을 일으키다

□ 软膏 ruǎngāo 루안까오 명 연고

    □ 膏药 gāoyào 까오야오 명 연고, 고약

    □ 清凉油 qīngliángyóu 칭리양여우 명 칭량유(연고의 일종)

tip. 清凉油는 두통·화상·벌레 물린 데 등에 효과가 있으며, 우리나라에서 호랑이연고라 불리기도 합니다.

□ 绷带 bēngdài 뺑따이 명 붕대

□ 创可贴 chuàngkětiē 추앙커티에 명 반창고

    □ 药布 yàobù 야오뿌 명 반창고, 가제

□ 银行 yínháng 인항 명 은행

□ 货币 huòbì 후어삐 명 화폐

□ 金额 jīn'é 진어 명 금액

□ 钱 qián 치엔 명 돈; 값

    □ 现金 xiànjīn 시엔진 명 현금

    □ 硬币 yìngbì 잉삐 명 동전

    □ 钞票 chāopiào 차오퍄오 명 지폐

    = 纸币 zhǐbì 즈삐

    □ 支票 zhīpiào 즈퍄오 명 수표

□ 账户 zhànghù 장후 명 계좌

    □ 普通存款 pǔtōng cúnkuǎn 푸퉁 춘쿠안 명 보통 예금

    □ 零存整取定期存款 língcúnzhěngqǔ dìngqī cúnkuǎn
      링춘정취 띵치 춘쿠안 정기 적금

    □ 整存整取定期存款 zhěngcúnzhěngqǔ dìngqī cúnkuǎn
      정춘정취 띵치 춘쿠안 정기 예금

□ **存** cún 춘 동 저축하다

= **储蓄** chǔxù 추쉬

□ **存款** cúnkuǎn 춘쿠안 명 예금, 저금 동 예금하다, 저금하다

□ **提款** tíkuǎn 티쿠안 동 예금을 인출하다

= **取款** qǔkuǎn 취쿠안

□ **提款额度** tíkuǎn'édù 티쿠안어뚜 인출 한도

□ **存项** cúnxiàng 춘시앙 명 잔고, 예금액

□ **余额** yú'é 위어 명 (장부상의) 잔고, 잔금

您的余额不足。
Nín de yú'é bùzú.
닌 더 위어 뿌쭈
잔액이 부족합니다.

□ **汇款** huìkuǎn 후이쿠안 명 송금한 돈 동 돈을 부치다

□ **转账** zhuǎnzhàng 주안장 동 계좌 이체하다

□ **自动转账** zìdòng zhuǎnzhàng 쯔똥 주안장 자동이체

□ **外汇** wàihuì 와이후이 명 외화

□ **人民币** rénmínbì 런민삐 명 인민폐, 위안화(중국 화폐)

□ **美元** měiyuán 메이위엔 명 달러(미국 화폐)

□ **韩元** hányuán 한위엔 명 원화(한국 화폐)

= **韩币** hánbì 한삐

□ **日元** rìyuán 르위엔 명 엔화(일본 화폐)

= **日币** rìbì 르삐

□ **欧元** ōuyuán 어우위엔 명 유로화

我要用韩币换人民币。
Wǒ yào yòng hánbì huàn rénmínbì.
워 야오 융 한삐 후안 런민삐
원화를 위안화로 바꾸고 싶어요.

247

□ 汇率 huìlǜ 후이뤼 명 환율

　　　= 汇价 huìjià 후이지아

今天的汇率是多少?
Jīntiān de huìlǜ shì duōshǎo?
진티엔 더 후이뤼 스 뚜어사오?
오늘 환율은 얼마입니까?

□ 兑换 duìhuàn 뚜이후안 동 환전하다

　　　= 换钱 huànqián 후안치엔

　　　□ 换钱所 huànqiánsuǒ 후안치엔쑤어 환전소

□ 利息 lìxī 리시 명 이자

　　　□ 利率 lìlǜ 리뤼 이율

□ 贷款 dàikuǎn 따이쿠안 명 대출금 동 (은행에서) 대출하다

□ 股票 gǔpiào 구퍄오 명 주식

　　　= 股份 gǔfèn 구펀

□ 证券 zhèngquàn 정취엔 명 증권

□ 信用卡 xìnyòngkǎ 신융카 명 신용카드

　　　□ 现金卡 xiànjīnkǎ 시엔진카 직불카드

我想申请一张信用卡。
Wǒ xiǎng shēnqǐng yì zhāng xìnyòngkǎ.
워 시앙 선칭 이 장 신융카
신용카드를 신청하려고 하는데요.

□ 自动提款机 zìdòng tíkuǎnjī 쯔똥 티쿠안지 명 현금 자동 인출기(ATM)

哪儿有自动提款机?
Nǎr yǒu zìdòng tíkuǎnjī?
나알 여우 쯔똥 티쿠안지?
어디에 ATM이 있어요?

248

□ **网上银行** wǎngshàng yínháng 왕상 인항 몡 인터넷뱅킹

    = **网银** wǎngyín 왕인

□ **电话银行** diànhuà yínháng 띠엔후아 인항 몡 폰뱅킹

□ **密码** mìmǎ 미마 몡 비밀번호

    请输入密码。
    Qǐng shūrù mìmǎ.
    칭 수루 미마
    비밀번호를 누르세요.

□ **手续费** shǒuxùfèi 서우쉬페이 몡 수수료

꼭! 써먹는 **실전 회화**

张美林
Zhāng Měilín

谁有止痛药？
Shéi yǒu zhǐtòngyào?
세이 여우 즈퉁야오?
누구 진통제 가진 사람 있니?

19. 두통

王力
Wáng Lì

你怎么了？你有什么事儿？
Nǐ zěnme le? Nǐ yǒu shénme shìr?
니 쩐머 러? 니 여우 선머 스얼?
왜? 무슨 문제 있니?

张美林
Zhāng Měilín

我头疼，疼得很厉害。
Wǒ tóuténg, téng de hěn lìhai.
워 터우텅, 텅 더 헌 리하이
두통이 있어서, 심하게 아파.

王力
Wáng Lì

对不起，我没有。你最好去医院。
Duìbuqǐ, wǒ méiyǒu. Nǐ zuìhǎo qù yīyuàn.
뚜이부치, 워 메이여우. 니 쭈이하오 취 이위엔
미안해, 없는데. 넌 병원에 가는 게 낫겠어.

练习

다음 단어를 읽고 맞는 뜻과 연결하세요.

1. 餐厅 •   • 가게, 상점

2. 公司 •   • 돈; 값

3. 咖啡厅 •   • 병원

4. 老师 •   • 선생님, 스승

5. 钱 •   • 시장

6. 商店 •   • 약국

7. 市场 •   • 은행

8. 学生 •   • 음식점, 레스토랑

9. 学校 •   • 카페, 커피숍

10. 药店 •   • 학교

11. 医院 •   • 학생

12. 银行 •   • 회사, 직장

---

1. 餐厅 – 음식점, 레스토랑 2. 公司 – 회사, 직장 3. 咖啡厅 – 카페, 커피숍
4. 老师 – 선생님, 스승 5. 钱 – 돈; 값 6. 商店 – 가게, 상점 7. 市场 – 시장
8. 学生 – 학생 9. 学校 – 학교 10. 药店 – 약국 11. 医院 – 병원 12. 银行 – 은행

第六章

여행

교통 交通 쟈오퉁

□ 交通 jiāotōng 쟈오퉁
명 교통

□ 飞机 fēijī 페이지
명 비행기

□ 机场 jīchǎng 지창
명 공항

□ 票 piào 퍄오
명 표, 승차권, 입장권

□ 登机牌
dēngjīpái 떵지파이
= 登机卡
dēngjīkǎ 떵지카
명 (비행기의) 탑승권

□ 护照 hùzhào 후자오
명 여권

□ 签证 qiānzhèng 치엔정
명 비자

□ 值机 zhíjī 즈지
(공항) 탑승 수속, 체크인

□ 航站楼
hángzhànlóu 항잔러우
터미널

□ 登机 dēngjī 떵지
동 비행기에 탑승하다

□ 下飞机
xià fēijī 시아 페이지
= 下机 xiàjī 시아지
동 (비행기에서) 내리다

□ 起飞 qǐfēi 치페이
동 (비행기가)
이륙하다

□ 降落
jiàngluò 지앙루
= 着陆
zhuólù 주어루
동 착륙하다

□ 出发 chūfā 추파
동 출발하다,
떠나다

□ 到达
dàodá 따오다
동 도착하다

□ 经过 jīngguò 징꾸어
　동 경유하다

□ 途径 tújìng 투징
　명 경로

□ 座位 zuòwèi 쭈어웨이
= 位子 wèizi 웨이쯔
　명 좌석

□ 靠窗的座位
　kàochuāng de zuòwèi 카오추앙 더 쭈어웨이
　창가석

□ 靠过道的座位
　kàoguòdào de zuòwèi 카오꾸어따오 더 쭈어웨이
　통로석

□ 经济舱 jīngjìcāng 징지창
= 普通舱 pǔtōngcāng 푸통창
　일반석

□ 商务舱 shāngwùcāng 상우창
　비즈니스석

□ 头等舱 tóuděngcāng 터우덩창
　일등석

□ 行李 xíngli 싱리
　명 짐, 여행짐, 수화물

□ 行李包 xínglibāo 싱리빠오
= 行包 xíngbāo 싱빠오
　여행 가방

□ 行李箱
　xínglixiāng 싱리시앙
　트렁크, 여행용 가방

□ 检查 jiǎnchá 지엔차
　동 조사하다, 확인하다

□ 机场安检 jīchǎng
　ānjiǎn 지창 안지엔
　공항 보안 검색

□ 飞行员 fēixíngyuán 페이싱위엔
　명 조종사, 파일럿

□ 空乘 kōngchéng 쿵청
= 空乘人员
　kōngchéng rényuán 쿵청 런위엔
　항공 승무원

253

□ 飞机餐
fēijīcān 페이지찬
기내식

□ 安全带
ānquándài 안취엔따이
명 안전벨트

□ 救生衣
jiùshēngyī 지우성이
명 구명조끼

□ 安全门 ānquánmén 안취엔먼
= 太平门 tàipíngmén 타이핑먼
명 비상구

□ 免税店
miǎnshuìdiàn 미엔수이띠엔
명 면세점

□ 火车 huǒchē 후어처
= 列车 lièchē 리에처
명 기차, 열차

□ 火车站
huǒchēzhàn 후어처잔
명 기차역

□ 月台 yuètái 위에타이
= 站台 zhàntái 잔타이
명 승강장, 플랫폼

□ 售票处
shòupiàochù 서우퍄오추
매표소

□ 检票口
jiǎnpiàokǒu 지엔퍄오커우
명 개찰구

□ 铁路 tiělù 티에루
명 철도

□ 舱 cāng 창
명 객실, 선실

□ 换车 huànchē 후안처
동 (차를) 갈아타다,
환승하다

□ 目的地 mùdìdì 무띠띠
명 목적지

□ **地铁** dìtiě 띠티에
　명 지하철

□ **捷运** jiéyùn 지에윈
　대만(臺灣)의 지하철(MRT)

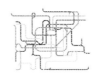

□ **地铁图** dìtiětú 띠티에투
　지하철 노선도

□ **路线** lùxiàn 루시엔　명 노선

□ **地铁站** dìtiězhàn 띠티에잔
　지하철역

□ **公交车** gōngjiāochē 꿍쟈오처
= **公车** gōngchē 꿍처
= **公共汽车** gōnggòng qìchē 꿍꿍 치처
= **巴士** bāshì 빠스
　명 버스

□ **公交车站**
　gōngjiāochēzhàn 꿍쟈오처잔
= **公共汽车站**
　gōnggòng qìchēzhàn 꿍꿍 치처잔
　버스 정류장

□ **出租车** chūzūchē 추쭈처
= **出租汽车** chūzū qìchē 추쭈 치처
= **计程车** jìchéngchē 지청처
= **的士** dīshì 띠스
　명 택시

□ **电车** diànchē 띠엔처
　명 전차

□ **山顶缆车**
　shāndǐng lǎnchē 산딩 란처
　피크트램

□ **自行车**
　zìxíngchē 쯔싱처
　명 자전거

□ **摩托车**
　mótuōchē 모투어처
　명 오토바이

□ **船** chuán 추안
　명 배, 선박

□ **港口**
　gǎngkǒu 강커우
　명 항구

□ **交通** jiāotōng 쟈오퉁 🅟 교통

　　□ **公共交通** gōnggòng jiāotōng 꿍꿍 쟈오퉁 🅟 대중 교통

□ **飞机** fēijī 페이지 🅟 비행기

　　□ **航班** hángbān 항빤 🅟 (배나 비행기의) 운항편, 운항 횟수

　　□ **班机** bānjī 빤지 🅟 정기 항공편

你想选择哪种旅行方式? 坐飞机去吗?
Nǐ xiǎng xuǎnzé nǎ zhǒng lǚxíng fāngshì? Zuò fēijī qù ma?
니 시앙 쉬엔쩌 나 중 뤼싱 팡스? 쭈어 페이지 취 마?
어떤 종류의 여행 방식을 선택할 거예요? 비행기 타고 갈 거예요?

□ **机场** jīchǎng 지창 🅟 공항

这趟车去机场吗?
Zhè tàng chē qù jīchǎng ma?
저 탕 처 취 지창 마?
이 차가 공항에 갑니까?

□ **票** piào 퍄오 🅟 표, 승차권, 입장권

　　□ **机票** jīpiào 지퍄오 🅟 항공권

□ **登机牌** dēngjīpái 떵지파이 🅟 (비행기의) 탑승권

　　= **登机卡** dēngjīkǎ 떵지카

请出示一下您的登机牌。
Qǐng chūshì yíxià nín de dēngjīpái.
칭 추스 이시아 닌 더 떵지파이
탑승권을 보여 주세요.

□ **航空公司** hángkōng gōngsī 항쿵 꿍쓰 항공사

□ **护照** hùzhào 후자오 🅟 여권

　　□ **申请护照** shēnqǐng hùzhào 선칭 후자오 여권을 신청하다

　　□ **签发护照** qiānfā hùzhào 치엔파 후자오 여권을 발급하다

　　□ **续签护照** xùqiān hùzhào 쉬치엔 후자오 여권을 갱신하다

　　= **换发护照** huànfā hùzhào 후안파 후자오

□ 签证 qiānzhèng 치엔정 명 비자

□ 值机 zhíjī 즈지 (공항) 탑승 수속, 체크인
　　　□ 值机柜台 zhíjī guìtái 즈지 꾸이타이 (공항) 탑승 수속 창구

□ 航站楼 hángzhànlóu 항잔러우 터미널

□ 登机 dēngjī 떵지 동 비행기에 탑승하다
　　　□ 登机口 dēngjīkǒu 떵지커우 탑승구
什么时候登机?
Shénme shíhou dēngjī?
선머 스허우 떵지?
언제 탑승합니까?

□ 下飞机 xià fēijī 시아 페이지 동 (비행기에서) 내리다
　　= 下机 xiàjī 시아지

□ 起飞 qǐfēi 치페이 동 (비행기가) 이륙하다
　　　□ 出发 chūfā 추파 동 출발하다, 떠나다

□ 降落 jiàngluò 지앙루어 동 착륙하다
　　= 着陆 zhuólù 주어루
　　　□ 到达 dàodá 따오다 동 도착하다

□ 单程 dānchéng 딴청 명 편도
　　　□ 单程票 dānchéngpiào 딴청퍄오 편도표

□ 往返 wǎngfǎn 왕판 동 왕복하다
　　= 来回 láihuí 라이후이
　　　□ 往返票 wǎngfǎnpiào 왕판퍄오 왕복표
　　= 来回票 láihuípiào 라이후이퍄오
您要单程票还是往返票?
Nín yào dānchéngpiào háishi wǎngfǎnpiào?
닌 야오 딴청퍄오 하이스 왕판퍄오?
편도표로 하실 거예요 아니면 왕복표로 하실 거예요?

257

□ **直航** zhíháng 즈항 [동] (배나 비행기 등이) 직항하다

    = **直飞** zhífēi 즈페이

    □ **直达航班** zhídá hángbān 즈다 항빤 (비행기의) 직항편

□ **航线** hángxiàn 항시엔 [명] 항로

    □ **直达航线** zhídá hángxiàn 즈다 항시엔 직항로

□ **转机** zhuǎnjī 주안지 [동] 비행기를 갈아타다

□ **经由** jīngyóu 징여우 [개] (어떤 곳을) 경유하다

    □ **经过** jīngguò 징꾸어 [동] 경유하다

    □ **途径** tújìng 투징 [명] 경로

□ **座位** zuòwèi 쭈어웨이 [명] 좌석

    = **位子** wèizi 웨이쯔

    □ **靠窗的座位** kàochuāng de zuòwèi 카오추앙 더 쭈어웨이 창가석

    □ **靠过道的座位** kàoguòdào de zuòwèi 카오꾸어따오 더 쭈어웨이 통로석

    我来帮您找座位好吗?
    Wǒ lái bāng nín zhǎo zuòwèi hǎo ma?
    워 라이 빵 닌 자오 쭈어웨이 하오 마?
    좌석 찾는 것을 도와드릴까요?

□ **经济舱** jīngjìcāng 징지창 일반석

    = **普通舱** pǔtōngcāng 푸퉁창

□ **商务舱** shāngwùcāng 상우창 비즈니스석

□ **头等舱** tóuděngcāng 터우덩창 일등석

□ **行李** xíngli 싱리 [명] 짐, 여행짐, 수화물

    □ **随身行李** suíshēn xíngli 쑤이션 싱리 휴대용 짐

    □ **托运行李** tuōyùn xíngli 투어윈 싱리 짐을 맡기다

    □ **行李票** xínglipiào 싱리퍄오 수화물 보관증

请帮我把行李拿出来好吗?
Qǐng bāng wǒ bǎ xíngli náchūlai hǎo ma?

칭 빵 워 바 싱리 나추라이 하오 마?

제 짐을 꺼내 주실래요?

□ **行李包** xínglibāo 싱리빠오 여행 가방
> = **行包** xíngbāo 싱빠오
> > □ **行李箱** xínglixiāng 싱리시앙 트렁크, 여행용 가방
> > □ **提箱** tíxiāng 티시앙 명 (손잡이가 달린) 소형 가방

□ **卸货** xièhuò 시에후어 동 (배·차·비행기 등에서) 짐을 내리다

□ **检查** jiǎnchá 지엔차 동 조사하다, 확인하다
> > □ **机场安检** jīchǎng ānjiǎn 지창 안지엔 공항 보안 검색
> > □ **边防检查** biānfáng jiǎnchá 삐엔팡 지엔차 출입국 심사

□ **出境** chūjìng 추징 동 출국하다
> > □ **出境卡** chūjìngkǎ 추징카 출국 신고서
> > = **出境登记卡** chūjìng dēngjìkǎ 추징 떵지카

□ **入境** rùjìng 루징 동 입국하다
> > □ **入境卡** rùjìngkǎ 루징카 입국 신고서
> > = **入境登记卡** rùjìng dēngjìkǎ 루징 떵지카

□ **海关** hǎiguān 하이꾸안 명 세관
> > □ **海关检查** hǎiguān jiǎnchá 하이꾸안 지엔차 세관 검사
> > □ **海关申报单** hǎiguān shēnbàodān 하이꾸안 선빠오딴 세관 신고서

请填写一下海关申报单。
Qǐng tiánxiě yíxià hǎiguān shēnbàodān.

칭 티엔시에 이시아 하이꾸안 선빠오딴

세관 신고서를 기입해 주세요.

□ **在机内** zài jīnèi 짜이 지네이 기내에서
> = **在机上** zài jīshàng 짜이 지상

□ 飞行员 fēixíngyuán 페이싱위엔 몡 조종사, 파일럿

□ 乘务员 chéngwùyuán 청우위엔 몡 승무원

    □ 空乘 kōngchéng 쿵청 항공 승무원

    = 空乘人员 kōngchéng rényuán 쿵청 런위엔

    □ 空哥 kōnggē 쿵꺼 몡 스튜어드(남자 승무원)

    □ 空中小姐 kōngzhōng xiǎojiě 쿵중 샤오지에 몡 스튜어디스

    = 空姐 kōngjiě 쿵지에 ●————————→ **tip.** 空中小姐를 줄여 空姐라고

    □ 空嫂 kōngsǎo 쿵싸오 몡 스튜어디스(기혼)   합니다. 空姐는 미혼의 여승무원,

                                      空嫂는 기혼의 여승무원을 가리
                                      킵니다.

□ 飞机餐 fēijīcān 페이지찬 기내식

□ 安全带 ānquándài 안취엔따이 몡 안전벨트

□ 救生衣 jiùshēngyī 지우성이 몡 구명조끼

□ 安全门 ānquánmén 안취엔먼 몡 비상구

    = 太平门 tàipíngmén 타이핑먼

□ 免税店 miǎnshuìdiàn 미엔수이띠엔 몡 면세점

    免税店在哪儿?
    Miǎnshuìdiàn zài nǎr?
    미엔수이띠엔 짜이 나알?
    면세점이 어디 있습니까?

□ 火车 huǒchē 후어처 몡 기차, 열차

    = 列车 lièchē 리에처

tip. 중국은 국토의 동서남북 각 도시를 연결하는 기차 노선이 잘 발달되어 있으며, 속도와 좌석 종류
에 따라 다양한 가격대의 기차표가 있습니다.

□ 火车站 huǒchēzhàn 후어처잔 몡 기차역

□ 月台 yuètái 위에타이 몡 승강장, 플랫폼

    = 站台 zhàntái 잔타이

□ 售票处 shòupiàochù 서우퍄오추 매표소

请问售票处在哪儿?
Qǐngwèn shòupiàochù zài nǎr?
칭원 서우퍄오추 짜이 나알?
실례지만 매표소가 어디예요?

□ 火车票价 huǒchē piàojià 후어처 퍄오지아 기차 요금

□ 检票口 jiǎnpiàokǒu 지엔퍄오커우 명 개찰구

□ 铁路 tiělù 티에루 명 철도

□ 舱 cāng 창 명 객실, 선실

□ 车厢 chēxiāng 처시앙 명 객실, 화물칸
　　□ 行李车厢 xíngli chēxiāng 싱리 처시앙 (열차의) 화물칸
　　□ 卧铺车厢 wòpù chēxiāng 워푸 처시앙 침대칸
　　□ 餐车 cānchē 찬처 명 식당칸

□ 硬卧 yìngwò 잉워 명 일반 침대석; 딱딱한 침대석
　　□ 软卧 ruǎnwò 루안워 명 상등 침대석; 푹신한 침대석
　　□ 上铺 shàngpù 상푸 명 (다층 침대의) 상층
　　□ 中铺 zhōngpù 중푸 명 (다층 침대의) 중층
　　□ 下铺 xiàpù 시아푸 명 (다층 침대의) 하층

□ 硬座 yìngzuò 잉쭈어 명 일반석; 딱딱한 좌석
　　□ 软座 ruǎnzuò 루안쭈어 명 상등석; 푹신한 좌석

tip. 중국의 기차는 좌석 종류에 따라 침대칸과 좌석칸으로 나뉘고, 침대칸은 硬卧와 软卧로,
좌석칸은 硬座와 软座로 나눕니다. 硬卧는 보통 上铺, 中铺, 下铺로 나뉘며,
下铺가 가장 비싸고 위로 올라갈수록 가격이 쌉니다. 구간에 따라 上铺와 下铺만 있을 수도
있습니다. 硬卧는 별도의 문이 없지만, 간단한 가리개가 설치되어 있기도 합니다.
软卧는 上铺와 下铺로 나뉘며, 역시 下铺가 더 비쌉니다.
그리고 네 칸의 침대가 방처럼 문이 있어, 외부의 접촉을 받지 않습니다.

□ **车长** chēzhǎng 처장 명 (열차의) 차장

       □ **列车员** lièchēyuán 리에처위엔 명 열차 승무원, 차장

□ **火车票** huǒchēpiào 후어처퍄오 기차표

□ **换车** huànchē 후안처 동 (차를) 갈아타다, 환승하다

       = **换乘** huànchéng 후안청

       = **转乘** zhuǎnchéng 주안청

   在哪里换车呢?
   Zài nǎli huànchē ne?
   짜이 나리 후안처 너?
   어디에서 갈아타나요?

□ **换乘站** huànchéngzhàn 후안청잔 환승역

□ **火车时刻表** huǒchē shíkèbiǎo 후어처 스커뱌오 명 운행 시간표

□ **目的地** mùdìdì 무띠띠 명 목적지

□ **特快** tèkuài 터콰이 명 급행 열차

       = **特快列车** tèkuài lièchē 터콰이 리에처

       □ **直快** zhíkuài 즈콰이 명 직통급행열차

       = **直达快车** zhídá kuàichē 즈다 콰이처

       □ **普快** pǔkuài 푸콰이 명 준급행열차

       = **普通快车** pǔtōng kuàichē 푸퉁 콰이처

       □ **动车** dòngchē 뚱처 고속열차   → **tip.** 动车는 중국 고속열차의 일종으로
                                              평균시속 200㎞입니다.

       □ **慢车** mànchē 만처 명 완행 열차

       □ **磁浮列车** cífú lièchē 츠푸 리에처 자기부상열차

       = **磁悬浮列车** cíxuánfú lièchē 츠쉬엔푸 리에처

□ **地铁** dìtiě 띠티에 명 지하철

       □ **捷运** jiéyùn 지에윈 대만(臺灣)의 지하철(MRT)

□ **地铁站** dìtiězhàn 띠티에잔 지하철역

□ **地铁换乘站** dìtiě huànchéngzhàn 띠티에 후안청잔 지하철 환승역

□ **地铁图** dìtiětú 띠티에투 지하철 노선도

□ **路线** lùxiàn 루시엔 명 노선

能给我一张地铁图吗?
Néng gěi wǒ yì zhāng dìtiětú ma?
넝 게이 워 이 장 띠티에투 마?
지하철 노선도 한 장 주실래요?

□ **公交车** gōngjiāochē 꽁쟈오처 명 버스

= **公车** gōngchē 꽁처

= **公共汽车** gōnggòng qìchē 꽁꽁 치처

= **巴士** bāshì 빠스

□ **双层公交车** shuāngcéng gōngjiāochē 수앙청 꽁쟈오처 이층버스

= **双层巴士** shuāngcéng bāshì 쑤앙청 빠스

□ **高速大客** gāosù dàkè 까오쑤 따커 고속버스

= **高速大巴** gāosù dàbā 까오쑤 따빠

□ **公交车专用车道** gōngjiāochē zhuānyòng chēdào 꽁쟈오처 주안용 처따오 명 버스 전용 차선

□ **车道** chēdào 처따오 명 차도, 찻길

> **tip.** 일반적으로 왼쪽이 고속 주행 차선이고, 오른쪽이 저속 주행 차선입니다.

□ **快速车道** kuàisù chēdào 콰이쑤 처따오 고속 주행 차선

□ **慢速车道** mànsù chēdào 만쑤 처따오 저속 주행 차선

□ **变更车道** biàngēng chēdào 삐엔껑 처따오 차선을 변경하다

□ **公交车站** gōngjiāochēzhàn 꽁쟈오처잔 버스 정류장

= **公共汽车站** gōnggòng qìchēzhàn 꽁꽁 치처잔

请问最近的公交车站在哪里?
Qǐngwèn zuì jìn de gōngjiāochēzhàn zài nǎli?
칭원 쭈이진 더 꽁쟈오처잔 짜이 나리?
실례지만 가장 가까운 버스 정류장이 어디예요?

□ 汽车站 qìchēzhàn 치처잔 정류장, 터미널

    = 车站 chēzhàn 처잔

□ 出租车 chūzūchē 추쭈처 몡 택시 •

    = 出租汽车 chūzū qìchē 추쭈 치처

    = 计程车 jìchéngchē 지청처

    = 的士 dīshì 띠스

tip. 出租车는 出租汽车의 줄인 말입니다. 计程车는 대만에서 쓰고, 광둥 지역이나 홍콩, 마카오 등지에서는 的士라고 합니다.

能帮我叫辆出租车吗?
Néng bāng wǒ jiào liàng chūzūchē ma?
넝 빵 워 쟈오 리앙 추쭈처 마?
택시를 불러 주실래요?

□ 电车 diànchē 띠엔처 몡 전차

    □ 有轨电车 yǒuguǐ diànchē 여우꾸이 띠엔처 유궤도 전차

    □ 无轨电车 wúguǐ diànchē 우꾸이 띠엔처 무궤도 전차

□ 山顶缆车 shāndǐng lǎnchē 산딩 란처 피크트램

    tip. 山顶缆车는 홍콩에 있는 산 정상까지 올라가는 케이블카입니다.

□ 自行车 zìxíngchē 쯔싱처 몡 자전거

    □ 自行车道 zìxíngchēdào 쯔싱처따오 자전거 도로

□ 摩托车 mótuōchē 모투어처 몡 오토바이

    □ 头盔 tóukuī 터우쿠이 몡 헬멧

□ 船 chuán 추안 몡 배, 선박

□ 港口 gǎngkǒu 강커우 몡 항구

    □ 停靠港 tíngkàogǎng 팅카오강 몡 기항지

    = 中途港 zhōngtúgǎng 중투강

下一个停靠港是哪里?
Xià yí ge tíngkàogǎng shì nǎli?
시아 이 거 팅카오강 스 나리?
다음 기항지는 어디입니까?

□ 晕船 yūnchuán 윈추안 [동] 뱃멀미하다

　我每次坐船都晕船。
　Wǒ měicì zuò chuán dōu yūnchuán.
　워 메이츠 쭤어 추안 떠우 윈추안
　나는 매번 배를 탈 때마다 뱃멀미를 한다.

□ 晕船药 yūnchuányào 윈추안야오
　　[명] 뱃멀미약

꼭! 써먹는 실전 회화

20. 항공권 예약

王力　　您好, 我要订一张飞往首尔的机票。
Wáng Lì　Nín hǎo, wǒ yào dìng yì zhāng fēiwǎng Shǒu'ěr de jīpiào.
　　　　닌 하오, 워 야오 띵 이 장 페이왕 서우얼 더 지퍄오
　　　　안녕하세요, 서울행 비행기표를 예약하고 싶습니다.

服务员　您什么时候出发?
fúwùyuán　Nín shíme shíhou chūfā?
　　　　닌 선머 스허우 추파?
　　　　언제 출발하실 건가요?

王力　　从十二月二十号到二十三号之间, 哪天都可以。
Wáng Lì　Cóng Shí'èryuè èrshí hào dào èrshísān hào zhījiān, nǎ tiān dōu kěyǐ.
　　　　충 스얼위에 얼스 하오 따오 얼스싼 하오 즈지엔, 나 티엔 떠우 커이
　　　　12월 20일에서 23일 사이에, 어느 날이든 됩니다.

服务员　好的。您要单程票还是往返票?
fúwùyuán　Hǎode. Nín yào dānchéngpiào háishi wǎngfǎnpiào?
　　　　하오더. 닌 야오 딴청퍄오 하이스 왕판퍄오?
　　　　네. 편도표인가요 아니면 왕복표인가요?

王力　　我要往返票。
Wáng Lì　Wǒ yào wǎngfǎnpiào.
　　　　워 야오 왕판퍄오
　　　　왕복표로 부탁합니다.

운전 开车 카이처

□ **开车** kāichē 카이처
　동 (자동차를) 운전하다

□ **司机** sījī 쓰지　명 운전사, 기관사

□ **汽车** qìchē 치처　명 자동차

□ **车子** chēzi 처쯔　명 차, 승용차

□ **卡车** kǎchē 카처
　명 트럭

□ **敞篷车** chǎngpéngchē 창펑처
　명 오픈카

□ **方向盘** fāngxiàngpán 팡시앙판
　명 (자동차의) 핸들

□ **安全带** ānquándài 안취엔따이
　명 안전벨트

□ **油门** yóumén 여우먼
　명 액셀러레이터

□ **踩油门** cǎi yóumén 차이 여우먼
　액셀러레이터를 밟다

□ **车闸** chēzhá 처자
　명 (자전거, 전동차의) 브레이크

□ **刹车** shāchē 사처
　동 (자동차의) 제동을 걸다, 차를 세우다

□ **前灯** qiándēng 치엔떵
　명 헤드라이트, 전조등

□ **汽车喇叭** qìchē lǎbā 치처 라빠
　경적

□ **后视镜** hòushìjìng 허우스징
룸미러

□ **侧视镜** cèshìjìng 처스징
사이드 미러

□ **交通标志**
jiāotōng biāozhì 쟈오퉁 뺘오즈
= **道路标志**
dàolù biāozhì 따오루 뺘오즈
교통 표지

□ **罚款** fákuǎn 파쿠안
명 벌금, 위약금 동 벌금을 부과하다

□ **红绿灯** hónglǜdēng 훙뤼떵
명 교통 신호등

□ **车轮** chēlún 처룬
명 차바퀴

□ **车瓦** chēwǎ 처와
명 타이어 휠

□ **违反** wéifǎn 웨이판
동 위반하다, 어기다

□ **闯红灯** chuǎng hóngdēng 추앙 훙떵
동 신호를 위반하다

□ **酒驾** jiǔjià 지우지아
음주 운전

□ **超速** chāosù 차오쑤
동 과속하다

□ **速度违反** sùdù wéifǎn 쑤뚜 웨이판
속도 위반

□ 快 kuài 콰이
　형 빠르다 부 빨리, 급히

□ 慢 màn 만
　형 느리다

□ 赶紧 gǎnjǐn 간진
　부 서둘러, 재빨리

□ 慢慢 mànmàn 만만
　형 천천히, 느릿느릿

□ 堵车 dǔchē 두처
= 塞车 sāichē 싸이처
　동 교통이 체증되다

□ 行人 xíngrén 싱런
　명 보행자, 행인

□ 加油 jiāyóu 지아여우
　동 (차에) 주유하다

□ 汽油 qìyóu 치여우
　명 휘발유, 가솔린

□ 柴油 cháiyóu 차이여우
　명 디젤유

□ 天然气 tiānránqì 티엔란치
　명 천연가스

□ 加油站 jiāyóuzhàn 지아여우잔
　명 주유소

□ 升 shēng 성 양 리터(용량의 단위)
= 公升 gōngshēng 꿍성

□ 量 liàng 리앙
　명 양

□ 停 tíng 팅
= 停止 tíngzhǐ 팅즈
　동 멈추다, 정지하다

□ 停车 tíngchē 팅처
　동 차량을 주차하다

□ 停车场 tíngchēchǎng 팅처창
　명 주차장

□ 禁止停车 jìnzhǐ tíngchē 진즈 팅처
주차 금지

□ 洗车 xǐchē 시처
　동 세차하다

□ 洗车场 xǐchēchǎng 시처창
　명 세차장

□ 路 lù 루 명 길, 도로
□ 道 dào 따오 명 길, 도로
□ 街 jiē 지에 명 거리, 대로

□ 道路 dàolù 따오루
　명 도로

□ 人行道 rénxíngdào 런싱따오
　명 인도, 보도

□ 隧道 suìdào 쑤이따오
　명 터널

□ **开车** kāichē 카이처 **⑤** (자동차를) 운전하다

　　　□ **驾驶** jiàshǐ 지아스 **⑤** (자동차, 선박, 비행기 등을) 운전하다, 조종하다

□ **上车** shàngchē 상처 **⑤** (차에) 타다

□ **下车** xiàchē 시아처 **⑤** (차에서) 내리다

　　请下车。
　　Qǐng xiàchē.
　　칭 시아처
　　차에서 내리세요.

□ **司机** sījī 쓰지 **⑲** 운전사, 기관사　→ **tip.** '택시 기사'는 보통 '师傅 shīfu 스푸'라고 합니다.

□ **驾照** jiàzhào 지아자오 운전면허증 ←　→ **tip.** 驾照는 자동차 뿐 아니라,
　　　　　　　　　　　　　　　　　　　　　　비행기, 배 등의 운전면허증까지 포함합니다.

　　　□ **驾照考试** jiàzhào kǎoshì 지아자오 카오스 운전 면허 시험

　　请出示一下驾照。
　　Qǐng chūshì yíxià jiàzhào.
　　칭 추스 이시아 지아자오
　　운전면허증을 좀 보여 주세요.

□ **车辆** chēliàng 처리앙 **⑲** 차량

□ **汽车** qìchē 치처 **⑲** 자동차　→ **tip.** 汽车를 한자만 보고 '기차'라고 생각하기 쉽습니다.
　　　　　　　　　　　　　　　　중국어로 기차는 '火车 huǒchē 후어처'입니다. 주의하세요.

　　　□ **车子** chēzi 처쯔 **⑲** 차, 승용차　←→ **tip.** 车子는 주로 소형차를 가리킵니다.

　　　□ **轿车** jiàochē 쟈오처 **⑲** 승용차, 세단

□ **卡车** kǎchē 카처 **⑲** 트럭

□ **敞篷车** chǎngpéngchē 창펑처 **⑲** 오픈카

□ **汽车租赁** qìchē zūlìn 치처 쭈린 **⑲** 렌터카

□ **方向盘** fāngxiàngpán 팡시앙판 **⑲** (자동차의) 핸들

　　　□ **舵轮** duòlún 뚜어룬 **⑲** (선박의) 조타륜

　　　= **舵盘** duòpán 뚜어판

　　　□ **车把** chēbǎ 처바 (자전거의) 핸들, 손잡이

□ **挂挡** guàdǎng 꾸아당 동 변속 기어를 넣다

　　□ **挡位** dǎngwèi 당웨이 기어

　　□ **手动挡** shǒudòngdǎng 서우똥당 명 수동 변속 장치

　　□ **自动挡** zìdòngdǎng 쯔똥당 명 자동 변속 장치, 오토매틱

　　= **自动波** zìdòngbō 쯔똥뽀

　　我只会开自动挡的车。
　　Wǒ zhǐ huì kāi zìdòngdǎng de chē.
　　워 즈 후이 카이 쯔똥당 더 처
　　오토매틱만 운전할 수 있어요.

□ **引擎** yǐnqíng 인칭 명 엔진

□ **安全带** ānquándài 안취엔따이 명 안전벨트

□ **油门** yóumén 여우먼 명 액셀러레이터

　　□ **踩油门** cǎi yóumén 차이 여우먼 액셀러레이터를 밟다

　　□ **移离油门** yílí yóumén 이리 여우먼 액셀러레이터에서 발을 떼다

□ **离合器** líhéqì 리허치 명 클러치

　　□ **离合器踏板** líhéqì tàbǎn 리허치 타반 명 클러치 페달

□ **车闸** chēzhá 처자 명 (자전거, 전동차의) 브레이크

□ **刹车** shāchē 사처 동 (자동차의) 제동을 걸다, 차를 세우다

　　= **制动** zhìdòng 즈똥

　　= **杀闸** shāzhá 사자

　　□ **猛踩刹车** měngcǎi shāchē 멍차이 사처 급브레이크를 밟다

□ **刹把** shābǎ 사바 명 핸드 브레이크

　　= **手刹车** shǒushāchē 서우사처

　　= **手闸** shǒuzhá 서우자

□ **后备箱** hòubèixiāng 허우뻬이시앙 (자동차 후부의) 트렁크

□ 汽车前盖 qìchē qiángài 치처 치엔까이 자동차의 보닛
　　= 引擎盖 yǐnqínggài 인칭까이

□ 保险杠 bǎoxiǎngàng 바오시엔깡 圐 범퍼 ⟶ **tip.** 참고로, 놀이동산의 범퍼카는
　　　　　　　　　　　　　　　　　　　　　　'碰碰车 pèngpèngchē 펑펑처'입니다.

□ 前灯 qiándēng 치엔떵 圐 헤드라이트, 전조등
　　= 汽车前照灯 qìchē qiánzhàodēng 치처 치엔자오떵
　　= 汽车大灯 qìchē dàdēng 치처 따떵
　　□ 转向灯 zhuǎnxiàngdēng 주안시앙떵 방향지시등
　　□ 刹车灯 shāchēdēng 사처떵 브레이크등
　　□ 紧急灯 jǐnjídēng 진지떵 비상등
　　= 危险报警闪光灯 wēixiǎn bàojǐng shǎnguāngdēng
　　　　웨이시엔 빠오징 산꾸앙떵 ⟶ **tip.** 危险报警闪光灯의 낮은말로
　　　　　　　　　　　　　　　　　　'双闪灯 shuāngshǎndēng 수앙산떵'이나
　　　　　　　　　　　　　　　　　　'双跳灯 shuāngtiàodēng 수앙탸오떵'이 있습니다.
　　= 双蹦 shuāngbèng 수앙뻥
　　□ 开紧急灯 kāi jǐnjídēng 카이 진지떵 비상등을 켜다

□ 汽车喇叭 qìchē lǎbā 치처 라빠 경적

□ 后视镜 hòushìjìng 허우스징 룸미러
　　□ 侧视镜 cèshìjìng 처스징 사이드 미러

□ 刮雨器 guāyǔqì 꾸아위치 와이퍼
　　= 刮水器 guāshuǐqì 꾸아수이치

□ 牌照 páizhào 파이자오 圐 (자동차의) 번호판
　　= 车牌 chēpái 처파이

□ 车轮 chēlún 처룬 圐 차바퀴
　　□ 车瓦 chēwǎ 처와 圐 타이어 휠
　　□ 轮胎 lúntāi 룬타이 圐 타이어(고무 부분)
　　= 车胎 chētāi 처타이
　　□ 雪地胎 xuědìtāi 쉬에띠타이 圐 스노우 타이어

□ 备用轮胎 bèiyòng lúntāi 뻬이융 룬타이 스페어 타이어

□ 车轮胎放炮 chēlúntāi fàngpào 처룬타이 팡파오
(타이어가) 펑크가 나다

□ 充气 chōngqì 충치 동 (공이나 타이어에) 바람을 넣다
= 打气 dǎqì 다치

□ 交通法规 jiāotōng fǎguī 쟈오퉁 파꾸이 명 교통 법규

□ 标志 biāozhì 뺘오즈 명 표지 동 명시하다

　　　□ 交通标志 jiāotōng biāozhì 쟈오퉁 뺘오즈 교통 표지
　　　= 道路标志 dàolù biāozhì 따오루 뺘오즈

□ 违反 wéifǎn 웨이판 동 위반하다, 어기다

　　　□ 违反停车规定 wéifǎn tíngchē guīdìng 웨이판 팅처 꾸이띵
주차 위반

　　　= 违章停车 wéizhāng tíngchē 웨이장 팅처

□ 罚款 fákuǎn 파쿠안 명 벌금, 위약금 동 벌금을 부과하다

　　　□ 罚金 fájīn 파진 명 벌금, 위약금

□ 酒驾 jiǔjià 지우지아 음주 운전
　　　= 酒后驾驶 jiǔhòu jiàshǐ 지우허우 지아스
　　　= 酒后开车 jiǔhòu kāichē 지우허우 카이처

□ 饮酒测试仪 yǐnjiǔ cèshìyí 인지우 처스이 음주측정기
　　　= 酒精检测仪 jiǔjīng jiǎncèyí 지우징 지엔처이

请吹一下饮酒测试仪。
Qǐng chuī yíxià yǐnjiǔ cèshìyí.
칭 추이 이시아 인지우 처스이
음주측정기를 불어 주세요.

□ 单行 dānxíng 딴싱 동 일방 통행하다

273

□ 红绿灯 hónglǜdēng 훙뤼떵 몡 교통 신호등

　　□ 红灯 hóngdēng 훙떵 몡 빨간불

　　□ 闯红灯 chuǎng hóngdēng 추앙 훙떵 동 신호를 위반하다

　　□ 绿灯 lǜdēng 뤼떵 몡 파란불

tip. 자동차가 빨간불 신호를 무시하는 것을 말합니다.

小心点, 红灯啊!
Xiǎoxīndiǎn, hóngdēng a!
샤오신디엔, 훙떵 아!
조심해, 빨간불이야!

□ 速度 sùdù 쑤뚜 몡 속도

　　□ 规定时速 guīdìng shísù 꾸이띵 스쑤 규정 속도

□ 超速 chāosù 차오쑤 동 과속하다

　　□ 速度违反 sùdù wéifǎn 쑤뚜 웨이판 속도 위반

□ 快 kuài 콰이 혱 빠르다 붜 빨리, 급히

　　□ 赶紧 gǎnjǐn 간진 붜 서둘러, 재빨리

　　□ 抓紧 zhuājǐn 주아진 동 서둘러 하다, 급히 하다

　　□ 抓紧时间 zhuājǐn shíjiān 주아진 스지엔 서두르다

师傅, 请开快一点儿!
Shīfù, qǐng kāi kuài yìdiǎnr!
스푸, 칭 카이 콰이 이디알!
기사님, 좀 빨리 가 주세요!

□ 慢 màn 만 혱 느리다

　　□ 慢慢 mànmàn 만만 혱 천천히, 느릿느릿

□ 堵车 dǔchē 두처 동 교통이 체증되다

　　= 塞车 sāichē 싸이처 **tip.** 塞车는 대만에서 쓰는 표현입니다.

□ 行人 xíngrén 싱런 몡 보행자, 행인

□ 人行横道 rénxíng héngdào 런싱 헝따오 몡 횡단보도

　　= 斑马线 bānmǎxiàn 빤마시엔 **tip.** 斑马线은 횡단보도의 줄무늬가 얼룩말과 비슷하여 생긴 이름입니다.

□ **横穿马路** héngchuān mǎlù 헝추안 마루 (보행자가) 무단으로 횡단하다

□ **平交道** píngjiāodào 핑쟈오따오 철도 건널목
= **铁路平交道** tiělù píngjiāodào 티에루 핑쟈오따오

□ **加油** jiāyóu 지아여우 툉 (차에) 주유하다 ➚ **tip.** 加油는 '힘을 내다, 응원하다'라는 뜻이 있어, 응원하거나 격려할 때도 사용합니다.
　□ **汽油** qìyóu 치여우 뎽 휘발유, 가솔린
　□ **无铅汽油** wúqiān qìyóu 우치엔 치여우 뎽 무연 휘발유
　□ **柴油** cháiyóu 차이여우 뎽 디젤유
　□ **天然气** tiānránqì 티엔란치 뎽 천연가스

汽油, 请加满!
Qìyóu, qǐng jiāmǎn!
치여우, 칭 지아만!
휘발유요, 가득 넣어 주세요!

□ **加油站** jiāyóuzhàn 지아여우잔 뎽 주유소
　□ **自主加油站** zìzhǔ jiāyóuzhàn 쯔주 지아여우잔 셀프주유소

这附近有加油站吗?
Zhè fùjìn yǒu jiāyóuzhàn ma?
저 푸진 여우 지아여우잔 마?
이 근처에 주유소가 있나요?

□ **升** shēng 성 얭 리터(용량의 단위)
= **公升** gōngshēng 꿍성

□ **量** liàng 리앙 뎽 양

□ **停** tíng 팅 툉 멈추다, 정지하다
= **停止** tíngzhǐ 팅즈

□ **停车** tíngchē 팅처 툉 차량을 주차하다
　□ **蹭停族** cèngtíngzú 청팅쭈
　　신 (주차비를 아끼기 위해 학교 캠퍼스 등의) 무료 주차장에 주차하는 사람들
　□ **禁止停车** jìnzhǐ tíngchē 진즈 팅처 주차 금지

275

□ 停车场 tíngchēchǎng 팅처창 명 주차장

　　□ 免费停车场 miǎnfèi tíngchēchǎng 미엔페이 팅처창 무료 주차장

　　□ 收费停车场 shōufèi tíngchēchǎng 서우페이 팅처창 유료 주차장

停车场在哪里?
Tíngchēchǎng zài nǎli?
팅처창 짜이 나리?
주차장이 어디예요?

□ 洗车 xǐchē 시처 동 세차하다

　　□ 洗车场 xǐchēchǎng 시처창 명 세차장

请给我洗车。
Qǐng gěi wǒ xǐchē.
칭 게이 워 시처
세차해 주세요.

□ 掉头 diàotóu 따오터우 동 방향을 바꾸다, 유턴하다

　　□ 左转 zuǒzhuǎn 쭈어주안 동 좌회전하다
　　= 往左拐 wǎng zuǒ guǎi 왕 쭈어 과이

　　□ 右转 yòuzhuǎn 여우주안 동 우회전하다
　　= 往右拐 wǎng yòu guǎi 왕 여우 과이

□ 路 lù 루 명 길, 도로 ●————————→

tip. 중국의 행정지역 이름에서
길 이름에 '街, 道, 路'를 많이 볼 수 있습니다.
지역마다 여러 가지 기준으로 붙여졌기 때문에,
딱히 정해진 규칙은 없습니다.
통상 街는 상가가 밀집한 큰 거리를 일컫습니다.

　　□ 道 dào 따오 명 길, 도로
　　□ 街 jiē 지에 명 거리, 대로

走这条路对吗?
Zǒu zhè tiáo lù duì ma?
쩌우 저 탸오 루 뚜이 마?
이 길로 가는 게 맞아요?

□ 道路 dàolù 따오루 명 도로

□ 高速公路 gāosù gōnglù 까오쑤 꿍루 명 고속도로

□ 车道 chēdào 처따오 명 차도, 찻길

□ **双黄线** shuānghuángxiàn 수앙후앙시엔 몡 중앙선

□ **交叉路口** jiāochā lùkǒu 쟈오차 루커우 몡 (주요 도로와의) 교차점
　　= **交叉口** jiāochākǒu 쟈오차커우

□ **人行道** rénxíngdào 런싱따오 몡 인도, 보도

□ **路肩** lùjiān 루지엔 몡 갓길

□ **隧道** suìdào 쑤이따오 몡 터널

꼭! 써먹는 **실전 회화**

21. 교통 위반

警察
jǐngchá
您好，请出示一下您的驾照。
Nín hǎo, qǐng chūshì yíxià nín de jiàzhào.
닌 하오, 칭 추스 이시아 닌 더 지아자오
안녕하세요. 운전면허증을 보여 주세요.

王力
Wáng Lì
怎么了？我开得太快了吗？
Zěnme le? Wǒ kāi de tài kuài le ma?
쩐머 러? 워 카이 더 타이 콰이 러 마?
왜요? 제가 너무 빠르게 갔나요?

警察
jǐngchá
没有。您闯红灯了。
Méiyǒu. Nín chuǎng hóngdēng le.
메이여우. 닌 추앙 훙떵 러
아니요. 정지 신호를 위반하셨습니다.

王力
Wáng Lì
对不起，我没看到红灯。要罚款吗？
Duìbuqǐ, wǒ méi kàndào hóngdēng. Yào fákuǎn ma?
뚜이부치, 워 메이 칸따오 훙떵. 야오 파쿠안 마?
죄송합니다, 빨간불을 못 봤어요. 딱지를 끊나요?

警察
jǐngchá
是的。您要付两百块的罚款。
Shìde. Nín yào fù liǎng bǎi kuài de fákuǎn.
스더. 닌 야오 푸 리앙 바이 콰이 더 파쿠안
네, 200위안의 벌금을 내셔야 합니다.

숙박 住宿 주쑤

□ 旅馆 lǚguǎn 뤼구안
　명 숙박 시설

□ 酒店 jiǔdiàn 지우띠엔
= 饭店 fàndiàn 판띠엔
　명 호텔

□ 宾馆 bīnguǎn 삔구안
　명 (비교적 규모가 크고 좋은) 호텔

□ 前台 qiántái 치엔타이
　명 (호텔의) 프런트

□ 大厅 dàtīng 따팅
　명 (호텔이나 식당의) 로비

□ 入住 rùzhù 루주
　동 (호텔 등에서) 숙박하다, 체크인하다

□ 入住时间
rùzhù shíjiān 루주 스지엔
체크인 시간

□ 退房 tuìfáng 투이팡
　동 체크아웃하다

□ 退房时间
tuìfáng shíjiān 투이팡 스지엔
체크아웃 시간

□ 客房 kèfáng 커팡
　명 객실

□ 客房服务 kèfáng fúwù 커팡 푸우
객실 서비스

□ 客房送餐服务
kèfáng sòngcān fúwù 커팡 쑹찬 푸우
룸서비스

□ 单人间 dānrénjiān 딴런지엔
= 单人房间
dānrén fángjiān 딴런 팡지엔
명 싱글룸

□ 双人间 shuāngrénjiān 수앙런지엔
= 双人房间
shuāngrén fángjiān 수앙런 팡지엔
명 더블룸

□ 标准间 biāozhǔnjiān 빠오준지엔
= 标间 biāojiān 빠오지엔
명 트윈룸

□ 套间 tàojiān 타오지엔
= 套房 tàofáng 타오팡
= 豪华间 háohuájiān 하오후아지엔
명 스위트룸

□ 客房服务员
kèfáng fúwùyuán 커팡 푸우위엔
객실 직원

□ 迎宾先生
yíngbīn xiānsheng 잉삔 시엔성
도어맨

□ 暖气 nuǎnqì 누안치
명 라디에이터

□ 空调 kōngtiáo 쿵탸오
= 冷气 lěngqì 렁치
명 에어컨

□ 洗手间 xǐshǒujiān 시서우지엔
= 卫生间 wèishēngjiān 웨이성지엔
명 화장실

□ 洗衣房 xǐyīfáng 시이팡
명 세탁실

□ 餐厅 cāntīng 찬팅
　명 음식점, 레스토랑

□ 早餐券 zǎocānquàn 짜오찬취엔
　조식 쿠폰

□ 无线互联网
　wúxiàn hùliánwǎng 우시엔 후리엔왕
　무선 인터넷

□ 阳台 yángtái 양타이
= 凉台 liángtái 리양타이
　명 발코니, 베란다

□ 沙滩伞 shātānsǎn 사탄싼
　비치파라솔

□ 游泳池 yóuyǒngchí 여우용츠
= 泳池 yǒngchí 용츠
　명 수영장

□ 住宿费 zhùsùfèi 주쑤페이
= 宿费 sùfèi 쑤페이
　숙박료

□ 付钱 fùqián 푸치엔
= 支付 zhīfù 즈푸
　동 지불하다

□ 预订 yùdìng 위띵
= 预约 yùyuē 위위에
= 订 dìng 띵
　동 예약하다

□ 取消 qǔxiāo 취샤오
　동 취소하다

□ **床单** chuángdān 추앙딴
명 침대 시트, 침대보

□ **毯子** tǎnzi 탄쯔
명 담요

□ **枕头** zhěntou 전터우
명 베개

□ **毛巾** máojīn 마오진
명 수건

□ **浴帽** yùmào 위마오
명 샤워캡

□ **洗发露** xǐfàlù 시파루
명 샴푸

□ **护发素** hùfàsù 후파쑤
명 린스

□ **肥皂** féizào 페이짜오
명 비누

□ **沐浴露**
mùyùlù 무위루
바디샴푸

□ **牙刷** yáshuā 야수아
명 칫솔

□ **牙膏** yágāo 야까오
명 치약

□ **梳子** shūzi 수쯔
명 빗

□ **吹风机**
chuīfēngjī 추이펑지
명 헤어 드라이어

□ **刮胡刀**
guāhúdāo 꾸아후따오
명 면도기

□ **手纸** shǒuzhǐ 서우즈
명 (화장실용) 휴지

□ **干净** gānjìng 깐징
형 깨끗하다, 청결하다

□ 住 zhù 주 동 살다; 숙박하다, 묵다
　　= 住宿 zhùsù 주쑤

□ 住处 zhùchù 주추 명 거처
　　　□ 住宅 zhùzhái 주자이 명 (규모가 비교적 큰) 주택

□ 宿舍 sùshě 쑤서 명 기숙사
　　= 宿舍楼 sùshělóu 쑤서러우

□ 旅馆 lǚguǎn 뤼구안 명 숙박 시설
　　tip. 旅馆은 우리말의 '여관'이라기보다는 여행객들에게 숙박 등 각종 편의시설을 제공하는
　　　　곳을 의미합니다.

□ 酒店 jiǔdiàn 지우띠엔 명 호텔
　　= 饭店 fàndiàn 판띠엔
　　tip. 우리나라에서 흔히 볼 수 있는 중국음식점 이름으로 '○○반점'이 있는데,
　　　　중국어의 饭店과 의미가 다름에 주의하세요.
　　　□ 宾馆 bīnguǎn 삔구안 명 (비교적 규모가 크고 좋은) 호텔

□ 青年旅社 qīngnián lǚshè 칭니엔 뤼서 유스호스텔
　　= 青年旅舍 qīngnián lǚshě 칭니엔 뤼서
　　　□ 招待所 zhāodàisuǒ 자오따이쑤어 명 게스트하우스, 도미토리
　　　□ 民宿 mínsù 민쑤 민박(B&B)

□ 前台 qiántái 치엔타이 명 (호텔의) 프런트

□ 大厅 dàtīng 따팅 명 (호텔이나 식당의) 로비

□ 入住 rùzhù 루주 동 (호텔 등에서) 숙박하다, 체크인하다
　　　□ 入住时间 rùzhù shíjiān 루주 스지엔 체크인 시간

□ 退房 tuìfáng 투이팡 동 체크아웃하다
　　　□ 退房时间 tuìfáng shíjiān 투이팡 스지엔 체크아웃 시간

□ 客房 kèfáng 커팡 명 객실

282

□ 单人间 dānrénjiān 딴런지엔 図 싱글룸

= 单间 dānjiān 딴지엔

= 单人房 dānrénfáng 딴런팡

= 单人房间 dānrén fángjiān 딴런 팡지엔

□ 双人间 shuāngrénjiān 수앙런지엔 図 더블룸

= 双人房间 shuāngrén fángjiān 수앙런 팡지엔

tip. 双人间은 보통 1실에 2인용 침대 한 개 있는 경우를 가리키지만, 标准间처럼 1인용 침대가 두 개 있는 것을 포함하기도 합니다.

□ 标准间 biāozhǔnjiān 빠오준지엔 図 트윈룸

= 标间 biāojiān 빠오지엔

□ 套间 tàojiān 타오지엔 図 스위트룸

= 套房 tàofáng 타오팡

= 豪华间 háohuájiān 하오후아지엔

tip. 套间은 개인 욕실을 갖춘 2실 이상의 방을 말하며, 单人间이나 双人间은 욕실을 갖춘 방을 따로 요구하지 않으면, 공용 욕실의 방이 배정될 수 있습니다.

□ 客房服务 kèfáng fúwù 커팡 푸우 객실 서비스

□ 客房送餐服务 kèfáng sòngcān fúwù 커팡 쑹찬 푸우 룸서비스

□ 客房服务员 kèfáng fúwùyuán 커팡 푸우위엔 객실 직원

□ 迎宾先生 yíngbīn xiānsheng 잉삔 시엔성 도어맨

□ 酒店侍者 jiǔdiàn shìzhě 지우띠엔 스저 벨보이

= 门童 méntóng 먼퉁

□ 暖气 nuǎnqì 누안치 図 라디에이터

□ 空调 kōngtiáo 쿵탸오 図 에어컨

= 冷气 lěngqì 렁치

□ 洗手间 xǐshǒujiān 시서우지엔 図 화장실

= 卫生间 wèishēngjiān 웨이성지엔

洗手间在哪儿?
Xǐshǒujiān zài nǎr?
시서우지엔 짜이 나알?
화장실이 어디 있죠?

□ 洗衣房 xǐyīfáng 시이팡 圀 세탁실

□ 迷你吧 mínǐba 미니바 미니바

□ 餐厅 cāntīng 찬팅 圀 음식점, 레스토랑

□ 早餐券 zǎocānquàn 짜오찬취엔 조식 쿠폰

□ 无线互联网 wúxiàn hùliánwǎng 우시엔 후리엔왕 무선 인터넷
　　= 无线网络 wúxiàn wǎngluò 우시엔 왕루어

□ 阳台 yángtái 양타이 圀 발코니, 베란다
　　= 凉台 liángtái 리앙타이

tip. 阳台는 방이나 거실에 포함된 부분을,
凉台는 바람을 쐬기 위한 전용 공간을 가리킵니다.
우리가 말하는 아파트 발코니는 阳台입니다.

□ 眺望 tiàowàng 탸오왕 圗 조망하다, 높은 곳에서 멀리 바라보다

□ 沙滩伞 shātānsǎn 사탄싼 비치파라솔

□ 游泳池 yóuyǒngchí 여우융츠 圀 수영장
　　= 泳池 yǒngchí 융츠

□ 住宿费 zhùsùfèi 주쑤페이 숙박료
　　= 宿费 sùfèi 쑤페이

□ 付钱 fùqián 푸치엔 圗 지불하다
　　= 支付 zhīfù 즈푸

□ 收费 shōufèi 서우페이 圀 요금, 비용 圗 비용을 받다
　　□ 费用 fèiyòng 페이융 圀 비용, 지출

□ 价格 jiàgé 지아거 圀 가격, 값
　　□ 价值 jiàzhí 지아즈 圀 값, 값어치; 가치

□ 总额 zǒng'é 쭝어 圀 총액

□ 附加 fùjiā 푸지아 圐 부가의, 별도의 圗 부가하다

□ 追加 zhuījiā 주이지아 [동] 추가하다
   □ 追加费用 zhuījiā fèiyòng 주이지아 페이융 추가 비용

□ 税金 shuìjīn 수이진 [명] 세금
  = 税款 shuìkuǎn 수이쿠안

□ 免税 miǎnshuì 미엔수이 [동] 면세하다, 면세되다

□ 预订 yùdìng 위띵 [동] 예약하다
  = 预约 yùyuē 위위에
  = 订 dìng 띵

我想订房间。
Wǒ xiǎng dìng fángjiān.
위 시앙 띵 팡지엔
방을 예약하려고 하는데요.

□ 取消 qǔxiāo 취샤오 [동] 취소하다

□ 满 mǎn 만 [형] 가득 차다

对不起, 房间都满了。
Duìbuqǐ, fángjiān dōu mǎn le.
뚜이부치, 팡지엔 떠우 만 러
죄송합니다만, 방이 만실입니다.

□ 钥匙 yàoshi 야오스 [명] 열쇠
  □ 房卡 fángkǎ 팡카 객실 카드키

□ 床上用品 chuángshàng yòngpǐn 추앙상 융핀 [명] 침구
  □ 床单 chuángdān 추앙딴 [명] 침대 시트, 침대보
  = 褥单 rùdān 루딴
  = 被单 bèidān 뻬이딴
  □ 毯子 tǎnzi 탄쯔 [명] 담요
  □ 枕头 zhěntou 전터우 [명] 베개

□ 毛巾 máojīn 마오진 명 수건

□ 洗发露 xǐfàlù 시파루 명 샴푸
    = 洗发精 xǐfàjīng 시파징
    = 香波 xiāngbō 시앙뽀
    □ 护发素 hùfàsù 후파쑤 명 린스
    = 润发乳 rùnfàrǔ 룬파루

□ 肥皂 féizào 페이짜오 명 비누
    □ 沐浴皂 mùyùzào 무위짜오 바디비누
    = 润肤皂 rùnfūzào 룬푸짜오
    □ 沐浴露 mùyùlù 무위루 바디샴푸

□ 浴帽 yùmào 위마오 명 샤워캡

□ 牙刷 yáshuā 야수아 명 칫솔
    □ 牙膏 yágāo 야까오 명 치약

□ 梳子 shūzi 수쯔 명 빗
    □ 梳头 shūtóu 수터우 동 머리를 빗다

□ 吹风机 chuīfēngjī 추이펑지 명 헤어 드라이어

□ 刮胡刀 guāhúdāo 꾸아후따오 명 면도기
    = 剃须刀 tìxūdāo 티쉬따오
    □ 刮胡子 guā húzi 꾸아 후쯔 동 면도하다
    = 刮脸 guāliǎn 꾸아리엔

□ 熨斗 yùndǒu 윈더우 명 다리미

□ 手纸 shǒuzhǐ 서우즈 명 (화장실용) 휴지
    = 卫生纸 wèishēngzhǐ 웨이성즈

□ 干净 gānjìng 깐징 ^형 깨끗하다, 청결하다

= 清洁 qīngjié 칭지에

□ 卫生 wèishēng 웨이셩 ^명 위생 ^형 깨끗하다, 위생적이다

□ 脏 zāng 짱 ^형 더럽다, 불결하다

= 肮脏 āngzāng 앙짱 •———→ **tip.** 肮脏은 행동이 추악하고 비겁한 것을 의미하기도 합니다.

□ 舒服 shūfu 수푸 ^형 편안하다, 쾌적하다

= 舒适 shūshì 수스

□ 不舒服 bùshūfu 뿌수푸 ^형 불편하다

□ 抱怨 bàoyuàn 빠오위엔 ^동 불평하다, 원망하다

꼭! 써먹는 **실전 회화**

22. 숙소 예약

张美林 **你的饭店预订好了没有?**
Zhāng Měilín Nǐ de fàndiàn yùdìnghǎo le méiyǒu?
니 더 판띠엔 위띵하오 러 메이여우?
호텔 예약했니?

王力 **我还没找到合适的饭店。**
Wáng Lì Wǒ hái méi zhǎodào héshì de fàndiàn.
워 하이 메이 자오따오 허스 더 판띠엔
아직 알맞은 호텔을 찾지 못했어.

张美林 **你还是看一下网上对饭店的评价, 然后决定吧。**
Zhāng Měilín Nǐ háishi kàn yíxià wǎngshang duì fàndiàn de píngjià, ránhòu juédìng ba.
니 하이스 칸 이시아 왕상 뚜이 판띠엔 더 핑지아, 지우 쥐에띵 바
웹사이트에서 호텔 평가를 좀 보고 나서, 결정해.

王力 **好主意! 谢谢你。**
Wáng Lì Hǎo zhǔyi! Xièxie nǐ.
하오 주이! 시에시에 니
좋은 생각인데! 고마워.

관광 旅游 뤼여우

□ 旅游 lǚyóu 뤼여우
  몡 여행 동 여행하다, 관광하다

□ 游客 yóukè 여우커
  몡 여행객, 관광객

□ 旅行 lǚxíng 뤼싱
  동 여행하다

□ 客人 kèrén 커런
  몡 손님, 방문객

□ 观光 guānguāng 꾸안꾸앙
  동 관광하다

□ 旅行社 lǚxíngshè 뤼싱서
  몡 여행사

□ 导游 dǎoyóu 다오여우
  몡 관광 안내인, 가이드
  동 (관광객을) 안내하다

□ 个人 gèrén 꺼런
  몡 개인

□ 团体 tuántǐ 투안티
  몡 단체

□ 地图 dìtú 띠투
  몡 지도

□ 旅游咨询处
  lǚyóu zīxúnchù 뤼여우 쯔쉰추
  관광 안내소

□ 旅途 lǚtú 뤼투
명 여정

□ 风景 fēngjǐng 펑징
명 풍경, 경치

□ 大楼 dàlóu 따러우
명 빌딩, 고층 건물

□ 展览会 zhǎnlǎnhuì 잔란후이
명 전람회

□ 博物馆 bówùguǎn 보우구안
명 박물관

□ 作品 zuòpǐn 쭈어핀
명 작품

□ 寺庙 sìmiào 쓰먀오
명 절, 사원

□ 广场 guǎngchǎng 구앙창
명 광장

□ 公园 gōngyuán 꿍위엔
명 공원

□ 游乐场 yóulèchǎng 여우러창
놀이공원

289

□ 旅游项目 lǚyóu xiàngmù 뤼여우 시앙무
여행 프로그램

□ 巡游 xúnyóu 쉰여우
동 유람하다, 크루즈하다

□ 目的地 mùdìdì 무띠띠
명 목적지

□ 路 lù 루
명 길, 도로

□ 城市 chéngshì 청스 명 도시
□ 都市 dūshì 뚜스 명 대도시

□ 村 cūn 춘 명 촌락, 마을
□ 乡下 xiāngxià 시앙시아
명 시골, 농촌

□ 山 shān 산
명 산

□ 江 jiāng 지앙
= 河 hé 허
명 강

□ 溪 xī 시
명 시내

□ 湖 hú 후
= 湖泊 húpō 후포
명 호수

□ 池 chí 츠
명 못, 늪

□ 海 hǎi 하이
= 大海 dàhǎi 따하이
명 바다

□ 入场 rùchǎng 루창
= 进场 jìnchǎng 진창
동 입장하다
□ 入口 rùkǒu 루커우
명 입구

□ 出去 chūqù 추취 동 나가다
□ 退出 tuìchū 투이추 동 퇴장하다
□ 出口 chūkǒu 추커우
명 출구

□ 距离 jùlí 쥐리
명 거리, 간격

□ 照相 zhàoxiàng 자오시앙
= 拍照 pāizhào 파이자오
동 사진을 찍다
□ 自拍 zìpāi 쯔파이
셀프 카메라

□ 礼物 lǐwù 리우
= 礼品 lǐpǐn 리핀
명 선물

□ 纪念品 jìniànpǐn 지니엔핀
명 기념품

291

□ 旅游 lǚyóu 뤼여우 몡 여행 동 여행하다, 관광하다

　　□ 旅行 lǚxíng 뤼싱 동 여행하다

　　□ 游览 yóulǎn 여우란 동 (경치 좋은 곳이나 명승지를) 유람하다

　　□ 周游 zhōuyóu 저우여우 동 두루 돌아다니다

□ 观光 guānguāng 꾸안꾸앙 동 관광하다

　　□ 观看 guānkàn 꾸안칸 동 관람하다

□ 游客 yóukè 여우커 몡 여행객, 관광객 ↪ **tip.** 한국으로 관광 오는 중국 관광객들을 흔히 '유커'라고 하는데, 바로 游客를 말하는 것입니다.

□ 客人 kèrén 커런 몡 손님, 방문객

□ 旅行家 lǚxíngjiā 뤼싱지아 몡 여행가(여행을 직업으로 하는 사람)

□ 旅行社 lǚxíngshè 뤼싱서 몡 여행사

　　□ 旅行团 lǚxíngtuán 뤼싱투안 몡 여행단

□ 个人 gèrén 꺼런 몡 개인

□ 团体 tuántǐ 투안티 몡 단체

□ 地图 dìtú 띠투 몡 지도

□ 信息 xìnxī 신시 몡 정보

□ 旅游咨询处 lǚyóu zīxúnchù 뤼여우 쯔쉰추 관광 안내소

　　= 旅游信息办公室 lǚyóu xìnxī bàngōngshì 뤼여우 신시 빤꿍스

　　□ 导游 dǎoyóu 다오여우 몡 관광 안내인, 가이드 동 (관광객을) 안내하다

　　旅游咨询处在哪儿?
　　Lǚyóu zīxúnchù zài nǎr?
　　뤼여우 쯔쉰추 짜이 나알?
　　관광 안내소가 어디에 있습니까?

□ 旅途 lǚtú 뤼투 몡 여정

　　= 旅程 lǚchéng 뤼청

　　= 路途 lùtú 루투

□ **风景** fēngjǐng 펑징 몡 풍경, 경치
    = **风光** fēngguāng 펑꾸앙
    = **景色** jǐngsè 징써

□ **景点** jǐngdiǎn 징디엔 몡 명승지, 경치가 좋은 곳

请推荐一下附近值得去看的景点。
Qǐng tuījiàn yíxià fùjìn zhídé qù kàn de jǐngdiǎn.
칭 투이지엔 이시아 푸진 즈더 취 칸 더 징디엔
근처에 가 볼만한 관광지를 추천해 주세요.

□ **纪念碑** jìniànbēi 지니엔뻬이 몡 기념비

□ **纪念馆** jìniànguǎn 지니엔구안 몡 기념관

□ **大楼** dàlóu 따러우 몡 빌딩, 고층 건물
    = **大厦** dàshà 따사
    = **高楼** gāolóu 까오러우

□ **楼群** lóuqún 러우췬 몡 빌딩숲

□ **摩天大楼** mótiān dàlóu 모티엔 따러우 초고층 빌딩, 마천루

tip. 摩天大楼는 처음에는 20층 정도의 건물을 말했으나, 요즘에는 40~50층의 고층 빌딩을 의미합니다.

    = **超高层大楼** chāo gāocéng dàlóu 차오 까오청 따러우
    = **摩天大厦** mótiān dàshà 모티엔 따사
    = **摩天楼** mótiānlóu 모티엔러우

□ **塔** tǎ 타 몡 탑, 탑 모양의 건축물

□ **城堡** chéngbǎo 청바오 몡 작은 성

    tip. 城堡는 주로 중세 유럽에서 지어진 성을 일컫습니다.

□ **展览** zhǎnlǎn 잔란 동 전람하다
    □ **展览会** zhǎnlǎnhuì 잔란후이 몡 전람회
    □ **展览品** zhǎnlǎnpǐn 잔란핀 몡 전시품
    □ **作品** zuòpǐn 쭈어핀 몡 작품

□ 开放时间 kāifàng shíjiān 카이팡 스지엔 문 여는 시간

□ 关闭时间 guānbì shíjiān 꾸안삐 스지엔 문 닫는 시간

□ 博物馆 bówùguǎn 보우구안 명 박물관

> 从这儿到博物馆远吗?
> Cóng zhèr dào bówùguǎn yuǎn ma?
> 충 저얼 따오 보우구안 위엔 마?
> 여기에서 박물관까지 멉니까?

□ 美术馆 měishùguǎn 메이수구안 미술관

　　□ 画廊 huàláng 후아랑 명 화랑(그림이나 사진 등의 전시 공간)

tip. 画廊은 '그림으로 장식된 복도'라는 의미도 있습니다.

□ 科学馆 kēxuéguǎn 커쉬에구안 과학관

□ 电影院 diànyǐngyuàn 띠엔잉위엔 명 영화관

□ 剧院 jùyuàn 쥐위엔 명 극장

tip. 剧院은 공연, 뮤지컬, 음악 등 문화예술 공연을 하는 장소를 말합니다.

□ 寺庙 sìmiào 쓰먀오 명 절, 사원

tip. 寺庙는 寺와 庙가 합쳐진 명칭으로, 불교의 '절'은 물론, 역사적인 인물을 모신 사당까지 포함합니다.

　　□ 寺 sì 쓰 명 절

　　□ 庙 miào 먀오 명 사원, 사당

　　□ 孔子庙 Kǒngzǐmiào 쿵쯔먀오 명 공자묘

tip. 孔子庙는 '孔庙 Kǒngmiào 쿵먀오'라고도 하며, 중국의 교육자이자 사상가인 공자(孔子)를 모신 사당입니다. 중국인들이 가장 존경하는 인물인만큼 중국 각지는 물론, 한국, 일본, 대만, 싱가포르, 미국, 인도네시아, 베트남 등 여러 나라에도 孔子庙가 존재합니다.
그 중, 공자의 고향인 '曲阜 Qūfù 취푸'의 '曲阜孔庙 Qūfù Kǒngmiào 취푸 쿵먀오'와
'南京 Nánjīng 난징'에 있는 '南京夫子庙 Nánjīng Fūzǐmiào 난징 푸쯔먀오' 등이 유명합니다.

　　□ 武庙 Wǔmiào 우먀오 명 관제묘

tip. 武庙는 삼국지의 '관우(關羽)'를 모신 사당입니다. 武庙의 으뜸으로 '解州关帝庙 Hàizhōu Guāndìmiào 하이저우 꾸안띠먀오'를 꼽습니다.

□ 大教堂 dàjiàotáng 따쟈오탕 명 대성당

□ 宫殿 gōngdiàn 꿍띠엔 명 궁전

　= 皇宫 huánggōng 후앙꿍

tip. 중국인들은 皇宫 하면, 주로 베이징의 '紫禁城 Zǐjìnchéng 쯔진청'을 떠올립니다.

□ 王 wáng 왕 ⃝명 왕, 임금
    □ 国王 guówáng 구어왕 ⃝명 국왕
    □ 皇帝 huángdì 후앙띠 ⃝명 황제
    □ 皇上 huángshàng 후앙상 ⃝명 황상(황제를 부르는 호칭)

□ 女王 nǚwáng 뉘왕 ⃝명 여왕
    □ 皇后 huánghòu 후앙허우 ⃝명 황후
    = 王后 wánghòu 왕허우
    □ 王妃 wángfēi 왕페이 ⃝명 왕비

tip. 皇后가 황제의 정식 부인이면 王妃는 황제의 첩으로, 지위상 皇后 다음입니다. 王妃는 그 밖에 황태자나 지방 군주의 아내를 일컫기도 합니다.

□ 王子 wángzǐ 왕쯔 ⃝명 왕자

□ 公主 gōngzhǔ 꿍주 ⃝명 공주

□ 广场 guǎngchǎng 구앙창 ⃝명 광장

□ 公园 gōngyuán 꿍위엔 ⃝명 공원

□ 动物园 dòngwùyuán 똥우위엔 ⃝명 동물원

□ 植物园 zhíwùyuán 즈우위엔 ⃝명 식물원

□ 游乐场 yóulèchǎng 여우러창 놀이공원
    = 游乐园 yóulèyuán 여우러위엔

□ 受欢迎 shòu huānyíng 서우 후안잉 인기 있다, 환영 받다
    □ 红 hóng 훙 ⃝형 인기가 있다, 번창하다
    □ 流行 liúxíng 리우싱 ⃝형 ⃝동 유행하다

tip. 著名은 '사람이 어떤 방면에서 출중하여 이름을 날리다'는 뜻입니다.

□ 有名 yǒumíng 여우밍 ⃝형 유명하다, 명성이 높다
    □ 著名 zhùmíng 주밍 ⃝형 유명하다, 저명하다
    □ 闻名 wénmíng 원밍 ⃝형 유명하다 ⃝동 명성을 듣다

tip. 闻名은 '지명도가 높다'거나 '널리 이름을 떨친다'는 뜻을 담고 있습니다.

□ 名声 míngshēng 밍성 ⃝명 명성
    = 名气 míngqì 밍치

tip. 名声는 보편적으로 인정받은 개인의 인품이나 일반적인 평가를 의미합니다.

□ **名人** míngrén 밍런 뗑 유명 인사

    □ **明星** míngxīng 밍싱 유명 연예인, 스타

    □ **傍名人** bàng míngrén 빵 밍런

        신 출세를 위해 유명 인사와 관계를 유지하는 것

□ **无名** wúmíng 우밍 뗑 무명이다, 이름이 잘 알려지지 않다

□ **气派** qìpài 치파이 뗑 풍채, 기품 뗑 근사하다, 당당하다

□ **雄伟** xióngwěi 시웅웨이 뗑 웅대하고 위세가 넘치다

□ **历史** lìshǐ 리스 뗑 역사

    □ **历史性** lìshǐxìng 리스싱 뗑 역사성

□ **商业** shāngyè 상이에 뗑 상업, 비즈니스

    □ **商业性** shāngyèxìng 상이에싱 뗑 상업성

□ **艺术** yìshù 이수 뗑 예술 뗑 예술적이다

    □ **艺术性** yìshùxìng 이수싱 뗑 예술성

□ **推荐** tuījiàn 투이지엔 뗑 추천하다

□ **旅游项目** lǚyóu xiàngmù 뤼여우 시앙무 여행 프로그램

    □ **一日游** yírìyóu 이르여우 당일치기 여행

    □ **半日游** bànrìyóu 빤르여우 반나절 투어

    □ **全天游** quántiānyóu 취엔티엔여우 종일 투어

□ **巡游** xúnyóu 쉰여우 뗑 유람하다, 크루즈하다

□ **地方** dìfang 띠팡 뗑 장소, 곳   **tip.** 地方은 dìfang과 dìfāng 두 가지 발음이 있습니다. 각각 다른 의미이므로, 발음에 주의하세요.

    dìfāng 띠팡 뗑 (중앙 도시에 대하여) 지방

□ **目的地** mùdìdì 무띠띠 뗑 목적지

□ **路** lù 루 뗑 길, 도로

□ **大街** dàjiē 따지에 몡 대로, 큰길
　　　= **街道** jiēdào 지에따오
　　　= **大道** dàdào 따따오

□ **城市** chéngshì 청스 몡 도시
　　　□ **都市** dūshì 뚜스 몡 대도시
　　　□ **市内** shìnèi 스네이 몡 시내
　　　□ **乡镇** xiāngzhèn 시앙전 몡 소도시

请给我一张这个城市的旅游地图。
Qǐng gěi wǒ yì zhāng zhè ge chéngshì de lǚyóu dìtú.
칭 게이 워 이 장 저 거 청스 더 뤼여우 띠투
이 도시의 관광 지도 한 장 주세요.

□ **村** cūn 춘 몡 촌락, 마을
　　　= **村子** cūnzi 춘쯔
　　　□ **乡下** xiāngxià 시앙시아 몡 시골, 농촌
　　　= **乡村** xiāngcūn 시앙춘

□ **山** shān 산 몡 산

□ **江** jiāng 지앙 몡 강
　　　= **河** hé 허

□ **川** chuān 추안 몡 하천
　　　□ **川流不息** chuānliúbùxī 추안리우뿌시
　　　셩 (행인·차량이) 끊임없이 오가다

tip. 川流不息는 '냇물처럼 끊임없이 흐른다'는 의미로, 행인이나 차량 등이 꼬리에 꼬리를 물고 늘어진 모양을 말합니다.

□ **溪** xī 시 몡 시내
　　　□ **小河** xiǎohé 샤오허 몡 시내, 개울

□ **湖** hú 후 몡 호수
　　　= **湖泊** húpō 후포

tip. 湖泊는 호수의 통칭입니다.

□ **池** chí 츠 몡 못, 늪

□ 海 hǎi 하이 명 바다
  = 大海 dàhǎi 따하이
  □ 海洋 hǎiyáng 하이양 명 해양, 바다
  □ 海滨 hǎibīn 하이삔 명 해변, 바닷가
  = 海边 hǎibian 하이비엔
  □ 沙滩 shātān 사탄 명 모래사장

□ 入场 rùchǎng 루창 동 입장하다
  = 进场 jìnchǎng 진창
  □ 入口 rùkǒu 루커우 명 입구
  □ 门票 ménpiào 먼퍄오 명 입장권
  □ 进场费 jìnchǎngfèi 진창페이 입장료
  = 入场费 rùchǎngfèi 루창페이
  = 门票费 ménpiàofèi 먼퍄오페이

□ 出去 chūqù 추취 동 나가다
  □ 退出 tuìchū 투이추 동 퇴장하다; 회원탈퇴하다
  □ 出口 chūkǒu 추커우 명 출구

□ 距离 jùlí 쥐리 명 거리, 간격

□ 远 yuǎn 위엔 형 멀다

□ 近 jìn 진 형 가깝다

□ 照相 zhàoxiàng 자오시양 동 사진을 찍다
  = 拍照 pāizhào 파이자오
  □ 自拍 zìpāi 쯔파이 셀프 카메라
  □ 自拍杆 zìpāigān 쯔파이깐 셀카봉

□ 礼物 lǐwù 리우 명 선물
  = 礼品 lǐpǐn 리핀

□ 纪念品 jìniànpǐn 지니엔핀 명 기념품

□ 明信片 míngxìnpiàn 밍신피엔 명 우편엽서

□ 钥匙环 yàoshihuán 야오스후안 명 열쇠고리

□ 特产品 tèchǎnpǐn 터찬핀 명 특산물

□ 土产 tǔchǎn 투찬 명 토산품
　　　= 土产品 tǔchǎnpǐn 투찬핀

□ 大使馆 dàshǐguǎn 따스구안 명 대사관

请帮我联系韩国大使馆。
Qǐng bāng wǒ liánxì Hánguó dàshǐguǎn.
칭 빵 워 리엔시 한구어 따스구안
한국 대사관에 연락해 주세요.

꼭! 써먹는 **실전 회화**

23. 여행

王力　　　我想去越南旅行。
Wáng Lì　Wǒ xiǎng qù Yuènán lǚxíng.
　　　　 워 시앙 취 위에난 뤼싱
　　　　 베트남으로 여행가고 싶어.

张美林　　你去那儿打算做什么?
Zhāng Měilín　Nǐ qù nàr dǎsuan zuò shénme?
　　　　 니 취 나알 다쑤안 쭈어 선머?
　　　　 거기 가서 뭐 할 건데?

王力　　　我不想逛, 只想休息。
Wáng Lì　Wǒ bùxiǎng guàng, zhǐ xiǎng xiūxi.
　　　　 워 뿌시앙 꾸앙, 즈 시앙 시우시
　　　　 돌아다니고 싶진 않아, 쉬기만 하려고.

张美林　　那我推荐岘港。那儿又安静又美丽。
Zhāng Měilín　Nà wǒ tuījiàn Xiàngǎng. Nàr yòu ānjìng yòu měilì.
　　　　 나 워 투이지엔 시엔강. 나알 여우 안징 여우 메이리
　　　　 그럼 다낭을 추천할게. 거기는 조용하기도 하고 아름답기도 하지.

사고&사건 事故和事件 스꾸 허 스지엔

□ 事故 shìgù 스꾸
　명 사고

□ 事件 shìjiàn 스지엔
= 案件 ànjiàn 안지엔
　명 사건

□ 痛苦 tòngkǔ 퉁쿠
　명 고통, 아픔
　형 고통스럽다, 괴롭다

□ 骨 gǔ 구
= 骨头 gǔtou 구터우
　명 뼈

□ 骨折 gǔzhé 구저
　동 골절되다

□ 烫伤 tàngshāng 탕상
= 烧伤 shāoshāng 사오상
　명 화상 동 화상을 입다

□ 冻伤 dòngshāng 뚱상
　명 동상 동 동상에 걸리다

□ 划伤 huáshāng 후아상
　동 긁히다, 베이다

□ 血 xuè 쉬에 명 피, 혈액

□ 流血 liúxuè 리우쉬에 동 출혈하다

300

□ **绷带** bēngdài 뻥따이
　명 붕대

□ **急救** jíjiù 지지우
　동 응급처치를 하다

□ **疮口贴** chuāngkǒutiē 추앙커우티에
　명 반창고, 밴드

□ **救助** jiùzhù 지우주
　동 구조하다

□ **急救包** jíjiùbāo 지지우빠오
　명 구급상자

□ **救护车** jiùhùchē 지우후처
　명 구급차

□ **心脏麻痹** xīnzàng mábì 신짱 마삐
　명 심장마비

□ **心肺复苏** xīnfèi fùsū 신페이 푸쑤
　명 심폐소생술

□ **窒息** zhìxī 즈시
　동 질식하다, 질식시키다

□ **晕倒** yūndǎo 윈다오
　동 기절하여 쓰러지다, 졸도하다

□ **治疗** zhìliáo 즈랴오
　동 치료하다

□ **恢复** huīfù 후이푸
　동 회복하다

□ 警察 jǐngchá 징차
　명 경찰

□ 警察局 jǐngchájú 징차쥐
　명 경찰서

□ 目击者 mùjīzhě 무지저
　명 목격자

□ 犯人 fànrén 판런
　명 범인, 죄인

□ 报警 bàojǐng 빠오징
　동 경찰에 신고하다

□ 偷 tōu 터우
= 窃 qiè 치에
　동 도둑질하다, 훔치다

□ 盗 dào 따오
　명 도둑, 강도 동 훔치다, 도둑질하다

□ 强盗 qiángdào 치앙따오
　명 강도

□ 扒手 páshǒu 파서우
　명 소매치기

□ 骗子 piànzi 피엔쯔
　명 사기꾼

□ 骗 piàn 피엔
= 诈 zhà 자
　동 속이다, 기만하다

□ **交通事故** jiāotōng shìgù 쟈오퉁 스꾸
= **车祸** chēhuò 처후어
교통사고

□ **碰** pèng 펑
= **撞** zhuàng 주앙
동 충돌하다, 부딪치다

□ **超速** chāosù 차오쑤
동 과속하다

□ **拖吊车** tuōdiàochē 투어땨오처
견인차

□ **火灾** huǒzāi 후어짜이 명 화재
□ **着火** zháohuǒ 자오후어 동 불나다

□ **救火车** jiùhuǒchē 지우후어처
명 소방차

□ **消防站** xiāofángzhàn 샤오팡잔
소방서

□ **雪崩**
xuěbēng 쉬에뻥
명 눈사태

□ **山崩**
shānbēng 산뻥
명 산사태

□ **地震**
dìzhèn 띠전
명 지진

□ **海啸**
hǎixiào 하이샤오
명 해일, 쓰나미

□ **事故** shìgù 스꾸 명 사고

□ **事件** shìjiàn 스지엔 명 사건
　　= **案件** ànjiàn 안지엔

□ **伤害** shānghài 상하이 동 다치게 하다

□ **受伤** shòushāng 서우상 동 부상당하다
　　□ **伤损** shāngsǔn 상쑨 동 다치다, 손상되다

□ **痛苦** tòngkǔ 퉁쿠 명 고통, 아픔 형 고통스럽다, 괴롭다 •
　　□ **难受** nánshòu 난서우 형 견딜 수 없다, 괴롭다
　　□ **艰难** jiānnán 지엔난 형 곤란하다, 힘들다

　　　　　　　　　　　　　　tip. 痛苦는 불편하거나 불쾌한 감정으로 인한
　　　　　　　　　　　　　　부정적인 느낌이나 다쳐서 괴로운 느낌을,
　　　　　　　　　　　　　　难受는 심리적으로 즐겁지 못한 상태를,
　　　　　　　　　　　　　　艰难은 어렵고 곤란한 상황으로 인한 상태를
　　　　　　　　　　　　　　말합니다.

□ **骨** gǔ 구 명 뼈
　　= **骨头** gǔtou 구터우
　　□ **骨折** gǔzhé 구저 동 골절되다

□ **烫** tàng 탕 형 몹시 뜨겁다, 화상을 입다
　　□ **烫伤** tàngshāng 탕상 명 화상 동 화상을 입다
　　= **烧伤** shāoshāng 사오상

□ **冻伤** dòngshāng 뚱상 명 동상 동 동상에 걸리다

□ **划伤** huáshāng 후아상 동 긁히다, 베이다
　　□ **割** gē 꺼 동 베다, 자르다

□ **血** xuè 쉬에 명 피, 혈액
　　□ **流血** liúxuè 리우쉬에 동 출혈하다
　　□ **止血** zhǐxuè 즈쉬에 동 지혈하다
　　□ **止血剂** zhǐxuèjì 즈쉬에지 지혈제

□ **绷带** bēngdài 뻥따이 명 붕대
　　□ **石膏绷带** shígāo bēngdài 스까오 뻥따이 명 깁스(석고붕대)

□ **创可贴** chuàngkětiē 추앙커티에 명 반창고

□ **急救** jíjiù 지지우 동 응급처치를 하다
　　　　□ **急救包** jíjiùbāo 지지우빠오 명 구급상자
　　　　□ **急救常识** jíjiù chángshí 지지우 창스 명 응급상식
　　　　□ **急救措施** jíjiù cuòshī 지지우 추어스 응급조치

□ **急诊** jízhěn 지전 명 응급진료
　　　　□ **急诊室** jízhěnshì 지전스 명 응급실

　　急诊室在哪儿?
　　Jízhěnshì zài nǎr?
　　지전스 짜이 나알?
　　응급실이 어디예요?

□ **救助** jiùzhù 지우주 동 구조하다
　　　　= **拯救** zhěngjiù 정지우

□ **救护车** jiùhùchē 지우후처 명 구급차

　　马上叫救护车。
　　Mǎshàng jiào jiùhùchē.
　　마상 쟈오 지우후처
　　바로 구급차를 불러요.

□ **脑血管意外** nǎoxuèguǎn yìwài 나오쉬에구안 이와이 명 뇌졸중
　　　　= **中风** zhòngfēng 중펑 (脑血管意外의 낮은말)

□ **癫痫** diānxián 띠엔시엔 명 간질
　　　　= **羊角风** yángjiǎofēng 양쟈오펑 (癫痫의 낮은말)

□ **心脏麻痹** xīnzāng mábì 신쌍 마삐 명 심장마비
　　　　□ **心肺复苏** xīnfèi fùsū 신페이 푸쑤 명 심폐소생술

□ **窒息** zhìxī 즈시 동 질식하다, 질식시키다

□ 晕倒 yūndǎo 윈다오 [동] 기절하여 쓰러지다, 졸도하다

　　□ 昏厥 hūnjué 훈쮜에 [동] 의식을 잃다, 기절하다

朋友晕倒了。
Péngyou yūndǎo le.
펑여우 윈다오 러
친구가 쓰러졌어요.

□ 治疗 zhìliáo 즈랴오 [동] 치료하다

□ 恢复 huīfù 후이푸 [동] 회복하다

　　□ 康复 kāngfù 캉푸 [동] 건강을 회복하다

希望你早日康复!
Xīwàng nǐ zǎorì kāngfù!
시왕 니 짜오르 캉푸!
속히 회복되길 바랍니다!

□ 警察 jǐngchá 징차 [명] 경찰

□ 警察局 jǐngchájú 징차쮜 [명] 경찰서

　　□ 派出所 pàichūsuǒ 파이추쑤어 [명] 파출소

去最近的派出所报警比较好。
Qù zuì jìn de pàichūsuǒ bàojǐng bǐjiào hǎo.
취 쮀이 진 더 파이추쑤어 빠오징 비쟈오 하오
가장 가까운 파출소에 가서 신고하는 것이 좋겠어요.

□ 陈述 chénshù 천수 [동] 진술하다

　　□ 供词 gòngcí 꿍츠 [명] 자백, 진술

□ 证词 zhèngcí 정츠 [명] 증언

　　= 证言 zhèngyán 정이엔

□ 证据 zhèngjù 정쮜 [명] 증거

　　□ 凭据 píngjù 핑쮜 [명] 증거, 증거물

□ 见证人 jiànzhèngrén 지엔정런 [명] 증인

□ **目击者** mùjīzhě 무지저 명 목격자

□ **犯人** fànrén 판런 명 범인, 죄인

□ **疑犯** yífàn 이판 명 용의자, 피의자

    = **嫌犯** xiánfàn 시엔판

□ **通知** tōngzhī 퉁즈 명 통지 동 통지하다

□ **报告** bàogào 빠오까오 명 보고, 보고서 동 보고하다

□ **报警** bàojǐng 빠오징 동 경찰에 신고하다

    我被偷了，我要报警。
    Wǒ bèi tōu le, wǒ yào bàojǐng.
    워 뻬이 터우 러, 워 야오 빠오징
    나는 도둑 맞아서, 경찰에 신고할 거야.

□ **违反** wéifǎn 웨이판 명 위반하다, 어기다

□ **罪** zuì 쭈이 명 죄

    □ **犯罪** fànzuì 판쭈이 동 죄를 저지르다

    □ **有罪** yǒuzuì 여우쭈이 동 죄가 있다, 유죄이다

    □ **无罪** wúzuì 우쭈이 동 죄가 없다, 무죄이다

    □ **负罪感** fùzuìgǎn 푸쭈이간 명 죄책감

□ **偷** tōu 터우 동 도둑질하다, 훔치다

    = **窃** qiè 치에

    我的钱包被偷了。
    Wǒ de qiánbāo bèi tōu le.
    워 더 치엔빠오 뻬이 터우 러
    내 지갑을 도둑 맞았어요.

□ **盗** dào 따오 명 도둑, 강도 동 훔치다, 도둑질하다

□ **贼** zéi 쩨이 명 도둑

    = **盗贼** dàozéi 따오쩨이

□ 窃贼 qièzéi 치에쩨이 명 도둑, 좀도둑

　　= 小偷 xiǎotōu 샤오터우

□ 盗窃 dàoqiè 따오치에 동 도둑질하다, 절도하다

　　= 做贼 zuòzéi 쭈어쩨이

　　□ 窃技 qièjì 치에지 성 도둑질하는 솜씨

□ 强盗 qiángdào 치앙따오 명 강도

□ 扒手 páshǒu 파서우 명 소매치기

小心扒手!
Xiǎoxīn páshǒu!
샤오신 파서우!
소매치기를 조심하세요!

□ 骗子 piànzi 피엔쯔 명 사기꾼

钱被骗子骗走了。
Qián bèi piànzi piànzǒu le.
치엔 뻬이 피엔쯔 피엔쩌우 러
사기꾼에게 돈을 떼였어요.

□ 骗 piàn 피엔 동 속이다, 기만하다

　　= 诈 zhà 자

　　□ 欺骗 qīpiàn 치피엔 동 속이다, 사기치다

　　□ 诈骗 zhàpiàn 짜피엔 동 속이다, 갈취하다

□ 上当 shàngdàng 상땅 동 속다, 사기를 당하다

　　= 受骗 shòupiàn 서우피엔

□ 杀人 shārén 사런 동 살인하다

　　□ 杀人犯 shārénfàn 사런판 명 살인범

　　□ 凶手 xiōngshǒu 시웅서우 명 살인범, 흉악범

　　□ 连环杀手 liánhuán shāshǒu 리엔후안 사서우 연쇄살인범

□ **走失** zǒushī 쩌우스 동 (사람이나 가축이) 행방불명이 되다, 실종되다

= **失踪** shīzōng 스쭝

　□ **失踪者** shīzōngzhě 스쭝저 행방불명자, 실종자

　□ **去向不明** qùxiàng bùmíng 취시앙 뿌밍 행방불명

= **下落不明** xiàluò bùmíng 시아루어 뿌밍

　□ **迷路儿童** mílù értóng 미루 얼퉁 미아

　□ **寻人** xúnrén 쉰런 실종자를 찾다

□ **丢** diū 띠우 동 분실하다, 잃어버리다

= **丢失** diūshī 띠우스

= **遗失** yíshī 이스

信用卡丢了。
Xìnyòngkǎ diū le.
신융카 띠우 러
신용카드를 잃어버렸습니다.

□ **挂失** guàshī 꾸아스 동 분실신고를 하다

我信用卡丢了，我要挂失。
Wǒ xìnyòngkǎ diū le, wǒ yào guàshī.
워 신융카 띠우 러, 워 야오 꾸아스
신용카드를 잃어버려서요, 분실신고를 하려고요.

□ **丢失物品** diūshī wùpǐn 띠우스 우핀 분실물

= **遗失物品** yíshī wùpǐn 이스 우핀

□ **失物招领处** shīwù zhāolǐngchù 스우 자오링추 분실물 보관소

失物招领处在哪儿？
Shīwù zhāolǐngchù zài nǎr?
스우 자오링추 짜이 나알?
분실물 보관소가 어디예요?

□ **交通事故** jiāotōng shìgù 쟈오퉁 스꾸 교통사고

= **车祸** chēhuò 처후어

□ 碰 pèng 펑 [동] 충돌하다, 부딪치다
    = 撞 zhuàng 주앙
        □ 相撞 xiāngzhuàng 시앙주앙 [동] 충돌하다
        □ 冲突 chōngtū 충투 [명] 충돌 [동] 충돌하다

□ 超车 chāochē 차오처 [동] (앞차를) 추월하다
        □ 超速 chāosù 차오쑤 [동] 과속하다

□ 拖吊车 tuōdiàochē 투어땨오처 견인차

□ 逃走 táozǒu 타오쩌우 [동] 도망치다, 달아나다
    = 逃亡 táowáng 타오왕
    = 逃逸 táoyì 타오이
        □ 半夜逃走 bànyè táozǒu 빤이에 타오쩌우 야반 도주

□ 救生员 jiùshēngyuán 지우성위엔 [명] 인명 구조 요원

□ 淹死 yānsǐ 이엔쓰 [동] 익사하다
    = 溺死 nìsǐ 니쓰

□ 滑 huá 후아 [형] 미끄럽다 [동] 미끄러지다

台阶很滑。
Táijiē hěn huá.
타이지에 헌 후아
계단에 미끄럽다.

□ 冰面 bīngmiàn 삥미엔 빙판

□ 火灾 huǒzāi 후어짜이 [명] 화재
        □ 着火 zháohuǒ 자오후어 [동] 불나다

□ 救火车 jiùhuǒchē 지우후어처 [명] 소방차
        □ 消防站 xiāofángzhàn 샤오팡잔 소방서

□ 灾难 zāinàn 짜이난 명 재난, 재해

    = 灾害 zāihài 짜이하이

    □ 自然灾难 zìrán zāinàn 쯔란 짜이난 자연 재난

□ 雪崩 xuěbēng 쉬에뻥 명 눈사태

□ 山崩 shānbēng 산뻥 명 산사태

    □ 山体滑坡 shāntǐ huápō 산티 후아포 산사태가 나다

□ 地震 dìzhèn 띠전 명 지진

□ 海啸 hǎixiào 하이샤오 명 해일, 쓰나미

꼭! 써먹는 **실전 회화**

24. 미아 신고

高太太
Gāo Tàitai

请帮帮我，我的儿子不见了。
Qǐng bāngbang wǒ, wǒ de érzi bújiàn le.
칭 빵방 워, 워 더 얼쯔 부지엔 러
도와주세요, 제 아들이 사라졌어요.

警察
jǐngchá

好的。请您先给我说明一下您儿子的特点。
Hǎode. Qǐng nín xiān gěi wǒ shuōmíng yíxià nín érzi de tèdiǎn.
하오더. 칭 닌 시엔 게이 워 수어밍 이시아 닌 얼쯔 더 터디엔
네. 먼저 아드님의 특징에 대해 설명해 주세요.

高太太
Gāo Tàitai

他七岁，穿着红色的夹克。
Tā qī suì, chuānzhe hóngsè de jiákè.
타 치 쑤이, 추안저 훙써 더 지아커
7살이고, 빨간색 재킷을 입고 있어요.

警察
jǐngchá

不要担心。我一定会找到您的儿子的。
Búyào dānxīn. Wǒ yídìng huì zhǎodào nín de érzi de.
부야오 딴신. 워 이띵 후이 자오따오 닌 더 얼쯔 더
걱정마세요. 저희가 아드님을 찾아 드릴게요.

练习

다음 단어를 읽고 맞는 뜻과 연결하세요.

1. 船 •   • 경찰

2. 地图 •   • 교통

3. 飞机 •   • 교통 신호등

4. 红绿灯 •   • 기차, 열차

5. 火车 •   • 배, 선박

6. 交通 •   • 비행기

7. 警察 •   • 사건

8. 酒店 •   • 사고

9. 开车 •   • 여행

10. 旅游 •   • 운전하다

11. 事故 •   • 지도

12. 事件 •   • 호텔

1. 船 – 배, 선박 2. 地图 – 지도 3. 飞机 – 비행기 4. 红绿灯 – 교통 신호등
5. 火车 – 기차, 열차 6. 交通 – 교통 7. 警察 – 경찰 8. 酒店 – 호텔
9. 开车 – 운전하다 10. 旅游 – 여행 11. 事故 – 사고 12. 事件 – 사건

第七章

기타

숫자 数字 수쯔

■ **数字** shùzì 수쯔 명 숫자

■ **基数** jīshù 지수 명 기수
= **基本数字** jīběn shùzì 지번 수쯔

□ **零** líng 링 쉬 0, 영

□ **一** yī 이 쉬 1, 일, 하나
　　갖은자 **壹** yī 이 ↷ **tip.** '갖은자'란 금액 등을 표기할 때 변조를 막기 위해 쓰는 글자입니다.

□ **二** èr 얼 쉬 2, 이, 둘
　　갖은자 **貳** èr 얼
　　= **两** liǎng 리앙

　tip. 2는 二과 两 모두 쓸 수 있는데,
　　　　보통 양사 앞의 2는 两이라고 하고,
　　　　10 이상의 2는 二이라고 합니다.

□ **三** sān 싼 쉬 3, 삼, 셋
　　갖은자 **参** sān 싼

□ **四** sì 쓰 쉬 4, 사, 넷
　　갖은자 **肆** sì 쓰

□ **五** wǔ 우 쉬 5, 오, 다섯
　　갖은자 **伍** wǔ 우

□ **六** liù 리우 쉬 6, 육, 여섯
　　갖은자 **陆** liù 리우

□ **七** qī 치 쉬 7, 칠, 일곱
　　갖은자 **柒** qī 치

□ **八** bā 빠 쉬 8, 팔, 여덟
　　갖은자 **捌** bā 빠

□ **九** jiǔ 지우 쉬 9, 구, 아홉
　　갖은자 **玖** jiǔ 지우

□ **十** shí 스 쉬 10, 십, 열
　　갖은자 **拾** shí 스

□ 十一 shíyī 스이 ㈜ 11, 십일, 열하나

□ 十二 shí'èr 스얼 ㈜ 12, 십이, 열둘

□ 十三 shísān 스싼 ㈜ 13, 십삼, 열셋

□ 十四 shísì 스쓰 ㈜ 14, 십사, 열넷

□ 十五 shíwǔ 스우 ㈜ 15, 십오, 열다섯

□ 十六 shíliù 스리우 ㈜ 16, 십육, 열여섯

□ 十七 shíqī 스치 ㈜ 17, 십칠, 열일곱

□ 十八 shíbā 스빠 ㈜ 18, 십팔, 열여덟

□ 十九 shíjiǔ 스지우 ㈜ 19, 십구, 열아홉

□ 二十 èrshí 얼스 ㈜ 20, 이십, 스물

□ 二十一 èrshíyī 얼스이 ㈜ 21, 이십일, 스물하나

□ 二十二 èrshí'èr 얼스얼 ㈜ 22, 이십이, 스물둘

□ 二十三 èrshísān 얼스싼 ㈜ 23, 이십삼, 스물셋

□ 二十四 èrshísì 얼스쓰 ㈜ 24, 이십사, 스물넷

□ 二十五 èrshíwǔ 얼스우 ㈜ 25, 이십오, 스물다섯

□ 二十六 èrshíliù 얼스리우 ㈜ 26, 이십육, 스물여섯

□ 二十七 èrshíqī 얼스치 ㈜ 27, 이십칠, 스물일곱

□ 二十八 èrshíbā 얼스빠 ㈜ 28, 이십팔, 스물여덟

□ 二十九 èrshíjiǔ 얼스지우 ㈜ 29, 이십구, 스물아홉

□ 三十 sānshí 싼스 ㈜ 30, 삼십, 서른

□ 四十 sìshí 쓰스 ㊟ 40, 사십, 마흔

□ 五十 wǔshí 우스 ㊟ 50, 오십, 쉰

□ 六十 liùshí 리우스 ㊟ 60, 육십, 예순

□ 七十 qīshí 치스 ㊟ 70, 칠십, 일흔

□ 八十 bāshí 빠스 ㊟ 80, 팔십, 여든

□ 九十 jiǔshí 지우스 ㊟ 90, 구십, 아흔

□ 一百 yìbǎi 이바이 ㊟ 100, 백 ⟶ **tip.** 100을 말할 때 우리말은 그냥 '백'이라고 하지만,
　　　　　　　　　　　　　　　　　　중국어에서는 百 앞에 반드시 一를 써야 합니다.
　갖은자 佰 bǎi 바이

□ 一百零一 yìbǎi líng yī 이바이 링 이 ㊟ 101, 백일 ⟶ **tip.** 101을 말할 때,
　　　　　　　　　　　　　　　　　　　　　　가운데 0을 꼭 읽어야 합니다.
　　　　　　　　　　　　　　　　　　　　　　그렇지 않으면 110(一百一)와
　　　　　　　　　　　　　　　　　　　　　　혼동될 수 있습니다.

□ 一百零二 yìbǎi líng èr 이바이 링 얼 ㊟ 102, 백이

□ 一百零三 yìbǎi líng sān 이바이 링 싼 ㊟ 103, 백삼

□ 一百零四 yìbǎi líng sì 이바이 링 쓰 ㊟ 104, 백사

□ 一百零五 yìbǎi líng wǔ 이바이 링 우 ㊟ 105, 백오

□ 一百一十 yìbǎi yìshí 이바이 이스 ㊟ 110, 백십
　= 一百一 yìbǎi yī 이바이 이 ⟶ **tip.** 마지막 자리가 0일 경우
　　　　　　　　　　　　　　　　마지막 단위 0을 생략하기도 합니다.

□ 一百一十一 yìbǎi yìshíyī 이바이 이스이 ㊟ 111, 백십일

□ 一百一十二 yìbǎi yìshí'èr 이바이 이스얼 ㊟ 112, 백십이

□ 一百二十 yìbǎi èrshí 이바이 얼스 ㊟ 120, 백이십

□ 一百三十 yìbǎi sānshí 이바이 싼스 ㊟ 130, 백삼십

□ **两百** liǎngbǎi 리앙바이 수 200, 이백
= **二百** èrbǎi 얼바이

□ **三百** sānbǎi 싼바이 수 300, 삼백

□ **九百** jiǔbǎi 지우바이 수 900, 구백

□ **九百九十九** jiǔbǎi jiǔshíjiǔ 지우바이 지우스지우 수 999, 구백구십구

□ **一千** yìqiān 이치엔 수 1,000, 천
갖은자 **仟** qiān 치엔

tip. 1,000일 때도 100의 경우와 마찬가지로 반드시 자릿수 앞에 一를 붙여야 합니다.

□ **一千零一** yìqiān líng yī 이치엔 링 이 수 1,001, 천일

□ **一千零一十** yìqiān líng yìshí 이치엔 링 이스 수 1,010, 천십

□ **一千零一十一** yìqiān líng yìshíyī 이치엔 링 이스이 수 1,011, 천십일

□ **一千零一十二** yìqiān líng yìshí'èr 이치엔 링 이스얼 수 1,012, 천십이

□ **一千一百** yìqiān yìbǎi 이치엔 이바이 수 1,100, 천백

□ **一千两百** yìqiān liǎngbǎi 이치엔 리앙바이 수 1,200, 천이백
= **一千二百** yìqiān èrbǎi 이치엔 얼바이

□ **一千九百** yìqiān jiǔbǎi 이치엔 지우바이 수 1,900, 천구백

□ **两千** liǎngqiān 리앙치엔 수 2,000, 이천

□ **三千** sānqiān 싼치엔 수 3,000, 삼천

□ **九千** jiǔqiān 지우치엔 수 9,000, 구천

□ 一万 yíwàn 이완 [수] 10,000, 만 ●————→

tip. 100의 경우와 마찬가지로 10,000일 때도 반드시 자릿수 앞에 一를 붙여야 합니다.

□ 十万 shíwàn 스완 [수] 10만, 십만

tip. 만 단위 이상부터는 주로 万 앞에 十, 百, 千을 붙여 표현합니다.

□ 一百万 yìbǎiwàn 이바이완 [수] 100만, 백만

□ 一千万 yìqiānwàn 이치엔완 [수] 1,000만, 천만

□ 一亿 yíyì 이이 [수] 1억, 일억

　　= 一万万 yíwànwàn 이완완

□ 十亿 shíyì 스이 [수] 10억, 십억

---

tip. 중국어 숫자 읽는 법

100 이상의 수는 해당하는 자리 단위의 글자를 넣어 나타내며, 네 자리마다 끊어서 읽습니다.
연도, 전화번호 등 여러 자리의 숫자는 자리 단위를 읽지 않습니다.
전화번호나 방호수 등의 숫자에서 1은 yī가 아니라 yāo라고 읽습니다.

- 134,765,829

  一亿三千四百七十六万五千八百二十九
  yíyì sānqiān sìbǎi qīshíliùwàn wǔqiān bābǎi èrshíjiǔ
  이이 싼치엔 쓰바이 치스리우완 우치엔 빠바이 얼스지우

  一万万三千四百七十六万五千八百二十九
  yíwànwàn sānqiān sìbǎi qīshíliùwàn wǔqiān bābǎi èrshíjiǔ
  이완완 싼치엔 쓰바이 치스리우완 우치엔 빠바이 얼스지우

- 2017年 : 二零一七年 èr líng yī qī nián 얼 링 이 치 니엔

- 502号 : 五零二号 wǔ líng èr hào 우 링 얼 하오

- 010-1234-5678 : 零幺零幺二三四五六七八 líng yāo líng yāo èr sān sì wǔ liù qī bā
  링 야오 링 야오 얼 싼 쓰 우 리우 치 빠

■ 序数 xùshù 쉬수 서수 ──────→ **tip.** 중국어의 서수는 기수 앞에 第를 붙여서 표현합니다.

☐ 第一 dìyī 띠이 ㉔ 첫 번째

☐ 第二 dì'èr 띠얼 ㉔ 두 번째

☐ 第三 dìsān 띠싼 ㉔ 세 번째

☐ 第四 dìsì 띠쓰 ㉔ 네 번째

☐ 第五 dìwǔ 띠우 ㉔ 다섯 번째

☐ 第六 dìliù 띠리우 ㉔ 여섯 번째

☐ 第七 dìqī 띠치 ㉔ 일곱 번째

☐ 第八 dìbā 띠빠 ㉔ 여덟 번째

☐ 第九 dìjiǔ 띠지우 ㉔ 아홉 번째

☐ 第十 dìshí 띠스 ㉔ 열 번째

위안 (元 YUAN) 人民币 런민삐

tip. 중국 화폐의 단위는 위안(元), 쟈오(角), 펀(分) 세 종류가 있는데, 문어체와 회화체에 차이가 있습니다.

- 문어체 : **一元** 이 위엔 = **十角** 스 쟈오 = **一百分** 이바이 펀
- 회화체 : **一块** 이 콰이 = **十毛** 스 마오 = **一百分**
- 1위안 = 1쟈오×10 = 1펀×100
- 1위안 = 약 173원 (2017.01.05. 기준)

□ **一分** yì fēn 이 펀   □ **二分** èr fēn 얼 펀   □ **五分** wǔ fēn 우 펀
1펀   2펀   5펀

tip. 分은 화폐 단위에 있지만, 현재 중국의 물가가 오르면서 우리의 1원, 5원 동전처럼 거의 쓰이지 않습니다. 중국도 최근 휴대전화나 신용카드 결제가 일반화되면서 실물 화폐의 사용이 줄어들고 있습니다.

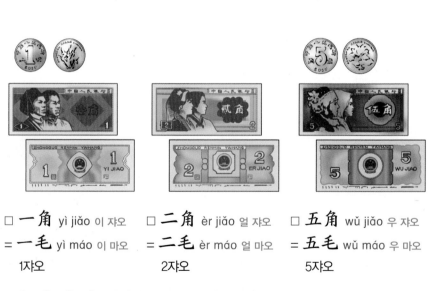

□ **一角** yì jiǎo 이 쟈오   □ **二角** èr jiǎo 얼 쟈오   □ **五角** wǔ jiǎo 우 쟈오
= **一毛** yì máo 이 마오   = **二毛** èr máo 얼 마오   = **五毛** wǔ máo 우 마오
1쟈오   2쟈오   5쟈오

tip. 1角, 2角, 5角는 제4차 화폐개혁 때의 구권이 아직 통용되고 있습니다.

tip. 1999년 제5차 화폐개혁으로, 앞면이 모두 마오쩌둥의 초상으로 변경된 지폐가 지금 사용되고 있습니다.
아직 제4차 화폐개혁 때의 구권도 통용되고 있어 종종 만날 수 있습니다.
二元은 제5차 화폐개혁 때 없어진 단위입니다.

□ 一元 yì yuán 이 위엔 1위안
= 一块 yí kuài 이 콰이

tip. 지폐의 뒷면은 항저우(杭州 Hángzhōu)에
있는 시후(西湖 Xīhú)입니다.

□ 五元 wǔ yuán 우 위엔 5위안
= 五块 wǔ kuài 우 콰이

tip. 지폐의 뒷면은 타이산(泰山 Tàishān)입니다.

□ 十元 shí yuán 스 위엔 10위안
= 十块 shí kuài 스 콰이

tip. 지폐의 뒷면은 창지앙 산시아(长江三峡
Chángjiāng sānxiá)입니다.

□ 二十元 èrshí yuán 얼스 위엔 20위안
= 二十块 èrshí kuài 얼스 콰이

tip. 지폐의 뒷면은 꾸이린(桂林 Guìlín)의
리지앙(漓江 Líjiāng)입니다.

□ 五十元 wǔshí yuán 우스 위엔 50위안
= 五十块 wǔshí kuài 우스 콰이

tip. 지폐의 뒷면은 티벳(西藏 Xīzàng)의
포탈라궁(布达拉宫 Bùdálāgōng)입니다.

□ 一百元 yìbǎi yuán 이바이 위엔 100위안
= 一百块 yìbǎi kuài 이바이 콰이

tip. 지폐의 뒷면은 인민대회당(人民大会堂
Rénmín Dàhuìtáng)입니다.

□ **点** diǎn 디엔
명 점; 시(시간)

□ **线** xiàn 시엔
명 선

□ **面** miàn 미엔
명 (다면체의) 면;
개, 폭(편평한 물건을
세는 단위)

□ **立体** lìtǐ 리티
명 입체
형 입체의

□ **直线** zhíxiàn 즈시엔
명 직선 형 곧다

□ **曲线** qūxiàn 취시엔
명 곡선

□ **斜线** xiéxiàn 시에시엔
명 사선

□ **圆形** yuánxíng 위엔싱
명 원형

□ **椭圆形**
tuǒyuánxíng 투어위엔싱
명 타원형

□ **半圆形**
bànyuánxíng 빤위엔싱
명 반원형

□ **圆** yuán 위엔
형 둥글다

□ **球体** qiútǐ 치우티
= **球状体**
qiúzhuàngtǐ 치우주앙티
명 구체(球體)

□ **圆锥**
yuánzhuī 위엔주이
명 원뿔, 원추

□ **三角形**
sānjiǎoxíng 싼쟈오싱
몡 삼각형

□ **四角形**
sìjiǎoxíng 쓰쟈오싱
몡 사각형

□ **正方形**
zhèngfāngxíng 정팡싱
몡 정사각형

□ **长方形**
chángfāngxíng 창팡싱
몡 직사각형

□ **五角形**
wǔjiǎoxíng 우쟈오싱
몡 오각형

□ **六角形**
liùjiǎoxíng 리우쟈오싱
= **六边形**
liùbiānxíng 리우삐엔싱
몡 육각형

□ **六面体**
liùmiàntǐ 리우미엔티
몡 육면체

□ **多角形**
duōjiǎoxíng 뚜어쟈오싱
몡 다각형

□ **星形** xīngxíng 싱싱
몡 별 모양

□ **心形** xīnxíng 신싱
몡 하트 모양

□ **水平** shuǐpíng 수이핑
몡 수평; 수준

□ **竖** shù 수
= **垂直** chuízhí 추이즈
혱 수직의; 세로의

□ **横** héng 헝
혱 가로의

323

색깔 颜色 이엔써

☐ 白色 báisè 바이써
　圕 흰색

☐ 黑色 hēisè 헤이써
　圕 검은색

☐ 灰色 huīsè 후이써
　圕 회색

☐ 红色 hóngsè 훙써
　圕 빨간색

☐ 橘色 júsè 쥐써
= 橙色 chéngsè 청써
= 朱黃色 zhūhuángsè 주후앙써
　圕 주황색

☐ 黄色 huángsè 후앙써
　圕 노란색

☐ 棕色 zōngsè 쭝써
　圕 갈색

☐ 淡绿色 dànlǜsè 딴뤼써
= 草绿色 cǎolǜsè 차오뤼써
= 湖色 húsè 후써
= 豆绿色 dòulǜsè 떠우뤼써
　圕 연두색

☐ 绿色 lǜsè 뤼써
　圕 초록색

324

□ 天蓝色
tiānlánsè 티엔란써
= 淡蓝色
dànlánsè 딴란써
몡 하늘색

□ 蓝色 lánsè 란써
몡 파란색

□ 靛蓝色
diànlánsè 띠엔란써
몡 남색

□ 紫色 zǐsè 쯔써
몡 보라색

□ 淡紫色
dànzǐsè 딴쯔써
몡 연보라색

□ 粉红色
fěnhóngsè 펀훙써
몡 분홍색

□ 金色 jīnsè 진써
몡 금색

□ 银色 yínsè 인써
몡 은색

□ 深 shēn 선
혱 (빛깔이) 짙다

□ 淡 dàn 딴
혱 (빛깔이) 옅다

□ 彩色 cǎisè 차이써
몡 여러 가지 빛깔

□ 单色 dānsè 딴써
몡 단색

□ **顶** dǐng 딩
= **顶儿** dǐngr 딩얼
　명 (인체, 사물의) 꼭대기, 정수리; 개, 채, 장

□ **底** dǐ 디
= **底儿** dǐr 디얼
　명 밑, 바닥

□ **上** shàng 상
　명 위 형 위의
□ **上面** shàngmiàn 상미엔
= **上边** shàngbian 상비엔
　명 위, 위쪽

□ **下** xià 시아
= **下面** xiàmiàn 시아미엔
　명 아래
□ **下边** xiàbian 시아비엔
　명 아래쪽

□ **左** zuǒ 쭈어
= **左边** zuǒbian 쭈어비엔
　명 왼쪽

□ **中** zhōng 중
= **中间** zhōngjiān 중지엔
　명 중간, 가운데
□ **中央** zhōngyāng 중양
　명 중앙

□ **右** yòu 여우
= **右边** yòubian 여우비엔
　명 오른쪽

□ **前** qián 치엔
= **前面** qiánmiàn 치엔미엔
= **前边** qiánbian 치엔비엔
　명 앞, 정면

□ **后** hòu 허우
　명 뒤 형 뒤의
□ **后面** hòumiàn 허우미엔
= **后边** hòubian 허우비엔
　명 뒤, 뒤쪽

□ 外 wài 와이
= 外面 wàimiàn 와이미엔
= 外边 wàibian 와이비엔
　명 밖, 바깥

□ 内 nèi 네이
= 里 lǐ 리
= 里面 lǐmiàn 리미엔
= 里边 lǐbian 리비엔
　명 안, 안쪽

□ 旁 páng 팡
= 旁边 pángbiān 팡삐엔
　명 옆, 곁

第三十单元　　　　　　　　　　　　　　　　MP3. U30

방향 方位 팡웨이

□ 北 běi 베이
= 北边 běibiān 베이삐엔
　명 북쪽

tip. 중국은 '동남서북(东南西北)'
순서로 말합니다.

□ 西北 xīběi 시베이
　명 서북쪽

□ 东北 dōngběi 똥베이
　명 동북쪽

□ 西 xī 시
= 西边 xībiān 시삐엔
　명 서쪽

□ 东 dōng 똥
= 东边 dōngbiān 똥삐엔
　명 동쪽

□ 西南 xīnán 시난
　명 서남쪽

□ 南 nán 난
= 南边 nánbiān 난삐엔
　명 남쪽

□ 东南 dōngnán 똥난
　명 동남쪽

⑨ 북극

① 유럽

④ 아시아

⑥ 북아메리카

② 중동

⑦ 중앙아메리카

③ 아프리카

⑧ 남아메리카

⑤ 오세아니아

⑩ 남극

① **欧洲** Ōuzhōu 어우저우 명 유럽

② **中东** Zhōngdōng 중뚱 명 중동

③ **非洲** Fēizhōu 페이저우 명 아프리카

④ **亚洲** Yàzhōu 야저우 명 아시아

⑤ **大洋洲** Dàyángzhōu 따양저우 명 오세아니아
　 = 澳洲 Àozhōu 아오저우

⑥ **北美洲** Běiměizhōu 베이메이저우 명 북아메리카

⑦ **中美洲** Zhōngměizhōu 중메이저우 명 중앙아메리카

⑧ **南美洲** Nánměizhōu 난메이저우 명 남아메리카

⑨ **北极** Běijí 베이지 명 북극

⑩ **南极** Nánjí 난지 명 남극

tip. 미국 이남의 미주, 중남미 지역을 가리키는
拉丁美洲 Lādīng měizhōu 라띵 메이저우라는
말도 있습니다.

④ 북극해

⑥ 지중해

① 태평양

③ 대서양

② 인도양

⑤ 남극해

① **太平洋** Tàipíngyáng 타이핑양 명 태평양

② **印度洋** Yìndùyáng 인뚜양 명 인도양

③ **大西洋** Dàxīyáng 따시양 명 대서양

④ **北冰洋** Běibīngyáng 베이삥양 명 북극해
  = **北极海** Běijíhǎi 베이지하이

⑤ **南冰洋** Nánbīngyáng 난삥양 명 남극해
  = **南极海** Nánjíhǎi 난지하이

⑥ **地中海** Dìzhōnghǎi 띠중하이 명 지중해

국가 国家 구어지아

■ 亚洲 Yàzhōu 야저우 명 아시아

□ 中国 Zhōngguó 중구어 명 중국
 = 中华人民共和国 Zhōnghuá Rénmín Gònghéguó 중후아 런민 꿍허구어
 □ 中国人 Zhōngguórén 중구어런 명 중국 사람

□ 大韩民国 Dàhán mínguó 따한 민구어 명 대한민국
 = 韩国 Hánguó 한구어
 □ 韩国人 Hánguórén 한구어런 명 한국 사람

□ 朝鲜 Cháoxiǎn 차오시엔 명 북한
 = 北韩 Běihán 베이한
 □ 朝鲜人 Cháoxiǎnrén 차오시엔런 명 북한 사람

□ 日本 Rìběn 르번 명 일본
 □ 日本人 Rìběnrén 르번런 명 일본 사람

□ 菲律宾 Fēilǜbīn 페이뤼삔 명 필리핀
 □ 菲律宾人 Fēilǜbīnrén 페이뤼삔런 명 필리핀 사람

□ 马来西亚 Mǎláixīyà 마라이시야 명 말레이시아
 □ 马来西亚人 Mǎláixīyàrén 마라이시야런 명 말레이시아 사람

□ 泰国 Tàiguó 타이구어 명 태국
 □ 泰国人 Tàiguórén 타이구어런 명 태국 사람

□ 新加坡 Xīnjiāpō 신지아포 명 싱가포르
 □ 新加坡人 Xīnjiāpōrén 신지아포런 명 싱가포르 사람

□ 印度 Yìndù 인뚜 명 인도
  □ 印度人 Yìndùrén 인뚜런 명 인도 사람

□ 印度尼西亚 Yìndùníxīyà 인뚜니시야 명 인도네시아
  = 印尼 Yìnní 인니
  □ 印尼人 Yìnnírén 인니런 명 인도네시아 사람

□ 越南 Yuènán 위에난 명 베트남
  □ 越南人 Yuènánrén 위에난런 명 베트남 사람

■ 中东 Zhōngdōng 중똥 명 중동

□ 阿拉伯联合酋长国 Ālābó Liánhé Qiúzhǎngguó 아라보 리엔허 치우장구어
  명 아랍에미리트
  = 阿联酋 Āliánqiú 아리엔치우
  □ 阿联人 Āliánrén 아리엔런 명 아랍에미리트 사람

□ 科威特 Kēwēitè 커웨이터 명 쿠웨이트
  □ 科威特人 Kēwēitèrén 커에이터런 명 쿠웨이트 사람

□ 沙特阿拉伯 Shātè Ālābó 사터 아라보 명 사우디아라비아
  □ 沙特阿拉伯人 Shātè Ālābórén 사터 아라보런
  명 사우디아라비아 사람

□ 叙利亚 Xùlìyà 쉬리야 명 시리아
  □ 叙利亚人 Xùlìyàrén 쉬리야런 명 시리아 사람

□ 伊拉克 Yīlākè 이라커 명 이라크
  □ 伊拉克人 Yīlākèrén 이라커런 명 이라크 사람

□ 伊朗 Yīlǎng 이랑 ^명 이란
　　□ 伊朗人 Yīlǎngrén 이랑런 ^명 이란 사람

■ 北美洲 Běiměizhōu 베이메이저우 ^명 북아메리카

□ 加拿大 Jiānádà 지아나따 ^명 캐나다
　　□ 加拿大人 Jiānádàrén 지아나따런 ^명 캐나다 사람

□ 美国 Měiguó 메이구어 ^명 미국
　　□ 美国人 Měiguórén 메이구어런 ^명 미국 사람

■ 中美洲 Zhōngměizhōu 중메이저우 ^명 중앙아메리카

□ 古巴 Gǔbā 구빠 ^명 쿠바
　　□ 古巴人 Gǔbārén 구빠런 ^명 쿠바 사람

□ 墨西哥 Mòxīgē 모시꺼 ^명 멕시코
　　□ 墨西哥人 Mòxīgērén 모시꺼런 ^명 멕시코 사람

■ 南美洲 Nánměizhōu 난메이저우 ^명 남아메리카

□ 阿根廷 Āgēntíng 아껀팅 ^명 아르헨티나
　　□ 阿根廷人 Āgēntíngrén 아껀팅런 ^명 아르헨티나 사람

□ 巴西 Bāxī 빠시 ^명 브라질
　　□ 巴西人 Bāxīrén 빠시런 ^명 브라질 사람

□ 秘鲁 Bìlǔ 삐루 명 페루
    □ 秘鲁人 Bìlǔrén 삐루런 명 페루 사람

□ 多米尼加 Duōmǐníjiā 뚜어미니지아 명 도미니카 공화국
    = 多米尼加共和国 Duōmǐníjiā Gònghéguó 뚜어미니지아 꿍허구어
    □ 多米尼加人 Duōmǐníjiārén 뚜어미니지아런 명 도미니카 사람

□ 厄瓜多尔 Èguāduō'ěr 어꾸아뚜어얼 명 에콰도르
    □ 厄瓜多尔人 Èguāduō'ěrrén 어꾸아뚜어얼런 명 에콰도르 사람

□ 哥伦比亚 Gēlúnbǐyà 꺼룬비야 명 콜롬비아
    □ 哥伦比亚人 Gēlúnbǐyàrén 꺼룬비야런 명 콜롬비아 사람

□ 危地马拉 Wēidìmǎlā 웨이띠마라 명 과테말라
    □ 危地马拉人 Wēidìmǎlārén 웨이띠마라런 명 과테말라 사람

□ 乌拉圭 Wūlāguī 우라꾸이 명 우루과이
    □ 乌拉圭人 Wūlāguīrén 우라꾸이런 명 우루과이 사람

□ 智利 Zhìlì 즈리 명 칠레
    □ 智利人 Zhìlìrén 즈리런 명 칠레 사람

■ 欧洲 Ōuzhōu 어우저우 명 유럽

□ 奥地利 Àodìlì 아오띠리 명 오스트리아
    □ 奥地利人 Àodìlìrén 아오띠리런 명 오스트리아 사람

□ 比利时 Bǐlìshí 비리스 명 벨기에
    □ 比利时人 Bǐlìshírén 비리스런 명 벨기에 사람

□ 波兰 Bōlán 뽀란 명 폴란드
　　□ 波兰人 Bōlánrén 뽀란런 명 폴란드 사람

□ 丹麦 Dānmài 딴마이 명 덴마크
　　□ 丹麦人 Dānmàirén 딴마이런 명 덴마크 사람

□ 德国 Déguó 더구어 명 독일
　　□ 德国人 Déguórén 더구어런 명 독일 사람

□ 俄罗斯 Éluósī 어루어쓰 명 러시아
　　□ 俄罗斯人 Éluósīrén 어루어쓰런 명 러시아 사람

□ 法国 Fǎguó 파구어 명 프랑스
　　□ 法国人 Fǎguórén 파구어런 명 프랑스 사람

□ 芬兰 Fēnlán 펀란 명 핀란드
　　□ 芬兰人 Fēnlánrén 펀란런 명 핀란드 사람

□ 荷兰 Hélán 허란 명 네덜란드
　　□ 荷兰人 Hélánrén 허란런 명 네덜란드 사람

□ 罗马尼亚 Luómǎníyà 루어마니야 명 루마니아
　　□ 罗马尼亚人 Luómǎníyàrén 루어마니야런 명 루마니아 사람

□ 挪威 Nuówēi 누어웨이 명 노르웨이
　　□ 挪威人 Nuówēirén 누어웨이런 명 노르웨이 사람

□ 葡萄牙 Pútáoyá 푸타오야 명 포르투갈
　　□ 葡萄牙人 Pútáoyárén 푸타오야런 명 포르투갈 사람

□ 瑞典 Ruìdiǎn 루이디엔 명 스웨덴
　　□ 瑞典人 Ruìdiǎnrén 루이디엔런 명 스웨덴 사람

□ 瑞士 Ruìshì 루이스 명 스위스

　　□ 瑞士人 Ruìshìrén 루이스런 명 스위스 사람

□ 土耳其 Tǔ'ěrqí 투얼치 명 튀르키예 ← tip. 터키는 2022년 6월 국호를 '튀르키예'로 변경했어요.

　　□ 土耳其人 Tǔ'ěrqírén 투얼치런 명 튀르키예 사람

□ 西班牙 Xībānyá 시빤야 명 스페인

　　□ 西班牙人 Xībānyárén 시빤야런 명 스페인 사람

□ 希腊 Xīlà 시라 명 그리스

　　□ 希腊人 Xīlàrén 시라런 명 그리스 사람

□ 意大利 Yìdàlì 이따리 명 이탈리아

　　□ 意大利人 Yìdàlìrén 이따리런 명 이탈리아 사람

□ 英国 Yīngguó 잉구어 명 영국

　　□ 英国人 Yīngguórén 잉구어런 명 영국 사람

■ 大洋洲 Dàyángzhōu 따양저우 명 오세아니아

　= 澳洲 Àozhōu 아오저우

□ 澳大利亚 Àodàlìyà 아오따리야 명 호주

　　□ 澳大利亚人 Àodàlìyàrén 아오따리야런 명 호주 사람

□ 新西兰 Xīnxīlán 신시란 명 뉴질랜드

　　□ 新西兰人 Xīnxīlánrén 신시란런 명 뉴질랜드 사람

■ 非洲 Fēizhōu 페이저우 图 아프리카

□ 埃及 Āijí 아이지 图 이집트
　　　□ 埃及人 Āijírén 아이지런 图 이집트 사람

□ 埃塞俄比亚 Āisāi'ébǐyà 아이싸이어비야 图 에티오피아
　　　□ 埃塞俄比亚人 Āisāi'ébǐyàrén 아이싸이어비야런 图 에티오피아 사람

□ 肯尼亚 Kěnníyà 컨니야 图 케냐
　　　□ 肯尼亚人 Kěnníyàrén 컨니야런 图 케냐 사람

□ 摩洛哥 Móluògē 모루어꺼 图 모로코
　　　□ 摩洛哥人 Móluògērén 모루어꺼런 图 모로코 사람

□ 南非 Nánfēi 난페이 图 남아프리카 공화국
　　　= 南非共和国 Nánfēi Gònghéguó 난페이 꿍허구어
　　　□ 南非人 Nánfēirén 난페이런 图 남아공 사람

□ 尼日利亚 Nírìlìyà 니르리야 图 나이지리아
　　　□ 尼日利亚人 Nírìlìyàrén 니르리야런 图 나이지리아 사람

□ 苏丹 Sūdān 쑤딴 图 수단
　　　□ 苏丹人 Sūdānrén 쑤딴런 图 수단 사람

336

중국의 행정구역 中国的行政区 중구어 더 싱정취

■ 直辖市 zhíxiáshì 즈시아스 명 직할시 → tip. 우리의 특별시나 광역시에 해당하는 중국의 대도시입니다.

□ 北京 Běijīng 베이징 명 베이징 → tip. 중국의 수도입니다.

□ 天津 Tiānjīn 티엔진 명 톈진

□ 上海 Shànghǎi 상하이 명 상하이 → tip. 중국의 대표적인 상업 도시입니다.

□ 重庆 Chóngqìng 충칭 명 충칭

■ 自治区 zìzhìqū 쯔즈취 명 자치구 → tip. 소수민족이 다수 거주하는 지방의 제1급 행정 단위로, 5개의 소수민족 자치구가 있습니다.

□ 内蒙古自治区 Nèiménggǔ Zìzhìqū 네이멍구 쯔즈취 명 네이멍구 자치구

□ 广西壮族自治区 Guǎngxī Zhuàngzú Zìzhìqū 구앙시 주앙쭈 쯔즈취 명 광시좡족 자치구

□ 宁夏回族自治区 Níngxià Huízú Zìzhìqū 닝시아 후이쭈 쯔즈취 명 닝샤회족 자치구

□ 新疆维吾尔自治区 Xīnjiāng Wéiwú'ěr Zìzhìqū 신지앙 웨이우얼 쯔즈취 명 신장위구르족 자치구

□ 西藏自治区 Xīzàng Zìzhìqū 시짱 쯔즈취 명 티베트 자치구

■ 省 shěng 성 명 성 ──────→ **tip.** 우리의 도(道)에 해당하는 단위로, 23개의 성이 있습니다.

□ 黑龙江省 Hēilóngjiāng Shěng 헤이룽지앙 성 명 헤이룽장성

□ 吉林省 Jílín Shěng 지린 성 명 지린성

□ 辽宁省 Liáoníng Shěng 랴오닝 성 명 랴오닝성

□ 河北省 Héběi Shěng 허베이 성 명 허베이성

□ 河南省 Hénán Shěng 허난 성 명 허난성

□ 山东省 Shāndōng Shěng 산뚱 성 명 산둥성

□ 山西省 Shānxī Shěng 산시 성 명 산시성

□ 陕西省 Shǎnxī Shěng 산시 성 명 산시성

□ 江西省 Jiāngxī Shěng 지앙시 성 명 장시성

□ 江苏省 Jiāngsū Shěng 지앙쑤 성 명 장수성

□ 浙江省 Zhèjiāng Shěng 저지앙 성 명 저장성

□ 福建省 Fújiàn Shěng 푸지엔 성 명 푸젠성

□ 甘肃省 Gānsù Shěng 깐쑤 성 명 간쑤성

□ 四川省 Sìchuān Shěng 쓰추안 성 명 쓰촨성

□ 云南省 Yúnnán Shěng 윈난 성 명 윈난성

□ 贵州省 Guìzhōu Shěng 꾸이저우 성 명 구이저우성

□ 广东省 Guǎngdōng Shěng 구앙뚱 성 명 광둥성

□ 海南省 Hǎinán Shěng 하이난 성 명 하이난성

338

□ 湖北省 Húběi Shěng 후베이 성 圆 후베이성

□ 湖南省 Húnán Shěng 후난 성 圆 후난성

□ 安徽省 Ānhuī Shěng 안후이 성 圆 안후이성

□ 青海省 Qīnghǎi Shěng 칭하이 성 圆 칭하이성

□ 台湾 Táiwān 타이완 圆 대만 ← **tip.** 중국은 대만(台湾)을 자국 성의 하나로 보고,
대만은 독립된 국가임을 주장하면서 여전히 대립 중입니다.

■ 特別行政区 tèbié xíngzhèngqū 터비에 싱정취 圆 특별 행정구

□ 香港 Xiānggǎng 시앙강 圆 홍콩

□ 澳门 Àomén 아오먼 圆 마카오

tip. 1997년과 1999년, 각각 영국과 포르투갈로부터
중국에 반환된 홍콩과 마카오는 기존의 체제를 갑작스럽게
변화하면 혼동이 생길 것을 우려하여 당분간 기존 체제를
유지하는 특별 행정구로 지정되었습니다.

중국의 소수민족 中国的少数民族 중구어더 사오수민쭈

tip. 중국은 한족(汉族 Hànzú)과 55개의 소수민족으로 이루어져 있는데, 소수민족은 전체 인구의
약 8.5%입니다. 2021년 《중국통계연감2021》에서 소수민족 중 壮族이 가장 많은 인구수를
차지하였으며 약 천9백만 명이고, 가장 적은 인구수는 塔塔尔族로 약 3천5백 명입니다.

☐ 壮族 Zhuàngzú 주앙쭈 명 쫭족

☐ 回族 Huízú 후이쭈 명 회족

☐ 满族 Mǎnzú 만쭈 명 만족

☐ 维吾尔族 Wéiwú'ěrzú 웨이우얼쭈 명 위구르족

☐ 苗族 Miáozú 먀오쭈 명 묘족

☐ 彝族 Yízú 이쭈 명 이족

☐ 土家族 Tǔjiāzú 투지아쭈 명 토가족

☐ 藏族 Zàngzú 짱쭈 명 티베트족

☐ 蒙古族 Ménggǔzú 멍구쭈 명 몽골족

☐ 侗族 Dòngzú 똥쭈 명 동족

☐ 布依族 Bùyīzú 뿌이쭈 명 포의족

☐ 瑶族 Yáozú 야오쭈 명 요족

☐ 白族 Báizú 바이쭈 명 백족

☐ 朝鲜族 Cháoxiǎnzú 차오시엔쭈 명 조선족

☐ 哈尼族 Hānízú 하니쭈 명 하니족

□ 黎族 Lízú 리쭈 명 여족

□ 哈萨克族 Hāsàkèzú 하싸커쭈 명 카자흐족

□ 傣族 Dǎizú 다이쭈 명 태족

□ 畲族 Shēzú 서쭈 명 사족

□ 傈僳族 Lìsùzú 리쑤쭈 명 율속족

□ 东乡族 Dōngxiāngzú 뚱시앙쭈 명 동향족

□ 仡佬族 Yìlǎozú 이라오쭈 명 흘로족

□ 拉祜族 Lāhùzú 라후쭈 명 납호족

□ 佤族 Wǎzú 와쭈 명 와족

□ 水族 Shuǐzú 수이쭈 명 수족

□ 纳西族 Nàxīzú 나시쭈 명 납서족

□ 羌族 Qiāngzú 치앙쭈 명 강족

□ 土族 Tǔzú 투쭈 명 토족

□ 仫佬族 Mùlǎozú 무라오쭈 명 무로족

□ 锡伯族 Xībózú 시보쭈 명 시보족

□ 柯尔克孜族 Kē'ěrkèzīzú 커얼커쯔쭈 명 키르기즈족

□ 景颇族 Jǐngpōzú 징포쭈 명 경파족

□ 达斡尔族 Dáwò'ěrzú 다워얼쭈 명 다우르족

□ 撒拉族 Sālāzú 싸라쭈 명 살라족

□ 布朗族 Bùlǎngzú 뿌랑쭈 명 부랑족

□ 毛南族 Máonánzú 마오난쭈 명 모남족

□ 塔吉克族 Tǎjíkèzú 타지커쭈 명 타지크족

□ 普米族 Pǔmǐzú 푸미쭈 명 푸미족

□ 阿昌族 Āchāngzú 아창쭈 명 아창족

□ 怒族 Nùzú 누쭈 명 누족

□ 鄂温克族 Èwēnkèzú 어원커쭈 명 오원커족

□ 京族 Jīngzú 징쭈 명 경족

□ 基诺族 Jīnuòzú 지누어쭈 명 기낙족

□ 德昂族 Dé'ángzú 더앙쭈 명 덕앙족

□ 保安族 Bǎo'ānzú 바오안쭈 명 보안족

□ 俄罗斯族 Éluósīzú 어루어쓰쭈 명 러시아족

□ 裕固族 Yùgùzú 위꾸쭈 명 유고족

□ 乌孜别克族 Wūzībiékèzú 우쯔비에커쭈 명 우즈베크족

□ 门巴族 Ménbāzú 먼빠쭈 명 문파족

□ 鄂伦春族 Èlúnchūnzú 어룬춘쭈 명 오르죤족

□ 独龙族 Dúlóngzú 두룽쭈 명 독룡족

□ 赫哲族 Hèzhézú 허저쭈 명 혁철족

□ 高山族 Gāoshānzú 까오산쭈 ⑲ 고산족

□ 珞巴族 Luòbāzú 루어빠쭈 ⑲ 낙파족

□ 塔塔尔族 Tǎtǎ'ěrzú 타타얼쭈 ⑲ 타타르족

tip. 소수민족의 인구수는 중국 전체 인구수에서 차지하는 비율이 해마다 늘어나고 있습니다.
이는 한족이 출산억제정책의 영향을 받으면서 상대적으로 소수민족은 계속 늘어났기 때문입니다.

중국에서 여러 소수민족이 사는 곳은 윈난성입니다. 이곳은 '소수민족의 박물관'이라고 불리며 총 25개의
소수민족이 거주하고 있는데, 윈난성 인구수의 약 3분의 1을 차지합니다.

양사 量词 리앙츠

tip. 중국어에는 세는 단위를 나타내는 양사가 있는데,
명사를 세는 명량사와 동작의 횟수를 세는 동량사로 나뉩니다.

■ 名量词 míngliàngcí 밍리앙츠 명량사

☐ 把 bǎ 바 줌, 다발, 자루(손잡이나 자루가 있는 기구를 세는 단위)

☐ 杯 bēi 뻬이 잔, 컵

☐ 本 běn 번 권

☐ 层 céng 청 층, 겹(중첩되거나 누적된 물건을 세는 단위)

☐ 滴 dī 띠 방울

☐ 顶 dǐng 딩 개, 채, 장(꼭대기가 있는 물건을 세는 단위); 꼭대기, 정수리

☐ 栋 dòng 똥 동, 채(건물을 세는 단위)

☐ 段 duàn 뚜안 단락, 기간(사물의 부분이나 시공간의 일정한 거리를 세는 단위)

☐ 堆 duī 뚜이 더미, 무더기

☐ 对 duì 뚜이 짝, 쌍

☐ 队 duì 뚜이 (대열을 갖춘) 무리

☐ 朵 duǒ 두어 송이, 조각(꽃이나 구름 등을 세는 단위)

☐ 封 fēng 펑 통, 꾸러미(편지 등을 세는 단위)

☐ 幅 fú 푸 폭(옷감, 그림 등을 세는 단위)

☐ 副 fù 푸 벌, 세트(한 벌이나 세트로 된 물건을 세는 단위)

□ **个** ge 거 개, 사람(사람이나 사물 등 두루 쓰이는 양사)

□ **盒** hé 허 갑

□ **架** jià 지아 대(지주나 뼈대가 있는 물체를 세는 단위)

□ **件** jiàn 지엔 건, 개(서류, 사건, 옷 등을 세는 단위)

□ **棵** kē 커 그루, 포기

□ **口** kǒu 커우 사람, 마리, 모금(사람이나 가축, 입과 관련 있는 동작이나 사물을 세는 단위)

□ **块** kuài 콰이 덩이, 조각(덩이로 된 물건을 세는 단위)

□ **粒** lì 리 알, 톨

□ **辆** liàng 리앙 대, 량(차량을 세는 단위)

□ **列** liè 리에 열, 줄 ●——————→ **tip.** 列는 보통 세로로 늘어선 것에 대해 쓰는 반면, 排는 가로나 세로 모두 쓸 수 있습니다.

□ **面** miàn 미엔 개, 폭(편평한 물건을 세는 단위); (다면체의) 면

□ **排** pái 파이 열, 줄 ●

□ **批** pī 피 무리, 떼, 묶음, 그룹

□ **匹** pǐ 피 필(옷감을 세거나 말 등의 가축을 세는 단위)

□ **篇** piān 피엔 편, 장(문장, 종이 등을 세는 단위)

□ **片** piàn 피엔 조각, 편(편평하고 얇은 모양의 것이나 풍경이나 지면 등을 세는 단위)

□ **首** shǒu 서우 수(노래, 시 등을 세는 단위)

□ **双** shuāng 수앙 켤레, 쌍

□ 台 tái 타이 대, 편(기계, 설비, 공연 등을 세는 단위)

□ 套 tào 타오 벌, 세트

□ 条 tiáo 탸오 줄기, 가닥, 개(가늘고 긴 것을 세는 단위)

□ 位 wèi 웨이 분, 명(공경의 뜻이 내포된 사람을 세는 단위)

□ 些 xiē 시에 조금, 약간(확정적이지 않은 적은 수량을 나타냄)

□ 页 yè 이에 쪽, 페이지(양면 중 한 쪽)

□ 张 zhāng 장 장(종이나 가죽 등을 세는 단위)

□ 阵 zhèn 전 바탕, 차례

□ 只 zhī 즈 마리, 쪽, 척(동물, 쌍을 이룬 것 중 하나, 배(船)를 세는 단위)

□ 支 zhī 즈 자루(막대 모양의 물건을 세는 단위)

□ 种 zhǒng 중 종류, 가지; 씨, 씨앗

□ 座 zuò 쭈어 동, 채(부피가 크거나 고정된 물체를 세는 단위)

■ **动量词** dòngliàngcí 뚱리앙츠 동량사

□ **遍** biàn 삐엔 번, 차례(한 동작의 처음부터 끝까지의 전 과정을 가리킴)

□ **场** chǎng 창 번, 차례(문예, 오락, 체육 활동 등에 쓰임)

□ **次** cì 츠 번, 차례 ⟶ **tip.** 遍은 동작의 과정을 가리키는 반면, 次는 동작의 횟수를 말합니다.

□ **回** huí 후이 번, 차례, 회 **tip.** 명량사뿐 아니라, 동작이나 행위를 세는 동량사로도 쓰입니다.

□ **趟** tàng 탕 번, 차례(왕래한 횟수를 세는 단위)

□ **下儿** xiàr 시알 번, 회(동작의 횟수를 세는 단위)

G

J

K

M

N

373

S

T

Z

ㅇ

433

434

ㅊ

ㅋ

기타

447